OPEN 是一種人本的寬厚。

OPEN 是一種自由的開闊。

OPEN 是一種平等的容納。

OPEN 2

梵我思辨
木村泰賢之印度六派哲學

作　者─木村泰賢
譯　者─釋依觀
發 行 人─王春申
總 編 輯─張曉蕊
責任編輯─徐平
校　對─趙蓓芬
美術設計─吳郁婷
影音組長─謝宜華
業務組長─王建棠
行　銷─蔣汶耕
出版發行─臺灣商務印書館股份有限公司
23141 新北市新店區民權路 108-3 號 5 樓（同門市地址）
電話：(02)8667-3712　傳真：(02)8667-3709
讀者服務專線：0800056196
郵撥：0000165-1
E-mail：ecptw@cptw.com.tw
網路書店網址：www.cptw.com.tw
Facebook：facebook.com.tw/ecptw

局版北市業字第 993 號
初版一刷：2016 年 1 月
初版五刷：2023 年 11月
定價：新台幣 450 元
法律顧問─何一芃律師事務所

梵我思辨

木村泰賢之印度六派哲學

木村泰賢——著
釋依觀——譯

INDIAN RELIGION

依觀尼中譯木村教授名著《印度六派哲學》書序

江燦騰

臺灣佛教界資深日文佛學書翻譯名家依觀尼，已譯完日本大正時期（一九一二—一九二六）著名開創性傑作《印度六派哲學》（一九一五，丙午社）一書。這是此書在臺灣首次現代全譯本，也是原作者東京帝國大學古印度宗教哲學權威學者木村泰賢教授（一八八一年八月十一日—一九三0年五月十六日）第六本著作被中譯出版的最新發展。

而由於此《印度六派哲學》的現代全文中譯本，是我推薦給臺灣商務印書館編輯部的，所以我也應邀撰此推薦緣由文。

我並非古印度哲學研究的專業學者，但有多年閱讀經驗。而為撰寫此文，我又曾費了近半年光陰，幾乎把古印度哲學史的各類著作，都快速看過一遍。所以，我據以斷言：「單就《印度六派哲學》這樣的主題論述來說，木村泰賢這本堪稱在整個近代東亞地區，曾首屈一指的開創性光耀作品，從其在一九一五年夏季首次出版以來，並於一九一六年六月獲頒象徵最高學術榮譽的帝國學院恩賜賞迄今（二0一五），雖已歷時百年之久，但此書依然堪稱是此領域的諸多著述之中，最具特色又最容易理解的第一流綜合性著作。」

但，我又是基於何種理由，而提出上述有關該書的歷史評價與學術定位？

我的相關回答如下：

一、此《印度六派哲學》一書，雖是由木村泰賢單獨署名的第一本古印度宗教哲學的專門性先驅著作，實際上卻是他個人繼前一年（一九一四）與其師——東京帝國大學印度哲學科指導教授高楠順次郎博士（一八六六年六月二十九日——一九四五年六月二十八日）——共同署名並由丙午出版社出版的《印度哲學宗教史》一書之後，屬於原預定共五種（按：依原順序為《印度哲學宗教史》、《印度六派哲學》、《印度佛教史》、《印度教發達史》、《印度純正哲學史》）貫串古今整體印度宗教哲學思想史的第二種著作。

二、所以，此《印度六派哲學》一書，不但是承續上述第一種《印度哲學宗教史》所探討上古源流及變革後的相關結論，亦即是承繼上述原書《第五篇：奧義書終期學派之開展》所提出的兩大主題：（A）有關「諸學派興起之原因與其種類」和（B）有關「諸學派之共通思想」，而且也是開啟後續諸書論述的特殊階段探討。

三、此書在當時，雖已堪稱是最先進的哲學思想史詮釋法，甚至迄今也仍未過時。然而長期以來，臺灣商務印書館儘管曾出版：由高觀廬所譯出的《印度哲學宗教史》和歐陽瀚存所譯出的《原始佛教思想論》這兩書，卻獨獨沒有這兩書之間的《印度六派哲學》一書的中譯本。所以，此次由依觀尼所譯出的此書中文版，正好補足長期存在的這個空隙，讓讀者更能完整地理解此一精彩無比的原著風貌。

四、再者，由於原作者在其第一種《印度哲學宗教史》中所述者，不只是屬於有關全體印度宗教哲學思想史上古部分的精詳介紹，更是當時東亞學界，作為理解印度原始佛教哲學思想出現之前，有關印度早期宗教哲學源流的必讀入門權威著作。甚至連木村本人在原書〈序〉中，都曾如此提及：「（……）四、著者對於用語之簡明，行文之平易，曾極留心，然不以啟蒙書自限。全篇悉根據正確之材料，以批評方法論述之，使讀者一方面考察古代思想之歷程，一方面熟知研究斯學之方法。故本書兼問題介紹與批評兩方面，可為初學者之嚮導，更可供專門學者之參考。（引自高觀廬中譯本，一九三五）」——我們可以承認，迄今為止，木村的此處自敘，仍是恰如其分的。而能兼具如此雅俗共賞的學術特質，以及相當易讀易解的古印度宗教哲學之現代學術專業著作，可以說，除此一著作外，在當時的東亞學者，也少有能出其右者。因而，在此書之後不久即告出版的《印度六派哲學》一書，不用說，也同樣具有全部類似的文筆優點及詮釋特色。如今，依觀尼所譯出現代中文版，也同樣頗能再現木村原書的這些行文平易優點及相關詮釋特色，更讓我激賞不已，相信讀者讀後，也會深有同感才對。

五、至於木村泰賢教授所著的《印度六派哲學》一書，與之後的其他日本相關著作相比，例如號稱日本最權威的宇井伯壽（一八八二年六月一日—一九六三年七月十四日）的《印度哲學史》一書，雖能將「印度六派哲學」分成數個階段，分別納入整體「印度哲學史」各章節之中，可是，從「印度六派哲學」這一主題的論述來看，木村的《印度六派哲學》探討方式，以及解說系統的歸納與分類原則，更能清楚地理出前後的相關學派思想史的發展脈絡，所涉及的相關歷史情境，以及對近代國際學者相關權威論著或文獻整理的有效吸收或適時提出商榷及修正。木村的特點之一，尤其表現在他是從婆羅門教到印度教這一歷史發展與變革主線，作為對照古印度哲學從源流、發展、變革、分裂及其與非正統派印度哲學相互激盪或辯證發展的古今相關長期演進史，來進行解說與詮釋體系建構的。所以，木村的《印度六派哲學》是從二十世紀初期的現代學術角度，試圖釐清大致是從公元前五世紀到公元後八世紀之間的一千多年間的「印度六派哲學」。這也是木村此書的最大特殊之處。

六、而由於是透過如此長時段的大歷史視野，來從事文獻檢索與思維建構，所以他的《印度六派哲學》一書，便具有獨樹一幟的相關學派問題意識及其特有的篇章呈現順序。同時，也因其是放在以西洋哲學史為主的世界哲學史相應架構、或以相互近似哲學概念來對照解說，故此種木村特有的詮釋方式或相關優點，雖仍存在一定程度的粗疏與不足，卻因其事實上又具有對於古印度全體哲學問題思維的開放性，以及具有能與現代國際學界相互對話的交流強項，所以是相當可取的。

七、在二十世紀中期以後的「印度哲學史」著作，特別是在中國大陸的當代學者的相關著作，都會提出「古代印度唯物論」或「順世論」的唯物無神論思想。這當然是受到印度著名左派哲學史家德·恰托巴底亞那教授的巨著《順世論：古印度唯物主義研究》（一九五九，印度人民出版社）一書的影響。對於此問題，由於此書是在木村論述《印度六派哲學》之後的四十五年才出現，甚至是木村死後的二十九年才問世，當然不可能特別處理此一非古印度奧義書主流學派的哲學思想問題。可是，儘管木村日後並未繼續撰述有關預定中的《印度教發達史》及《印度純正哲學史》，而是主要專注於佛教部派佛教文獻整理、教理介紹或大乘佛教的相關佛教思想論述及課程教學，但是，由於是現代哲學的大學正規教育背景又深受當時西洋社會學、生物學以及叔本華意志哲學的多重影響，所以對於古代主張唯物論的外道「順世論」思想，並未排斥與完全忽略。因而，事實上，在其《印度六派哲學》一書中，也有相當簡要卻精確的有關古印度「順世論」哲學思想的解說及其相關的思想影響介紹。正如作為日本佛教曹洞宗僧侶學者出身的木村泰賢教授，在其《印度六派哲學》一書中，也處處提及有關印度佛教的哲學問題一樣。所以，木村其實並未完全忽略有關古印度「順世論」哲學思想的解說及其相關的思想影響介紹。

八、最後，必須提及的是，有關木村教授的《印度六派哲學》一書，在一九一五年出版單行版之後，曾在一九三〇年木村過世之後，由門下高徒共同編成《木村泰賢全集》時，作為第二卷多次出版。當時，負責解說此書的是西義雄教授（一八九七年—一九九三年三月二十九日），除有書後的簡短扼要說明之外，另附有非常詳細的有關木村此書出版之後的國際研究書目，以及少數的日文相關著作。但，日本著作中，沒有出現類似木村此書論述型態的同名新書。而在中文翻譯方面，雖於依觀尼所譯出的原書全文之前，也曾有民國時期武昌佛學院的教師史一如，以文言文譯出上下兩篇作為授課講義之用，但，在臺灣無法得悉實際詳情，可以省卻不提。

九、因此，由依觀尼以現代中文，首次全文譯出的，臺灣商務印書館版之木村泰賢原著《印度六派哲學》新書，的確是值得期待先睹為快特殊優質著作。所以我在此特別推薦。

緒言

一、筆者先前與高楠教授合撰《印度哲學宗教史》一書，專門探究無學派時代之根本思想，值得慶幸的是，此書受到學界肯定，想必對於斯學之促進多少有所貢獻，雖是如此，筆者認為此中仍有需要予以補充者。今即將出版問世的是，作為此書後續的《印度六派哲學》（此即筆者出書計畫中，《印度哲學宗教史》全部五篇中之第二篇）。

二、《印度哲學宗教史》一書，是高楠教授與筆者計畫合撰的。原先計畫以《印度哲學宗教史》所收五篇組成一大印度思想史，而各篇又各具獨立之意義。從而本書之撰述亦應是與教授合撰。雖然如此，但本書原是筆者將大學院在學中攻究各派所得整理而成，因此教授建議筆者單獨擔當此書出版之責。高楠教授是筆者大學院時期的指導教授，在攻究本篇之際，舉凡原典之解釋乃至思想的處理方法，完全得自教授指導。甚至在本書稿成之際，教授本人亦親自校閱，對於尚缺徹底之論證以及文句妥當與否等等，都一一指出，為此遂大量地重新改寫。故雖說是校閱，實際上，亦無異於共撰。敬請讀者諒之。

三、大乘佛教諸派除外，彌曼差等六派的哲學可說是印度最為完備的。認為印度思想之精華含蘊於此中，亦無不可。如同歐洲學者所述，若言及印度哲學，首先令人想起的，就是六派。然而就國人而言，六派之中，透過漢譯經論，古來對於數論派與勝論派略有攻究之外，至於其他四派，能知其名者並不多見。如此豈非學界之恨事！此乃筆者於介紹印度古代思想史之次，進而在介紹學派時代思想時，首先拈出此一題目作為第二篇之所以。

四、大體上，本書編述方針係依準前篇《印度哲學宗教史》。亦即在敘述內容之同時，亦揭示攻究方法，介紹問題並加以批評，可以說既是通俗書，同時又是研究書。略言之，是初學者的入門，也是專門研究者之參考書，此即本書編述之大方針。

五、在起草本書時，筆者盡可能參照內外學者的研究成果。雖然如此，就材料而言，是直接以原典所載作為根據，對於其他學者的意見，盡量作到並非毫無批判的採錄。從而其結果——不充分的固然不少——，但就總體而言，或就部分而言，相較於西洋學者之著作，相信得以發揮若干特色。各篇之中，所提出的尚未有人注意的新問題，或是尚未有人嘗試下的新解釋不止四、五處。對於筆者所提出的新見地，切望識者予以批評指教。

六、本書的頁數，僅只本文部分既已超過六百五十頁（譯按：日文原書之頁碼）。就此類著作而言，可以說並不是一本小書。雖然如此，據實而言，筆者對於各派所作的研究筆錄是倍此以上。但出版社要求頁數大抵一如前編《印度哲學宗教史》。為此，經過一番煞費苦心的整理，遂成現在之體裁。筆者原是希望在達意的講究各派主意之同時，盡可能得以保存本典本身之論證法，但如此一來，篇幅將大量增加。從而就本書的組織而言，或是材料多但說明不足，或是說明詳細但材料之提出不足。尤其關於吠檀多的部分，最令筆者深感遺憾。六派中的吠檀多派，雖然是指透過商羯羅阿闍梨而理解的帕達拉亞那的思想，但在本書中，筆者不僅將商羯羅與帕達拉亞那分別觀察，更加上《曼多佉耶頌》之思想、羅摩笯闍之思想，以及《吠檀多精要》等，據此而完成吠檀多思想發展史之組織，但就全體而言，此仍嫌不足，在體裁上，相較於他派之論究法，仍有略嫌簡單之失。他日若有機緣，希望得以「商羯羅哲學」之名再作補述。盼讀者諒之。

七、如前文所述，本書是國內第一部有關六派哲學之著作，想必得以發揮若干特色。筆者所學不多，學識未熟，意有餘而筆未能及，僅作表面觀察，有可能失去其原意妙味，凡此，諸多缺失應是無可置疑。關於本書之長處與短處，若能直接或間接獲得讀者寶貴的意見，將是筆者今後在研究上最感慶幸的。

八、關於本書之出版，首先應該感謝的是，高楠先生懇篤之指教。其次應該感謝的是，筆者的友人文學士宮坂喆宗君。如同前篇《印度哲學宗教史》，數度之校正，以及目次、索引之製作等等，完全假由其手。本書的內容與體裁所以無太大之過失，完全是拜高楠先生與宮坂君所賜。在此致上無上謝意。

大正四年（一九一五）五月十日

木村泰賢　識

目次

附錄　數論之三德論

第一篇

總敘

第一節　六派之前的思想史概觀

此一問題，筆者於《印度哲學宗教史》一書中，業已述及，但基於說明順序，在此且為未曾一覽《印度哲學宗教史》者，約略述之。

印度哲學思想約萌芽於西元前一千年左右，亦即是在梨俱吠陀時代終期。在此時期，古來紛雜且帶有神話性質的說明已無法獲得滿足，意欲進而從統一之見地探求宇宙之起源，以及諸神或有情之本源，亦即對此作哲學觀察的動機，於焉萌生。然而無論是生主（Prajāpati）說，或造一切者（Viśvakarman）說，或祈禱主（Brahmaṇaspati）說，或原人（Puruṣa）說等，有關萬有太原之論述，也只是在從前的自然神之上，建立其唯一之原理，認為是由此原理產生萬有。述及於此的，是梨俱吠陀中所謂創造讚歌之類，其數量不多，且極其駁雜，然就其真摯之探究態度，以及蘊含後世發展的哲學思想種子而言，在印度哲學史上具有極為重要的意義[1]。

雖然如此，但自從婆羅門掌握思想界權柄，僅著重於外形的祭儀以來，大約二、三百年之間，此真摯探究之風氣是停滯不前的。繼夜柔吠陀之後而出現的梵書（Brāhmaṇa）等諸多神學書，都是此一時代之產物，婆羅門教即由此確立，其思想完全是機械性的，看不到真誠熱心、實事求是的活動。但廣義言之，此一期間也未必全無哲學思想，當涉獵於部帙龐然的諸梵書時，無論量或質，實已超越梨俱吠陀哲學之讚歌。此因梵書製作之年代較晚，其內容自然較為豐富，更且在對祭儀作神學性的解釋時，偶爾是以譬喻的方式

1. 高楠、木村：《印度哲學宗教史》，第一篇第四章第二節。

觸及中心原理，對宇宙人生下綜合性的考察。印度哲學中，最大問題的梵（Brahman）與我（Ātman）的探討，實養成於此一期間。可惜的是，其處理方式欠缺活力，作為哲學而言，不免是一大憾事[2]。

如此遲緩的狀態持續經過二、三百年，最後終於恢復熱切探究的氣運，更且用此從來養成的思想作為材料，誠摯地給予哲學性的考察。此即是奧義書（Upaniṣad）時代，印度思想界至此進入哲學探究之時代。就聖典的地位而言，奧義書是廣義梵書的一部分，但在思想上，二者截然有別；更就年代言之，古奧義書是西元前八世紀至西元前五、六世紀間的產物，此乃印度學者一般之所認定。其內容思想雖有種種，然其一貫的中心問題在於「梵我同一論」，亦即將大宇宙的梵與個人的我視為同一本性。汎神論、觀念論、實在論等宇宙觀以及輪迴論、解脫論等印度人特有的人生觀等，換言之，印度哲學的基礎觀念大部分於此期間養成。可以說奧義書思想是古代印度哲學之精華，也是後代發展出的諸派哲學之最大源泉[3]。

應予以注意的是，前述思想都是自然發展而成的，並無特別的創始者，其間亦不存在相對峙的學派。僅只是由雜然傳承的不知名之聖仙（Ṛṣayaḥ）以及在各個學苑（āśrama）論談其思索所成之結果。其間既無思想分化，亦無組織，甚至在同一聖典中，相互矛盾之說亦得以見之。通常雖總名之為古代婆羅門教，然而此一名稱其實是後世諸學派之對稱，其本身即欠缺有機性的統一。此一狀態終非得以滿足，故隨從思索力增進，遂企求予以徹底組織性的考察。奧義書雖是婆羅門思想之產物，卻是由剎帝利國王等自由的思想所激發，故全篇充滿著自由思考之氣習，其思想上所包含的諸多矛盾，即充分具備終將分裂成諸

2. 高楠、木村：《印度哲學宗教史》，第二篇。
3. 同上，第三篇。

多思想系統之因素。到了奧義書終期，印度思想界果然出現空前混亂之狀態，在二、三百年間，出現諸多學派蜂起之潮流。亦即在學派時代初始，或完全繼承從來的婆羅門主義，或予以改造，或全然獨立地考察，呈現出種種方向的分裂。筆者在《印度哲學宗教史》終篇將此分成四種潮流，茲簡單抄錄揭示如次[4]：

一、正統婆羅門的潮流　婆羅門主義的三大綱領是吠陀神權主義、祭儀萬能主義及婆羅門至上主義。此係完全保存古來所傳，故可名之為純正統思想。其成果是吠陀附屬三經，即：《天啟經》（Śrauta-sūtra）、《家庭經》（Gṛhya-sūtra）、《法經》（Dharma-sūtra）等。主要特色在於著重制度的形式。

二、有神的潮流　此係繼承梨俱吠陀所傳諸神之俗信潮流。此時新得勢力的梵天（Brahmā）、毘紐拏天（Viṣṇu）、濕婆天（Śiva）是其信仰中心，冀望從此人格神獲得恩惠。此一潮流與古代婆羅門教結合並採用其後所發展的種種要素，終致成為印度教諸派發展的基礎。敘事詩及《摩訶婆羅多》（Mahābhārata）中所表現的思想可作為此一潮流之代表。

三、正統哲學的潮流　此一潮流遠承梨俱吠陀哲學之思想，近受奧義書之氣運，意欲組織性地探究萬有本源及現象成立之要素。所謂哲學諸派之主要者，大抵可以視為即是此一潮流之產物。

四、非吠陀的潮流　前述三種潮流並未全然否定廣義的婆羅門教，表面上與彼等仍有所連絡。然而順其勢盡而出現的，就是全體否定婆羅門教，欲下獨立探究的非吠陀潮流。此一潮流中，傾向破壞的，其代表者是順世派（Lokāyata）；傾向建設性的，是耆那教（Jaina）與佛教（Bauddha）。尤其是佛教，完

4. 同上，第五篇第一章。

成了最偉大的發展，終致成為全世界之光明。

嚴格說來，此等潮流未必是並立共存的，其中或有相繼而起的，但就其是在奧義書終期的二、三百年間完成體系言之，視為是同時期之產物也無妨。在此所要闡述的六派思想，乃是前述第三種哲學潮流中最具規模的。所謂六派是指：

一、前彌曼差派（Pūrva-mīmāṃsā），略稱為彌曼差派，組織者闍彌尼（Jaimini）
二、後彌曼差派（Uttara-mīmāṃsā），又稱吠檀多派，組織者帕達拉亞那（Bādarāyaṇa）
三、僧佉耶派（Sāṅkhya），或譯作數論派，開祖迦毘羅（Kapila）
四、瑜伽派（Yoga），組織者巴丹闍利（Patañjali）
五、吠世師迦派（Vaiśeṣika），或譯勝論派，開祖迦那陀（Kaṇāda）
六、尼夜耶派（Nyāya），或譯作正理派，開祖喬達摩（Gotama）

此處所說的「開祖」，是指傳說上由彼創始該派；所說的「組織者」，是指自古傳來的思想由彼整理而成。實際上彼等皆缺乏歷史根據，在此只是暫作區分而已。此中的前彌曼差派主要是繼承梵書思想，對祭儀作神學性的探究，幾乎很難用通常意義的哲學視之，但仍可視為印度哲學中的一派。吠檀多派意在整理奧義書，在諸派中最富深遠哲理。數論派與瑜伽派雖發源自奧義書，然略傾向於其他方向，前者建立二元論的世界觀，後者以此作為背景，組織其禪法。勝論派與正理派恐是脫化自彌曼差，前者主張物理的世界觀，後者以此為背景，專致於探究論理。

第二節　將六派視為一個群體之經過

前節所述，只是就思想略定六派的地位。筆者並非主張在學派時代初始，六派的體系悉已完備。就筆者所見言之，此六派中，形成獨立體系的，是在西元前五、六世紀至西元四、五世紀間。而將此六種思想視為六派六見（Ṣaḍdarśana），將之視為一個群體的，是在極晚的後世，最早也在西元十世紀以後。印度思想史家中，認為六派的時代是在佛教之前的，不乏其人，但如此的看法可以說是過於獨斷。茲以文獻為根據，對於六派之被視為一個群體略作探究。

首先就佛教方面的史料見之。從原始聖典（大體上是阿含部的經文）中，六派固然無庸贅論，即使是其中任何一派也完全無法獲得立證之資料。或許某一些可以視為是彌曼差的思想，或類似數論、瑜伽的思想，但作為獨立學派思想之徵證完全不存在。就筆者所見而言，至少吠檀多派、瑜伽派、勝論派與正理派等學派的代表性論著，顯然有受到佛教影響，因此，大致上將六派全體視為原始佛教以後的產物亦無不可。更就後世佛教經論見之，數論派、勝論派、聲論派（彌曼差派）等雖常被當作外道，但看不到將六派的名稱或學說視為一個群體的痕跡。在相傳西元三世紀間，由龍樹所撰的《方便心論》一書中，曾言及正理派的學說，亦觸及數論、瑜伽、勝論、聲論、耆那等，但未言及吠檀多思想；被視為提婆撰作的《外道小乘涅槃論》，雖曾介紹二十個學派，但關於六派，僅只提及數論及勝論。此外，無論從無著、世親的著作見之，或從護法、清辯的著作觀之，皆曾觸及吠檀多思想，但對於六派予以並論的，卻不得見。要言之，就筆者所知的印度佛教典籍中，縱使曾零星地言及六派，但絲毫不見可視為一個群體的痕跡。是故，從來中國及日本對六師之說雖有些許論述，對於六派毫無所知，其理由即在於此。

更就外道的史料見之，如後文所將述及，六派各自的論書雖提及他派，且時而予以反駁，但仍然不見存在所謂「六派」的觀念。尤其八世紀的商羯羅阿闍梨（Śaṅkara-ācārya）於其《吠檀多經註》一書中，雖然觸及數論、瑜伽、勝論、尼夜耶、佛教、耆那教、獸主派（Pāśupata）、潘恰拉多拉派（Pañcarātra）、順世派及彌曼差派等，從中可以看出自派之外，猶知另有其他五派之存在。但無論如何都看不出在諸派中，給予六派特別待遇，據此可以斷定在商羯羅的時代，所謂的「六派」尚未存在（請見篇末）。十二世紀耆那教的學者黑默旃陀羅（Hemacandra）於其所撰辭典"Abhidhāna-cintāmaṇi"中，曾揭出耆那派（Ārhata）、佛教（Saugata）、正理派（Naiyāyaka）、瑜伽派（Yoga）、數論派（Kapila）、順世派（Vārhaspatya）等派名，但還是看不到將六派視為一個群體的痕跡。若「六派」的觀念已廣為流行，相信絕對不會以如此隨意的方式列舉，故很有可能直至十二世紀，「六見」（Ṣaḍdarśana）的觀念仍未確立。

隨著時代推進，到了十四世紀，顯然已有給予六派特別待遇的風習。商羯羅學派的學者中，被認為是十四世紀人的摩陀毗阿闍梨（Mādhavācārya）曾撰有《一切見集》（Sarvadarśana-saṅgraha）一書。在此書中，他介紹順世派等十六派，並列其順序如次：

一、順世派（Cārvāka-darśana），二、佛教（Bauddha-dar.），三、耆那派（Ārhata-dar.），四、羅摩笯闍派（Rāmānuja-dar.），五、滿智派（Pūrṇaprajña-dar.），六、獸主派（Nakulīśa-pāśupata-dar.），七、濕婆派（Śaiva-dar.），八、悟證派（Pratyabhijñā-dar.），九、水銀派（Raseśvara-dar.），十、吠世師迦派（Aulūkya-dar.），十一、尼夜耶派（Akṣapāda-dar.），十二、彌曼差派（Jaimini-dar.），十三、文典派（Pāṇini-dar.），十四、僧佉耶派（Sāṅkhya-dar.），十五、瑜伽派（Pātañjala-dar.），十六、商羯羅派（Śaṅkara-dar.）

摩陀毗將自己所屬商羯羅派的吠檀多視為最高點，依次列出由劣等至高等的順序。其說適當與否姑且不論，應予以注意的是，第十以後，第十三的文典派除外，幾乎可視為就是所謂的「六派」。亦即摩陀毗已將六派視為諸派中地位最具卓越的。固然其中混入了文典派，乍看之下，似乎對六派的特別待遇未臻圓熟，但從其他方面觀察，可以找到在摩陀毗時代此一風習已是極其普遍的證據。亦即於其所引用介紹的水銀派之頌文中，有對「六派」所作的批評。其文曰：

Ṣaḍdarśane 'pi muktistu darśitā piṇḍapātane.（六派認為解脫是於死後「獲得」）

文中的「六派」，顯然正是指此處所謂的六派，此六派絕非佛教所說的六師外道，此從水銀派力爭正統派地位即可證之。從摩陀毗予以引用看來，似乎是乘著將六派視為一個群體的風潮而撰此《一切見集》。水銀派此一頌文的製作時代不明，故無法確定在摩陀毗多久以前已有此風習流行。但可認為最早也不過百年。在相傳波拉夏拉（Parāśara）所撰《副往世書》（相對於《毘紐笯往世書》）一書中，對於「六派」的批評明顯可見，其文曰：

> 足目（Akṣapāda）、迦那陀（Kaṇāda）學說及數論、瑜伽組織中，吾人不得不捨棄違反聖教（吠陀）之部分。闍彌尼學派及瓦伊亞西（Vaiyāsi）不見有違反聖教之處〔引用毘濕醞納畢庫修《僧佉耶經註》（sāṅkhya pravacanadarśanam）p.5〕

此處所說的「足目」，是指正理派開祖，「迦那陀」是指勝論派開祖，闍彌尼是《彌曼差經》的組織者，瓦伊亞西是《吠檀多經》的作者，此外再加上數論、瑜伽，即是對六派全體加以批判。筆者雖未能確知波拉夏拉及其撰述《副往世書》的年代，然而從此書是往世書之附屬，以及所引用十六世紀毘濕醞納畢庫修（Vijñānabhikṣu）的《僧佉耶經註》看來，此書應是摩陀毗前後時期的產物。

綜合此上所作考證，亦即就文獻見之，十二世紀之前，將六派視為一個群體的風習未定，直至十四世紀才大致底定。十二、三世紀以後，佛教與耆那教除外，特尊六派之所以，即因於此六派在組織上多少與婆羅門教有所關聯，此六派以正統派（Āstika）自任，進而不與順世派及回教正面為敵。更且當時正在全面恢復勢力的婆羅門教徒亦有意將其精銳理論置於自家藥籠之中，因此在教派判釋上給予特別的待遇。彌曼差派及吠檀多派的教徒亦巧妙利用此一情勢，意欲藉此提高自派的地位，遂以其他四派完備的理論作為基礎，經常六派併說，最後遂獲得一般人認可。

將六派視為一個群體的經過若如前文所述，則「六派」此一名稱也只是基於方便而給予的，幾乎不具任何歷史意義。從而所謂的「印度六派哲學」，其所介紹的，也只是著重於婆羅門主義的六種學派，並無多大意義。至少大異於以「佛教史」為題目所作的佛教諸派之探討。但反過來說，六派的思想起源大致同時，更且如後文所將述說，六派彼此之間有密切關聯。因此即使名稱是隨意取定，但若將此攝為一個題目，未必不是具有歷史意義的考究法。何況其之取定雖然稍遲，卻也是印度本國學者之所認定，而西洋學者之中，也有基於此一稱呼而介紹六派思想的人，是故將六派的探究當作印度思想史上一個獨立的題目未嘗不可。此乃筆者雖知在歷史上未必妥當，但仍將「六派哲學」撰成一書之所以。話雖如此，無論如何強辯，此仍只是一個方便的稱呼，因此筆者不擬依循摩陀毗等人所作的組織，而是在順序上，在內容上，仍以筆者認為適當的方式予以介紹。

第三節　六派主要的異同

此節以次之諸文，原可依序就各派一一詳加論述，但在論述之前，仍有必要就全體重要事項之異同略施數語。此因若能預先注意及此，對於後篇的敘述想必較為便利，進而對於研究比較六派者也將有所幫助。先前在《印度哲學宗教史》終篇之中，筆者曾經項目性的介紹印度諸派的全體思想，當時之所論述，僅只是就六派大體相同的思想而已。但不應只是論其相同，進而亦應論其相異，是故在此擬以相同部門作為依憑，項目稍加更易而述其同異。

一、六派的分類　六派依其教系因緣可分成三類。彌曼差派與吠檀多派、數論派與瑜伽派、勝論派與正理派。彌曼差派是以梵書作為依據，對於祭儀作神學性的研究；吠檀多派則是依據奧義書而組織其梵教，故就研究及對照廣義梵書而言，二者屬於同系。亦即彌曼差以吠陀的業分（Karmakāṇḍa）為主，吠檀多以智分（Jñāna-kāṇḍa）為主，二者結合，則是婆羅門教義之完成。此即有前後彌曼差的名稱之所以。另就僧佉耶與瑜伽論之，在古奧義書中，已有僧佉耶瑜伽（Sāṅkhyayoga）的結合辭，故就其起源論之，二者的因緣業已不淺；再就學派組織見之，二者幾乎是立於相同的形而上原理。不同的是，數論以理論為主，瑜伽以實踐為主。因此，可以將兩派視為是同一類教系。進而勝論派與正理派的關係亦然，二者都是將原理稱為句義（padārtha），都著重概念的分析與綜合，都有極微（paramāṇu，分子）的假設。不同的是，勝論著重在自然理論的研究，正理派著重於論理的方法論。六派之間，所以有如此關係，應是古來三種潮流的思想系統逐漸分化成為理論派與方法派，進而於理論派中加上方法，方法派中加上理論，最後遂分別獨立成一派。

以上所述是就教義性質論其教系分類，若從發生而論，則有本系與末系之區別，是故六派可分成二種系統。即吠檀多系與彌曼差系。吠檀多系是基於奧義書思想而發展出的，吠檀多派屬於基本系，而數論派、瑜伽派屬於末系。此因吠檀多派是以奧義書為其根柢，而數論派、瑜伽派起始亦發生自奧義書，而後逐漸發展，終致獨立開來。彌曼差系是指以梵書為依據的祭儀學系統，彌曼差派是本系，勝論派與正理派則為末系。此一觀點至今尚未有人指出，但根據筆者的研究，有理由相信勝論派與正理派都是受彌曼差之思潮所激發，故將之視為末系亦無不可。凡此，後文皆將予以論證，總之，六派雖是各個獨立的學派，但彼此之間有密切關係是不容否定的。

就此上所揭學派訂出其獨立的年代順序，應是非常困難的問題。若僅就思潮而論，最古的，當然是彌曼差派，吠檀多派次之，進而是數論派、瑜伽派，最後是勝論派、正理派。但若思及某一學派之完成，必須擁有自己特有之教典，更且有與他派明顯對立的主張，進而在學界占有一席之地等等，則六派的成立順序絕對不能依照思潮之順序。此因有可能末系比本系提前獲得確定的地位。從各派所傳的現存教典觀之，大抵都是假設他派之存在而彼此相互辯論，其中往往有一字不漏引用他派頌文的情形，故孰先孰後很難判定。此乃各派教典大抵是該派成立以後經過數百年的整理所致。因此，若省略推定手續而直接予以立論，筆者認為最早成為學派的，是數論派，瑜伽派次之，進而勝論派、正理派，彌曼差派及吠檀多派是最後才成立的。其因恐是前四派並不是梵書及奧義書之純粹繼承者，故有必要明顯地鼓吹其主張，後二派屬於純正統派，素來即堅守其根源聖典，除非不得已，否則沒有必要揭櫫新運動。凡此種種，將在各派之篇幅中，詳加論述。

進而在論述各派教義之同異時，必須預先說明的是，雖說是六派哲學，但彌曼差派哲學不能算是所謂的哲學，在大部分的問題中算是特例。

二、**知識論**　只要是哲理的探究，就不得不先從探索哲理的知識著手。此即亞里斯多德以推理法或康德以純理批判作為哲學的出發點之所以。就印度哲學諸派觀之，可以發現彼等亦已著眼及此，任何一派皆以知識論作為重要論題。彼等所說的「量」（pramāṇa）即此，彼等是就此題目下探究知識之源泉及標準等。雖然如此，各派對於「量」的建立未必相同。勝論立現量（pratyakṣa）、比量（anumāna）等二量，數論派、瑜伽派在此二量上再加一聲量（śabda），亦即加一聖教量（āptavacana）而成三量，正理派更加比喻量（upamāna）成為四量。彌曼差派與吠檀多派認為真智的標準源泉皆仰賴於天啟（Śruti）、傳承（Smṛti）等聖典，故僅立聲量一種，但二者不僅使用現量、比量之語詞，彌曼差派更於此上四量之外，又說及義準量（arthāpatti）、無體量（abhāva）。專門處理此等的，是正理派，是故將於該部門再作詳述，此處僅就四量簡略述之。「現量」是指直接感覺的見、聞、覺、知的心之作用及其結果的知識，「比量」是指推理比知的心之作用，「聲量」是指以權證作為基礎的知識，「比喻量」是指初始僅知名稱，爾後才確知實物的心之作用。六派認為藉由其中之任一，吾人能得真知，吾人藉此得以安全地研究哲理。六派所以都被視為正統派，即因於無論如何都承認吠陀的權威，將之視為聲量的一種。但吠陀的範圍非常廣，因此，彼等未必是依相同意義作為權證。例如：數論派雖然排斥集錄、梵書（狹義）等，但至少《僧佉耶經》（Sāṅkhya-sūtra）是以奧義書作為權證，承認吠陀的神權；勝論派與奧義書關係不深，但就其採用吠陀的儀禮祭祀而言，仍可視為是以吠陀作為權證。前彌曼差派與後彌曼差派都是以正統派中的正統派自任，但前彌曼差派著重在梵書的儀禮部分，棄奧義書於不顧，而後彌曼差派則認為只有奧義書才是吠陀本意，其儀禮部分只是作為輔助而已。此即教義互異幾不相容的六個學派，依據不同的吠陀，各以正統派自居，卻不見不妥之所以。

要言之，六派之知識論主要是以經驗及實際作為基礎，然猶未臻於認識批判論，雖是如此，在此時代已將此視為重要事項，可以說在哲學方法上已考慮周詳。

三、本體觀　本體觀的差異，是造成各派產生分歧的原因，可以說此本體觀正是訂定哲學價值的標準。首先關於原理的數量，此六派可分成三類。即一元論、二元論及多元論。吠檀多派是一元論，彼等立唯一之梵，視此為精神性的實在，物或心是其之顯現或發展，更且認為其目的在於實在與個人精神之融合。數論派與瑜伽派是二元論者，主張萬有的形成是由精神原理的無數「神我」（puruṣa）與物體原理的唯一「自性」（prakṛti）之結合。就高遠而論，此較吠檀多拙劣，但對於萬有的解釋卻更勝於吠檀多。勝論及尼夜耶是機械論的多元主義，主張萬有是種種原理結合所成。在本體論上，實輸數論一籌，然其組織之緻密，遠甚於吠檀多及數論。

更就最高神之有無而論，吠檀多派將梵視為神格，故屬於有神派，若將此視為純精神，則成觀念論。數論派認為二元除外，並無創造的人格神，故屬無神主義的實在論。瑜伽派、勝論派及正理派態度較為曖昧，彼等認為從教理上沒有必要別立最高神，但方便上還是予以承認，故可以說是自然神教（Deism）。最後的彌曼差派雖是多神教的有神派，但仍有可以視為無神主義之處，總之，彼乃非哲學性的，故姑且不論。

在本體觀上，六派之間有種種不同，但任何一派（彌曼差除外）都有被視為最重要的題目。此即有關「自我」（ātman, puruṣa）的問題。自我的問題自奧義書以來，即是印度哲學中樞，更是被視為哲學學派的此等所亟欲解決的。當然彼此對於「我」的看法略異，但至少在將「我」視為是常住不變之靈體，將其本性之發顯視為是解脫的主要條件之上，各派是相同的。

四、宇宙觀　各派之間由於本體觀不同，因此宇宙觀也有差別。數論、瑜伽派視此即自性（物的原理）發展的結果，不只是物質世界，包括吾人的生理、心理機關也是物質性的。勝論、尼夜耶兩派認為萬有是種種原理之複合，對於物質世界，更建立極微分子說的「分子世界觀」（Atomistische Weltanschauung）。吠檀多派中，帕達拉亞那認為世界是梵的延展，但商羯羅阿闍梨視為是吾人迷妄之所生，故提出「無宇宙論」。瑪都斯達那薩拉斯瓦提（Madhusūdana Sarasvatī）在《諸學總說》（Prasthāna-bheda）中，提出印度宇宙觀為三足鼎立。即：發展說（Pariṇāma-vāda）、積聚說（Ārambha-vāda）、迷妄說（Vivarta-vāda）。若以此為標準對六派作分類，數論及吠檀多的帕達拉亞那屬於發展說，勝論、尼夜耶的思想屬積聚說，商羯羅的吠檀多屬迷妄說。就六派對宇宙太原與萬有因果關係的觀點觀之，大致可分成如次二類。即：因中有果論（Satkārya-vāda）與因中無果論（Asatkārya-vāda）。「因中有果論」是說質量因的太原中已內在結果的萬有，「因中無果論」是說諸因相輔才有萬有，故因位的內在並無結果。數論、瑜伽、帕達拉亞那等是因中有果論者，勝論、正理派是因中無果論（商羯羅屬於共非）。前者是發展說的自然結論，後者是積聚說的必然歸結，此意見之相左確實為印度學界帶來不少熱鬧景況。凡此，皆將在數論篇與勝論篇中，予以詳論。

在種種差異中，對於世界之看法相同的也不少。認為器世界的成立要素是地、水、火、風等四大，此其一；對於世界之生起還滅而提出劫波說（Kalpa-vāda），此其二。此劫波說是指世界經過一定時期之破壞，將再經一定時期而成立，常是循環不絕。此恐是為調合創造說與輪廻無窮說而成之論點，發芽自奧義書而完成於學派時代。在世界形體論中，須彌山（Sumeru，蘇迷盧）說獲得普遍的承認。在吾人所居世界中心，有名為須彌山之大山，日月繞其左右，山頂是眾神之住處，四方以海圍之，海中有島洲，吾人所居世界在須彌山南方。此雖是由大致的地理觀察結合神話而成，卻是印度人一般堅信的天文學之地理觀。最後關於世界存在的意義，各派皆視世界為客觀的存在，是有情輪迴解脫之道場，亦即徹底將之拉回到人生當中。

五、有情觀

「有情」者，生物之義，然特以我人為要。亦即印度的有情觀最後可歸結於人生觀。從而此一問題乃各派著力最多之處，換言之，無論本體觀或世界觀，都是用於解決此一問題。各派的有情觀中，意見最為分歧的是，有情之主體的「我」。吠檀多派認為個人的我是梵的一部分，而認為其本質具備知覺與活動的，是帕達拉亞那；商羯羅則是主張此小我與大我之「梵」等同，否定雜多，認為不變不動的知覺體之外的一切並無屬性。數論與瑜伽認為起初各我獨立，而本性是無活動的靈體；勝論與正理亦主張各我獨立，但又視此是知覺之活動體，是知情意之主體。要言之，猶如前文所述，就視「我」為自由、無縛、常住、不變之靈體而言，各派看法一致，更且對於此靈體與性質相異的物質身體結合而本性被蒙昧的觀點也一致。視肉體為精神之牢獄的觀念，在希臘人的思想中也可窺見，但印度思想家對此更有痛切之感，認為種種煩惱、妄見及造作之諸業皆由此而起，其餘勢（karman, adṛṣṭa）薰習靈魂身（細身），故不斷地輪廻於種種境界。對於輪廻的範圍，各派之間又略有差異，但大抵是以人類為中心，往下是地獄（naraka，那落）、畜生，往上是天上界。此天上界中也包含梨俱吠陀以來的眾神，此係高於人類之生物，但大限時至，亦將墮落為人類等等之境界。諸派對此的看法也是一致的。

要言之，有情的本性是常恆不變的靈體，然因於執迷，遂成苦樂交謝、變化流轉之分裂體。此即深植於各派根柢之人生觀。從而任何一派自然多少帶有厭世色彩，且彼等之最終目的即是脫卻此微少分裂之體而開拓自主獨立的靈境。就此而言，六派雖是哲學，同時也是宗教。

六、修行解脫觀

各派到達解脫的修行法多少有別。但既然被稱為哲學學派，總是屬於理智主義，都相信不依真智（tattvajñāna）不能達此目的。依據此一見地，可以說各派的理論也是為獲得真智而建立的。據彼等所說，此真智不是僅依道理的研究就能獲得，而是必須自己直接體現才得以到達。為養成此一確信，各派皆重視瑜伽禪定的修練，即使是真正究理派的勝論、尼夜耶也不例外。瑜伽行法一方面著重制御精神之牢獄的肉體之慾望，另一面藉由觀法擴大鞏固其理想界，必須二者相輔相依，解脫真道的資格才足以具備。有關瑜伽的詳細論述是瑜伽派的任務，但不容忽視的是，在修行上它是普遍的。

依此思辯及觀法所到達的解脫境地應與本體觀相應，因此，各派的看法不一。數論派與瑜伽派認為是精神脫離物質之拘縛時，吠檀多派認為是小我與大我融合，勝論派與尼夜耶派認為起初自我是無屬性的狀態，爾後才由神攝理。彌曼差派認為是上天往生，其哲學意義不明確。然而此僅只是對於解脫境地的風光寫象不同，對於依此而到達的不生不滅之處、絕對安穩之處、常恆不變之處、無時空限制的自由之處，簡而言之，對於言詮不及、意路不到的妙樂境，各派的看法並無差異。

下文即將依序論述各派。本書之敘述計畫大體是依據思潮順序依次介紹各派。亦即依序應是彌曼差派、吠檀多派、數論派、瑜伽派、勝論派及正理派。但位列第二的吠檀多派其目的不只是奧義書的整理，就筆者所見，彼起於諸派最後，帶有總合一切的傾向，故擬列於最後述之。其次就內容而言，當然是以各派代表性之經典為主，然而不只是靜止的觀察，還須探察其歷史經過。譬如數論、瑜伽，必須溯及奧義書的思想發展痕跡；譬如吠檀多，不僅需要觸及帕達拉亞那、商羯羅，包括種種吠檀多的潮流也是觀察方針。第三，為使敘述容易了解，筆者盡可能採用近世整理之結果，同時也盡可能讓論主自己述說自己的立場，故將經常引用原典。最後，如前文所述，六派彼此間有諸多共通之處，若一一重複，將極其乏味，又某處若已有詳述，他處則予以省略，或因重複，或因他處將作說明而予以省略，體裁上將出現不一致之情形，此乃必須預作說明的。

Ṣaḍdarśana cintanikā or Studies in Indian Philosophy(monthly publication,)1877, Poona.

Colebrooke, Miscellaneous Essays vol. II. London, 1837.

John Davies, Hindū Philosophy London, 1881.

Max Müller, The Six Systems of Indian Philosophy, 1903.(New ed.)

Mādhava, Sarvadarśana Saṅgraha 1906. (Ānandāśrama series.)

Cowell and Gough, Sarvadarśana Saṅgraha.(英譯)London, 1904.

Deussen, Allgemeine Geschichte der Philosophie I, 3. Leipzig, 1908.

Ṣaḍdarśana-samuccaya, by Haribhadra with Guṇaratna's Commentary.(1905~1914 Calcutta)

宇井伯壽著，印度哲學史，岩波版。

關於資料請參考

Dr. M. Winternitz ; Geschichte der indischen Litteratur Leipzig, 1806.

※（一九頁注）。如同前文追加的參考書，耆那教學者哈利巴多拉著有《六見集》（Ṣaḍdarśana-samuccaya）。在此書中略述佛教、尼夜耶、數論、耆那、彌曼差派、順世派等六派。此與今之六派雖然有別，然就某派而論述六種的風習可能始自於本書。哈利巴多拉的年代不明，大概是六世紀的人。

第二篇

前彌曼差派

Pūrvamīmāṁsā

第一章　總說

一、地位

六派中，數論、瑜伽、勝論、正理等派都承認吠陀的權證，但此四派並非直接繼承吠陀思想，真正以吠陀聖典為依據而組織其教義的，唯有前彌曼差與後彌曼差派。從而在婆羅門教系諸派中，此二派被視為是正統派中之純正統派。「彌曼差」一語出自意為「思考」的「man」，具有思惟、考察等義，類似諸派常用的「欲知」（jijñāsā）。雖然如此，相對於「欲知」用於指稱對教理的考究，「彌曼差」則用於指稱思惟考察所給予的材料，尤其用於指稱思惟考察吠陀聖典的內容。彌曼差派所以有前、後二派之分，即因於作為其材料的吠陀聖典其所具性質。廣義上的吠陀，是由集錄（Saṃhitā）、梵書（Brāhmaṇa）、經書（Sūtra）所組成，特別是以三種集錄及諸梵書作為真吠陀，亦即聖知、神知之發現。依此二者所觸及的問題性質見之，大體可分為二種。其一是婆羅門日常所行祭儀及義務等屬於實踐方面的，其二屬於哲理方面，亦即論述大我與小我之關係的。前者是吠陀中的「業品」（Karma-kāṇḍa），後者名為「智品」（Jñāna-kāṇḍa）。就聖典觀之，集錄（祭文，Mantra）之大部分以及奧義書除外的梵書屬於業品，奧義書本身則屬於智品。理論上而言，業品與智品雙具才是完整的婆羅門教，但就歷史言之，業品較古，智品較新；再就性質言之，業品是有關雅利安人種的一般規定，而智品所觸及的，僅止於思想家的哲學。因此在作探究時，婆羅門之間習慣於將業品、智品各別處理，因襲日久，遂獨立成兩個學派，此即於同一吠陀產生兩派之所以。亦即前彌曼差派以業品為主，或稱為業彌曼差派（Karma-mīmāṁsā），略稱為彌曼差派；後派以智品為主，又稱梵派（Brahma-mīmāṁsā）或吠檀多，爾後二派之間多少有相競之情事。對於後彌曼差派（Uttara-mīmāṁsā）

將於下一篇論之，下文僅專就前彌曼差派，亦即一般所說的彌曼差派加以論述。

二、彌曼差派的起源及成立

就思想系統言之，六派之中，彌曼差派最古。導致吠陀宗教完全成為以祭儀為主之宗教的，是在梵書時代，因此彌曼差派的思想可說始自於梵書時代。雖然如此，與其說彌曼差派的目的是在闡述祭儀，不如說是就祭儀之疑義作往來之問答及解釋，故就此意義言之，其起源未必如此古老。此因祭儀雖是由婆羅門所制，然在社會上，此僅只是一種古來相傳的習慣。既是平常所行，則無所謂疑義發生。所以需要作統一性的解釋，一方面是非祭儀主義之思想漸具勢力，另一方面是祭儀之相傳經過時空更移，其執行法及解釋逐漸產生差異，對此產生疑義者日漸滋生所致。亦即彌曼差的潮流仍是學派時代的現象，恐是與婆羅門實際性的教典經書（Sūtra）之編輯並起，且負責其理論性的部分。徵之於文獻，撰作於西元前五、六世紀的《阿波斯丹巴家庭經》（Āpastambīya-gṛhyasūtra）以及其他經書中，凡是對於祭儀生起疑義時，經常是引用彌曼差師（Mīmāṁsaka，祭儀學者）之說解決。固然不能依此而直接斷定當時此派業已成立，但至少可知在當時已有被稱為彌曼差師的祭儀專門學者，從而可以推定本派的潮流發芽於此時。不只如此，如後文所將論述，西元前二、三世紀成立的勝論派、正理派脫化自此一潮流時，西元前二世紀的巴丹闍梨在《大註》（Mahābhāṣya）中舉出對於祭儀的解釋，又介紹本派所特有的聲常住論，據此看來，本派形成宗派之趨勢最遲是在西元前四、五世紀間，可能與佛教同時。基於此一意義，六派中，本派與數論二者同是最古的學派。

以上只是就思想論之，亦即並不意味著本派的聖典完成於同時，其學界地位也不是在此時奠定。依種種徵證看來，此一方面之齊備，在諸派中應是較遲的。從佛教的史料徵之，龍樹時代已有對聲常住論的駁斥，然其派名及聖典未必是如此久遠。就筆者所知，有關「彌曼差」一語及其聖典的記載，是從六、七世紀開始，恐是以清辯論師（Bhāvaviveka）的介紹為最早。亦即《般若燈論釋》卷十三（大正三〇，頁一一九，下）載云：「如彌息伽外道所計，韋陀聲常者今遮此義」，所說的「彌息伽」就是彌曼薩迦（Mīmāṁsaka），顯然是指本派。七世紀的法稱論師（Dharmakīrti）在《金剛針論》（大正三二，頁一七〇，上）中，有如次之述說：「解四圍陀及彌含娑竝僧佉論，尾世史迦乃至諸論悉了達名婆羅門」，此彌含娑也是彌曼差之音譯，就其與其他經論並列看來，可知在此時已被視為聖典。到了七世紀，佛教方面所以言及本派，可能是因於鳩摩利羅論師（Kumārilabhaṭṭa）為《彌曼差經》作註釋抨擊佛教，但從另一面看，是因為至此時代本派已經成立，且大有勢力。據《多羅那他（Tāranātha）佛教史》看來[1]，法稱（Dharmakīrti）論師破斥鳩摩利羅，也論破本派教徒敷蘭卡拉辜夫亞（Bhṛṅgāraguhya）。

綜合此上事實可以如此斷定：本派於西元前五、六世紀興起，至西元四、五世紀大成，終致形成強大的學派。

三、本派之聖典　被視為本派聖典的《前彌曼差經》（Pūrvamīmāṁsā-sūtra），相傳是由闍彌尼（Jaimini）所撰，但書中引用了帕達拉亞那（Bādarāyaṇa）、阿都雷亞（Ātreya）、巴達利（Bādari）、拉夫卡亞那（Lābukāyana）、阿提夏亞那（Atiśāyana）的意見。就此等亦被引用於《吠檀多經》看來，恐是在業品的整理方面，闍彌尼被視為權威，對於智品的探究，則是帕達拉亞那被視為權威，故分別被視為是該派教典的撰述者。其生存年代及生平不詳，但可以確定的是，並非如迦毘羅般的神話人物。

本典總計由十二章（adhyāya）、六十節（pāda）、二千七百四十二句（sūtra）所組成，全書分為

1. Tāranātha, Gesch. d. Buddhismus von Schiefner. S. 178~179. Schiefner ed. S. 136. 寺本和譯一四八頁。

九百十五個題目（adhikaraṇa）。在六派聖典中，占最大分量。何時完成編輯不能確知，但從書中所揭學者看來，大抵應是在《吠檀多經》的大成時代。如後文所述，《吠檀多經》大成於西元五、六世紀，因此認為本典成立於此時亦無不可。

本書的註釋中，現存最古的是“Śabara-bhāṣya”。此書固然被視為是註釋書之古註（Vṛttikāra），但相信仍有比它更古老卻已失佚不傳的註釋書。對“Śabara-bhāṣya”更施以複註的，是有名的鳩摩利羅論師的“Vārttika”[2]。鳩摩利羅論師是七世紀人，他藉此註釋抨擊佛教等，鼓吹正統思想，與商羯羅併肩戮力於復興婆羅門教。次於鳩摩利羅論師的是有名的註釋家，亦即有古魯（Guru）之稱的普拉帕卡拉（Prabhākara），因於此人，彌曼差派遂分成鳩摩利羅派（又稱 Bhāṭṭa 派）與普拉帕卡拉派（Guru□）。

本派之綱要書中，最有名的是十四世紀的摩陀毗（Mādhava）所撰的“Nyāyamāla”與拉烏卡庫西巴斯卡拉（Laugākṣi Bhāskara）的“Arthasaṅgraha”。

有關此等教典的出版刊行如次：

Śabara-bhāṣya, Bibliotheca Indica.（1878, Calcutta）

Kumārila, Ślokavārttika & Tantravārttika.（1890～99 Benares）

Arthasaṅgraha（1882, Benares）. Nyāyamālā.（1892, Poona）

譯著方面，就筆者所知，並無本文與註釋之全譯。Ṣaḍdarśana cintanikā 的“Mīmāṁsā-darśana”（1877~'9）與“The Pūrvamīmāṁsā sūtra of Jaimini with an original Commentary in English”等二譯，前者是前六章，後者是前二章。

---

2. 分成 Ślokavārttika, Ṭantravārttīka, Ṭupṭīkā 等三部分。

第二章　彌曼差派之教理

第一節　概觀

印度聖典中，最索然無味的經典，《彌曼差經》可列為其一。龐然浩瀚的部帙中，所論悉皆與祭儀相關，從中看不到任何有關宗教或哲學之暗示。對於以祭祀為生命的婆羅門，熟知儀式當然有其意義，但對於吾人可以說是幾乎不關痛癢。今依《一切見集》（Sarvadarśana-saṅgraha）所載，揭其十二章的論題如次：

第一、本派之知源論。在達磨（dharma，法）的研究中，指出吾人知識泉源在於吠陀。

第二、種種祭儀中，各有正副之區別，作為其成果的功德也有區別，又接續前章所論而觸及量論，駁斥錯誤的知源說，更述及聖典所說的祭儀規定。

第三、揭示吠陀聖典之特質，進而述及天啟（Śruti）與傳承（Smṛti）發生矛盾時，應以何者為依據，又述及其他祭儀時，所說名譽祭（Pratipatti-karmāṇi）的意義，以及主要祭之前所行 Anārabhyādhīta 的部類，乃至行祭儀時，施主所應盡的義務等。

第四、述及主祭與副祭的關係以及用巴魯那樹（parṇa）製造祭匙的功德，又述及作為即位式（Rājasūya）之副祭所行的賭博之意義。

第五、述及吠陀中種種文句的順序、祭儀的順序及規定、祭儀的增多減少、天啟書文句的重要程度等。

第六、述及施主及祭官的資格與義務，又聖典所規定的供物難以獲得時，應用何物替代，供物遺失或毀損時，應如何補救，以及蘇摩祭（Sattra）的規則、嚫施的性質與種種的犧牲祭等。

第七、述及一種祭法應用於其他祭儀時，依照吠陀的規定自是當然，但若無明白的規定，則應依其名稱（nāma）與特質（liṅga）行之。

第八、對於前一章所述特質明白或不明白時的處理方式。

第九、儀式中咒文的應用（ūha）。亦即歌詠（sāman）與祭文（mantra）的應用，以及二者結合時應如何處理。

第十、闡明祭儀的廢止（niṣedha）。亦即基於何等原因而廢止預備祭及本祭。又說明蘇摩祭之一的哥拉哈祭（Graha），更述及種種歌詠及其特質。

第十一、述及祭儀的根本教理（tantra）。

第十二、述及為達某種目的而執行祭儀的機緣（prasaṅga），兼論前述的根本教理，最後以總括各個祭儀而論其選擇作為總結。

以上的介紹雖然簡單，但藉此約略可知本典所處理事項。在實際閱讀其內容時，可以發現問題極為多歧，其所論之複雜亦頗為驚人。對於吠陀文句的解釋、相互矛盾之會通、文法之剖析、祭儀種類與供物種類、祭官任務、施主義務及布施物的種類，凡是對於祭儀有所疑義的，皆入微出細地予以詳述，其敘述之煩瑣，實令人無法忍受。

本典的內容如上所述，若一一述及，恐將產生枯燥無味之感。故筆者擬欲略去其主要題目，僅就若干有趣之事述之。（關於祭儀之種類與行法等，請參照《印度哲學宗教史》第四篇，尤其是第四章。）

第二節　出發點與量論

本典之開卷第一即明言其目的：

Athāto dharmajijñāsā「法之研究自此開始」〈一，一，一〉。

所說的「法」，是祭祀之義。「法」之一語，含有多義，在倫理上，意為道德或義務；在形式上，依據婆羅門所見，舉行祭祀是我人最重要之義務，故借用此語表示祭祀。本典所舉的「法」之定義如次所揭：

Codanālakṣaṇo 'rtho dharmaḥ（法是我人之目的，吠陀所命為其特相）〈一，一，二〉。

亦即我人所有目的依祭祀而完成，極言之，祭祀是我人之目的，也是義務。雖然如此，祭祀非我人所定，而是吠陀所定（以神之天啟作為基礎）。換言之，祭祀所以是吾人之目的，肇因於既是神之命令也是規定。要言之，是立基於吠陀謂「祭祀乃吾人應盡之義務」而進行研究。

是故本派之知源（量），無庸贅言，只是唯一的吠陀，僅只「聖教」一量。本典以數章之篇幅論述吠陀之性質，將吠陀分為祭文（Mantra）與梵書（Brāhmaṇa）等二類。為加以區別，本典作「非祭文者梵書，非梵書者祭文」如此不得要領之說明，雖然如此，要言之，三種吠陀之集錄（本典不承認阿闥婆吠陀），以及奧義書除外的梵書，都被視為是用於祭儀的聖典。本典更依其內容作如次五種分類：

第一、**儀規**（vidhi）　此乃梵書之主要部分，是在敘述祭儀之規定。儀規有四種類。(1) 發端儀規（utpatti-vidhi），揭示某祭之發端，例如行火祭（Agnihotra）的總括命令。(2) 方法儀規（viniyoga-vidhi），揭示其祭法，例如以酸乳祭祀之類。(3) 次第儀規（prayoga-vidhi），祭祀的次第順序。(4) 適人儀規（adhikāra-vidhi），規定行祭祀者的資格。

第二、祭文（Mantra） 主要是集錄（Saṃhitā）的內容，計分三種。(1) 讚歌（ṛc），勸請神至祭壇之邀請辭，主要是梨俱吠陀中集錄的內容。(2) 歌詠（sāman），讚美所勸請之神，主要是沙磨吠陀所集。(3) 祭詞（yajus），儀式進行中，低聲諷吟獻供之祭詞，即夜柔吠陀的內容。此異於直接述說祭法規定之儀規，但就訂定某祭之祭神而言，被視為是祭規之權證。亦即在如此意義之下，本派將吠陀集錄視為是梵書之輔。

第三、祭名（nāmadheya） 吠陀聖典所載諸祭之名稱。例如火祭（Agnihotra）、新月滿月祭（Darśapūrṇamāsau）等。所以將此視為儀規祭文以外的獨立權證，是因於此等名稱縱使是單獨記載，但就規定祭祀的性質上，仍具有特定的價值。

第四、禁制（niṣedha） 行祭祀時的禁制部分。此屬祭祀研究之消極材料，但同樣具有權證。

第五、釋義（arthavāda） 說明祭祀之由來與效能的部分。其中有關祭法規則的事項被視為是權證。

以上所舉五種，都是超越人類的（apauruṣeya），亦即是神所制定，因此是研究祭規的絕對權證，其輔助之材料，就是本派所謂的傳承（Smṛti）。此即《天啟經》（Śrauta-sūtra）、《家庭經》（Gṛhya- sūtra）、《法經》（Dharma-sūtra）之類，此等傳承乃古聖所說，因此在不違反天啟的祭規研究上，也被視為是權證。

如此看來，本派的知源說完全只有聖教量，但一如他派，作為論理推究此聖教量的方法，本派亦承認其他之量。散見在本典中的名稱有：現量（pratyakṣa）、比量（anumāna）、比喻量（upamāna）、義準量（arthāpatti）、聖教量（śabda）、無體量（abhāva）等六種。恐是在初始時，此等諸量其意義尚未臻於嚴謹，雖然如此，組織性的論理哲學發展於此，爾後更是有意識地施以論理性之意義，就此而言，本派的知源說具有非常值得注意的價值。

第三節　聲常住論

本派的哲學探究在於聲常住論。亦即認為語言都是由實在之聲發顯。如此考察之起源，始自於梵書時代給予吠陀莫大之意義，亦即給予祈禱（brahman）莫大之意義。如果祈禱具有左右神的力量，則構成吠陀之祈禱的語言自然具有無限常住之神祕力。梵書時代所以或論語言與思想之優劣，或視語言（Vāc）為生主，或視為梵之表徵，不外於即是基於如此考察所致。因此，一方面對於祈禱之集成的吠陀信仰彌深，另一方面，剖析研究吠陀文句的文法（vyākaraṇa）亦日益進步，對於概念與語言的關係給予更詳細地探究，最後終於產生將一一語言視為是由實在之聲所顯現的語言哲學。

主張聲論的學派不只是本派，綜合種種所傳，大略可分成三派。亦即波爾尼（Pāṇini）所開創的文法派之「斯波達（sphoṭa）常住說」、本派主張的「聲顯說」以及學派不明的「聲生說」等三派。茲依序一一簡單敘述如次。

（一）依據斯波達常住說所論，吾人所有概念與名稱都是梵一一表現的結果，詳言之，無論「馬」、「桌子」或「人」都是梵心中恆存的常住觀念（名稱）所發顯，並非吾人之隨意命名。從而吾人聽到「馬」（aśva），馬上有「馬」的觀念，並不是「ㄇ」或「ㄚ」（梵語是「a」「ś」「va」）含有「馬」的觀念，而是在梵的心中（表現為吠陀的文句）恆存的馬性藉由「ㄇ」或「ㄚ」發聲之緣而表顯。譬如花蕾綻放成花，是依其原有而發顯，而將此常住之聲（亦即將此名稱）名為斯波達（√sphuṭ，開）。此思辨之過程幾乎如同柏拉圖因應其概念而建立一一實在的觀念。

（二）聲顯論（亦即本派的主張）所說大致與前揭相同，要言之，認為是由概念翻譯成語言，且各個語言有其根柢的實在之聲。但異於「斯波達說」的是，其實在之聲（語言）並非名為「斯波達」，更且也不說是梵心中的觀念。此二派歷史上的關係不詳，恐是兩派傳承自同一思潮，波爾尼派之成立稍遲於本派，故其哲學較為進步。

（三）聲生說，此與前二說雖都屬於聲常住論，但此派認為發聲是無常，聲音本不存在，是發生之後才成為常住。不詳是哪一學派的主張，但大致上應是出自於將吠陀讀誦的聖音視為神聖，信其功德不滅亦遍及於一般聲音的思想。尼夜耶在駁斥此二派時，對於聲生派是用「所作性故」（kṛtakatvāt）的因，對於聲顯派是用「勤勇無間性故」（prayatnānantarīyakatvāt＝意志生）之因。

聲常住論的反對派有勝論派、正理派與佛教等，所產生的論辯是印度思想史上的大問題，與「因明」共傳於中國、日本，故在此揭出本典中較具代表的問題如次：

本典中，與聲論有關的，是由〈一、一〉的六至二十三等十八頌所成，前六頌是前論（pūrvapakṣa），亦即尼夜耶派主張聲無常論的理由，其次的六頌是後論（uttarapakṣa），亦即對於前論的駁論，最後六頌是極成說（siddhānta），即述說其理由。

一、前論　聲無常說之論據

（六）某派曰：聲所作（karma），現量故。

注：聲是人為的，此從實驗可知，是人為的，故為無常義。

（七）不永續故。

注：發聲後立即滅去義。

（八）使用「作為」（karoti）之語故。

注：使用「出」聲或「談」話之語，故顯然是人為的。

（九）其他有情亦同時故。

注：同一語於同時由多人及其他場所講說。若是實在之聲不能如此。

（一〇）同語有原形（prakṛti）與變形（vikṛti）故。

注：同一語在連聲時原形改變。例如 **dadhi atra** 成為 **dadhyatra**。若是實在之聲，則無此理由。

（一一）發聲者多，其聲隨之變大。

注：若是聲之發顯，則無論一人或多人講話，其聲量必然一同。而今不然，可知不是發顯而是作為。

二、駁論

（一二）現見的事實相同。

注：此係對於第六頌所作之回答，亦即敵者說聲之所作性是現見之事實，然依我人意志而發顯也是事實。換言之，就此可視為「所作性說」與「發顯說」同等。

（一三）常住物所以於他時不得見，是因為不觸對象故。

注：此係用以回答第七頌「發聲後聲立即滅去」之說，發聲後，聲立即滅去並不是因於聲不

實在，而是因為當時吾人不觸及實在之聲。若有接觸，則常發顯不滅。

（一四）發聲的意義。

注：此係就第八頌所作之回答，第八頌認為聲是「作為」的，而非常住。但所謂的「作為」，不外於是意指「令實在之聲被發現」。

（一五）其同時恰如太陽。

注：此係就第九頌所作之回答，實在之聲同時於各處出現，此恰如同一太陽於各處皆得見之。

（一六）是不同之文字，非變形。

注：此係就第一〇頌所作之回答，**dadhi atra** 與 **dadhyatra** 非同一語，是不同的文字。

（一七）音響（nāda）增大。

注：此係就第十一頌所作之回答，多人時談話聲之增大，僅只是音響增大，絕非言語之增大。

三、極成說

（一八）聲實常住，發聲者為不同之目的故。

注：談話者出聲，不僅只是出聲而已，而是藉此欲令他人瞭解己意。若聲不實在，則吾人的意思不能藉由發聲後立即滅去的現象之聲傳達予他人。

（一九）一切狀況同樣故。

注：例如吾人說出「牛」時，於一切時一切場所，任何人依此即知曉是意味著「牛」。若聲非常住實在，則不能如此。

（二〇）無數量故。

注：所有作為的無常物都有一回作二回作之數量。唯有說為「牛」的言語沒有限定。其因在於有「牛」的常住之聲。

（二一）無原因故（anapekṣatvāt）。

注：物之破壞皆有原因。然而在聲音（言語）之中，不能窺出可以破壞之原因。

（二二）無對所聞性的說明。

注：吠陀中有聲依空氣而生之說。反對者據此認為吠陀以聲為空氣之因，初始有聲，從而亦應有終。相對於此，本典認為吠陀所說依空氣而生之聲，不是意指通常的耳所聞之聲，此因無對此之說明故。

（二三）相（liṅga）顯故。

注：不只如此，吠陀中有承認聲常住之徵相。例如「依不變常住之語」（vācā virūpanityayā）。因此，認為吠陀主張聲無常說是錯誤的。

要言之，本派的聲論雖是在述說「聲」，但實際上是主張在語言背後的思想是實在是常住。所以將此名為「聲」，是因為附加上梵書時代的真言信仰，亦即承認「唵」（om）、「娑婆訶」（svāha）具有無限神祕力的思想。總之，此一思想與真言佛教有關係，也與希臘的 logos 哲學有關連，是應予以注意的題目。

第四節　本派之業觀與神觀

本派也承認業力，且特別名之為「無前」（apūrva）。亦即依祭祀以前無之，行祭以後始得之力而命名。「業說」是諸派共通的教理，但以此作為理由卻是本派的特色。

藉由祭祀享種種果報原是婆羅門教重大信條，但實際上並非於行祭祀之同時即獲得果報。尤其如升天之類，其酬報是死後才獲得的。若是如此，究竟是藉由何者而連絡祭祀與果報？本派認為此連絡力，就是「無前」（業）。本典〈二，二，五〉舉其存在之證如次：

有業（punarārambha），依吠陀而被命令故。

亦即吠陀命令欲得某種果報須行某祭。若無業則不可能。此因祭祀在得果報之前不是連續的。關於「無前」的性質，註釋者意見紛歧，若依據鳩摩利羅所說，是指依據某祭，其執行者所得之新能力。亦即行某祭時，殊勝功能自然薰習執行者，此殊勝功能於祭祀結束後亦不消滅，最後依憑其力得享所定果報。依據本典所載，不只各個祭祀有各種「無前」，同一祭典中的本祭與預備祭也能獲得特別的「無前」。依同一祭典之力，一方面得現世利益，另一方面享死後升天之果。據此可知本派重視祭祀實益之一斑，總之，此「無前說」是為令吠陀不產生矛盾而提出的，依據註釋者所說，若不設此業力，吠陀的命令將成為無意義。

本派承認吠陀以來的眾神，認為對神祇行祭祀是我人應盡義務。從而乍見之下，似乎是最老實的信神派，但從另一方面看來，也可窺見其無神論者的態度。此因既然重視祭祀，認為據此祭祀必得所意願之果報，更且又以業力結合祭祀與果報，則祭祀之果報必是自然法之一，此間神自然沒有得以隨意活動之餘地。故只要是承認神，即必然認為神的活動是自發性的，但本派卻是將神置於從位，故終究不能說是老實的信神派。當然此乃梵書時代將神作機械性觀所得之結果，因此，本派雖以吠陀正統派中之正統派自居，但古來無法免於被非難為無神論者的道理即在於此。

第五節　本派之論究法，以及與正理派、勝論派的關係

本派的題目雖非哲學性的，然其論究法卻頗為繁瑣。通常完整處理一個問題（adhikaraṇa）時，須經五個階段。亦即第一提出論究的對象（viṣaya），第二是對此的疑問（saṁśaya），第三介紹反對派的意見（pūrvapakṣa），第四是作為駁斥的後論（uttarapakṣa），最後提出自家積極主張的極成說（siddhānta）〔也有註釋者將後論與極成說視為同一，認為五段的第五是餘論（saṅgati）〕。先前所揭的聲論係省略前二段，僅依後三段論究，依此可知其之所論是何等嚴格。其議論根據是依天啟與傳承等聖典，在作解釋時，設立種種標準，或訴於事實，或依推理，或依類推等，使用的是極其論理之手法。其術語亦如印度論理，將立論根據稱為因（hetu）或相（liṅga），稱吠陀之權證為聲（śabda），論述現量（pratyakṣa）與比量（anumāna），此外，分散性的使用是「可得」（upalabdhi）、「可能」（upapatti）、「無體」（abhāva）等論理用語，含括正理派術語的大部分。後世的鳩摩利羅立現量（pratyakṣa）、比量（anumāna）、聲量（śabda）、比喻量（upamāna）、義準量（arthāpatti）、無體量（abhāva）等六量而主張本派公認的知源說，然此非他所創見，本典揭出尼夜耶（nyāya）之名，或視為推論義，或視為特徵義，又經常以某某尼夜耶之目作為論題（adhikaraṇa）名稱。基於此一意義，本派又名尼夜耶派。當然在本典中，如此的論理術語

僅只適用於解釋吠陀文句，但不容否定的是，其論述方式也盡量是論理性的。

成為問題的是，如此之論究法與專門論理的正理派（亦即尼夜耶派）具有何等關係？就聖典而言，當然本派言及於尼夜耶派，尼夜耶派亦言及本派，然其原始關係究是如何？筆者依據種種理由，相信尼夜耶派是繼承本派的論理思想發展而成的。茲試舉其理由如次：（一）聖典完成的前後，總之在思想系統上，本派遠古於尼夜耶派。（二）本派的量論、辯證法及與此有關的術語等皆未確定，直至尼夜耶派才確定。（三）尼夜耶派於自派所承認的現量、比量、聲量、比喻量之外，另舉對世傳量（aitihya）、義準量（arthāpatti）、多分量（saṁbhava）、無體量（abhāva）之批評（《尼夜耶》〈二，一，一～一二〉）。據筆者所知，並無其他學派立下如此諸量，故將此視為於四量之外，更立義準量、無體量的本派所傳之量論亦無不可。在印度論理史上，可以說立下多量的，其發展程度愈低，意欲對本派所立籠統含糊的量加以限定，故尼夜耶派建立四量。（四）相對於本派所唱導的聲常住論，勝論派與尼夜耶派極力反對而主張無常論。就此論辯性質見之，起初是先有聲常住說，爾後尼夜耶派才起而駁之。《入楞伽經》第十卷（大正一六，頁五八四，下）云：「波尼出聲論，阿叉波太白」，亦即對於波爾尼的聲常住論，阿叉波太（足目，Akṣapāda）予以駁斥。此恐是將彌曼差派之說與波爾尼派的斯波達之說相混而作的批評，但無論如何，總是先有聲常住論，然後才有尼夜耶。（五）本派是連作為權證的奧義書（Upaniṣad）都不承認的頑固派，必然不容易接受他派之說。然而如後文所將述及，尼夜耶派恰恰相反，其成立卻採用佛教等種種要素，因此本派受尼夜耶派影響的可能性很小，反之，尼夜耶派在論理上從本派脫化的可能性非常大。基於前述種種理由，筆者認為本派與尼夜耶派的關係如次：本派為維持古風之婆羅門主義而提出種種論究法，主張聲常住論，希望藉此維持吠陀之教權。但時勢的進步對此已不能滿足，其教徒中逐漸湧出異端思想，一方面發展其論究法，另一方面反駁聲常住論，到最後異端派提出其完備的論究法，並採用他派教理而獨立成尼夜耶派。

筆者的推定如果成立，與尼夜耶派有姐妹派關係的勝論派必然也與本派有幾分關係。筆者相信勝論派也是脫化自本派。前述的理由之上，再列出四種理由：（一）本派的出發點在於法（達磨，dharma）的研究，此如前述，而勝論派也明言其「勝論」（Vaiśeṣika）是以法的研究作為出發點。六派之中，勝論派所以著重祭儀僅次於彌曼差派，恐是肇因於此。（二）彌曼差派之最終目的是升天。勝論雖力說解脫但也非常重視升天（abhyudaya）。（三）本派述及語言與思想的關係，將概念移至於語言，主張聲常住論，而勝論哲學始終都將概念視為實在的原理。（四）勝論六句義的名稱皆見於《彌曼差經》中。關於句義（padārtha）的名稱，從 Padārtha anusamaya nyāya 的題目（含本典〈五，二，一～三〉的題目名）等也可窺知，dravya（實）、guṇa（德）、karma（業）、sāmānya（同）、viśeṣa（異）、samavāya（和合）等語在本典也屢屢出現。當然其意義不確定，在祭儀的說明時，dravya 是供物，guṇa 是副供物，karma 是祭事；在文法的說明時，dravya 是名詞，guṇa 是形容詞，karma 是動詞，samavāya 意指其間的關係等，二者雖有不同，但名目上是與勝論一致的，此應予以注意。亦即如此的一致並非偶然，而是勝論派脫化自彌曼差所留痕跡。如同尼夜耶，勝論之思想也是養成自彌曼差潮流，基於對舊說不滿，逐漸給予物理的哲學的改造，進而隨同尼夜耶之潮流，兼採用其他學派之說，最後遂獨立成一派。勝論用實、德、業、同、異、和合之名，卻嚴格予以改造成意為範疇，說「法」又尊敬「勝法」（dharma-viśeṣa），說升天又說解脫（niḥśreyasa）等等都是由本派進化的證據。

筆者以上的推定若是無誤，則本派之哲學意義雖然不太大，但至少是由本派產生出二大學派，就此而言，在印度思想史上，其位置非常重要。向來被視為思想系統不明的勝論派與尼夜耶派的主要淵源，皆依此得以窺出，據此而言，此乾燥無味的《彌曼差經》之研究亦不得不說是頗為重要的事業。筆者此上所論想必仍有諸多需要訂正之處，故在此至誠切盼識者予以是正。

本書付梓印刷之際，因本篇之篇末尚存一頁之餘的空白，故在此揭示本典如何使用論理術語之用例作為補白。後文所出〈一、三〉的一五至一八等四頌，是在論述猶如 **Holaka** 祭，在某地（東方）舉行的祭祀，在一般義務的祭祀研究上，是否為比量的權證？前論者認為既然限定為一地，以此為比量，則必須加以限定，但本典的極成說認為只要是義務都是基於吠陀，故不加限定，是通於所有人的權證。

前論

anumānavyavasthānāt tat saṁyuktapramāṇaṁ syāt（某地之祭祀其比量有限定，故應為有限定之量）

極成說

api vā sarvadharmaḥ syāt tan nyāyatvād vidhānasya（此應是以吠陀為標準之普遍法）

darśanād viniyogaḥ syāt（限定應依現見）

（就吠陀的說明中，加上限定而言，其應加限定的意思是指限於吠陀文句中之所見）

liṅga-abhāvācca nityasya〔對於常住之事物並無應加限定之論據（相）故〕

（對於常恆之權證的吠陀文句沒有理由應加某某限定，故吠陀所說皆為普遍之權證。liṅga-abhāvāt 是所謂無體量

的證明法）

「參考書」 A. B. Keith, the Karma-mīmāṁsā. London, 1921.

第三篇

數論派 Sankhya

第一章　總說

一、地位

六派之中，無論從歷史或從理論之見地，最引人注意的是數論派之研究。彌曼差派思想之系統極古，更且在激發其他學派的關係上，占有頗為重要的地位，然而此學派本身在哲理方面稍嫌不足。就以奧義書作為依據而言，吠檀多派其思想系統甚古，其哲理也深奧，但就學派而言，與其說它影響他派，不如說它受他派影響較多。至於數論學派，其成立於諸派中可說是最古，更且在理論之整備上，堪稱印度諸教派中之佼佼者。就歷史觀之，數論潮流萌芽自梨俱吠陀，培養自奧義書及《摩訶婆羅多》中的哲學思想，故與原始佛教及耆那教有內在之關係，與瑜伽派也有姐妹關係，對於帕達拉亞那的吠檀多派也有影響等，在印度一般思想界具有重大意義，直至西元十四、五世紀，還維持其獨立氣勢。就理論觀之，為排除古奧義書中一元主義的矛盾，數論派改立二元論之實在論，甚至於被視為無神論者亦不在乎，唯只期盼能精透理論，故其哲學精神堪稱最為旺盛。從而到了後世，其他學派在無法抵擋其精銳之理論時，經常在自己立場上添加若干數論所論以資對抗。無庸贅言，吠檀多思想的發展承自於數論的實是不少，就筆者所見，佛教唯識系的立論也是受其影響。總之，無論歷史的或理論的，數論在印度學界具有莫大意義，因此對於數論學派的研究，不僅數論本身，即使在了解印度思想全體上，也是不可欠缺的。機敏的西洋學者早已注意及此一宗派，其所作種種研究想必即是著眼於此。日本雖有此派根本聖典《金七十論》之流傳，甚且佛教經論中關於此派的資料也不少，然超越註釋以外的研究猶未能見之，此乃筆者最深以為遺憾的。在此簡短的篇幅中，對於數論之蘊奧縱使未能予以盡述，但相對於其他宗派，所論較為詳細，冀望藉此得以稍補此憾。

二、名義

若欲獲得「僧佉耶」一語之概念，首先必須探查其名義。無可懷疑的，**Sāṅkhya** 是出自於 **sam-√khyā**，「計數」是其原始意義，轉而被當作「思索研究」之義，稍稍類似英語中的 **calculation**。然而數論派究竟是基於何等意義而以「僧佉耶」為其派名？對此，學者之間意見頗為紛歧。數論學之泰斗嘎貝（Garbe）認為此學派立二元二十五諦，以數量的方式解釋萬有，故被他人嘲笑為「數手」，最後遂成為其學派之名[1]。反之，柁暹等其他學者認為此語原被當作「思索」之義使用，在奧義書中，是用以指稱分析思考萬有的態度，最後才成為宗派名稱。二者見解所以不同，在於對數論派的起源及發展之歷程看法有別，筆者認為事實在於二者的折衷。亦即此語原當作思索之義使用，在學派即將完成組織時，更加上計數的意義。

「僧佉耶」一語被當作術語使用，最早是在《修威達修瓦達拉奧義書》〈六，一三〉所載的「僧佉耶瑜伽之智識云云」。但此時的用法頗為籠統，只是將一般的理論考察稱作僧佉耶，將直感的考察稱作瑜伽。《薄伽梵歌》第二章也述及僧佉耶瑜伽，從有關僧佉耶教理的敘述看來，其數論派的色彩仍嫌淡薄，倒是有關「我之不死」的論述，其思想恰巧類似《卡達卡奧義書》，但絲毫沒有言及二十五諦。從此等狀況看來，此語尚未用於指稱某種學風，只是籠統地意指分析性的思辨態度。筆者認為此乃未形成學派時的用法。然而隨著分析思辨之進展，列舉原理的風習逐漸產生，在種種關係上，涵養著數論派的思想，最後當二十五諦說完成時，列舉原理也成為僧佉耶的特質。《摩訶婆羅多》中，製作稍晚於《薄伽梵歌》

1. Garbe, Sāṅkhya Philosophie. Iste Band S. 132 fg.

的《解脫法品》[2]曰：

完全計數之學派僧佉耶列舉包含自性（prakṛti）的二十四諦，更加第二十五諦之非物（神我）。

此乃學派業已成立時之解釋，而且是引用毘濕釀納畢庫修（Vijñānabhikṣu）在《僧佉耶經》（Sāṅkhya-sūtra）之註釋中，對於「僧佉耶」所作的語言學之解釋。就此一意義而言，嘎貝的計數說是正確的，只是不能同意「自始就有此一意義」之說。至於此名稱是出自於他派嘲笑的說法，實在無法獲得證明。筆者相信「僧佉耶」一語初始只是用於汎稱分析性的思辨，爾後隨著風潮所趨，被用於指稱列舉特定原理的思潮，最後終於成為數論派特有之派名。就此而言，筆者認為慈恩大師窺基的解釋頗有價值。《唯識述記》（一末，大正四三，頁二五二，中）曰：

梵云僧佉，此翻為數，即智慧數，數度諸法根本立名，從數起論，名為數論。

亦即將思辨義與數義結合在一起，可說是頗為巧妙地解釋。

三、研究資料之處理方式

數論思想既有長遠的發展歷史，對學界也給予莫大影響，因此在作研究時，必須涉獵的材料也極為豐富。在梨俱吠陀終期，已可窺見其先驅思想萌芽，到了奧義書時代，雖是零散的，但處處可見值得注目的思想傾向與術語，就法典而言，《摩笈法典》中也有顯著的思想呈現；敘事詩中，《摩訶婆羅多》常予述及，此外，新奧義書及諸往世書也處處可見其思想，可以說數論的色

2. Mokṣa-dharma. Mbh. XII. 308, 41~43.

彩幾乎浸潤於諸聖典中。任何聖典都被婆羅門教徒視為天啟或傳承，承認其權威，故其所顯現的數論思想應該就是婆羅門教的數論。其所具特色是在無秩序之上，樹立一最高原理的梵或神，故可名為有神的數論。但是所謂數論派的數論其之所說與此稍異，不立第一原理之神是其特色。揭示此一思想的僧佉耶派聖典，雖有種種，但被當作標準的是，西元四、五世紀的《僧佉耶頌》（Sāṅkhya-kārikā，漢譯為金七十論）的頌文，以及十四、五世紀之間編輯的《僧佉耶經》（Sāṅkhya-sūtra）（有關此二典籍的詳細說明留待後敘）。所謂的數論派哲學，指的正是此等教典所表現的思想。

但問題是，僧佉耶思想中有二流，其間的歷史關係又是如何？學者對此所見不一，至今仍是未決之懸案。數論派雖有較《僧佉耶頌》古老的典籍，但都已散佚不傳，故無法了知其原始教理，同時，對於《摩訶婆羅多》與《摩笯法典》等其成書是較早或較晚於數論派仍是未定之論。嘎貝推定婆羅門教的數論是受擁有《僧佉耶頌》的學派影響，其有神論是變形的，柁暹及達曼則認為是婆羅門教的數論漸次進化成無神論學派性的數論。依據後文所提出理由，筆者雖支持後說，但也未必完全捨棄前說。真理還是在二者之間，從起源觀之，學派的數論確實脫化自奧義書初期及摩訶婆羅多初期所呈現的有神的數論，但當獨立成派時，對於婆羅門的思想反而造成影響。新奧義書與《摩訶婆羅多》某一部分以及往世書等隨處可見作為第二十六諦所立的神，無論依據任何觀點，都是無神的二十五諦觀完成以後的變形。基於如此見地，筆者擬將前述材料分成二個部門探究。

第一部門是所謂婆羅門教的數論。在此部門中，對筆者現今目的具有意義的，是有關《僧佉耶頌》之前的數論思想其發展經過。職是之故，材料的配置即以此為方針。亦即材料方面，只取古奧義書與《摩訶婆羅多》中的哲學部分，《摩笯法典》或新奧義書或往世書等完全不採用。太多的材料未必可以帶來顯著效果，更且往世書與新奧義書中某些資料猶晚於《僧佉耶頌》。

第二部門是以前述歷史為背景，以有組織的方式研究《僧佉耶頌》與《僧佉耶經》的思想。亦即相對於前述動態觀察，在此部門是給予靜態觀察，藉以闡明數論派本身的宗教哲學意義。

為使數論的研究完整無缺，有關《僧佉耶頌》與《僧佉耶經》的差異，以及註釋家對此的不同意見也有必要予以探究。此因《頌》與《經》之間的製作年時相隔約一千年，在此期間，數論派本身的思想已有重大變化。凡此都是不得不處理的微細問題，但筆者不欲另設部門，僅在第二部門中視情況而揭出其重要部分。

四、數論派確定之教理

下一章即將對前二部門著手進行研究，為令初讀本書的讀者對於筆者今後所論讀來順暢，在此擬簡略揭示數論派確定的教理。

依據數論派的傳說，其開祖名為迦毗羅（Kapila）。迦毗羅此人輕視祭儀之功德，懷疑人格神的存在，希望藉由思辨之知見而獲得解脫。如前所述，其哲理是純然的二元論，即意圖用精神之原理的神我（puruṣa）與物之原理的自性（prakṛti, pradhāna）解決一切。亦即我為多，自性為一，我的本性是認識力，自性的本質依活動變化力的喜（sattva）、憂（rajas）、闇（tamas）等三德（triguṇa）所成，此二種原理結合時，神我成為動力因，自性成為質料因，萬有因而成立。關於其生成順序，首先由自性生覺（buddhi），覺或名為大（mahat），由覺生我慢（ahaṅkāra），我慢一方面生心理機關的五知根（pañcajñānendriyāṇi）、五作根（pañcakarmendriyāṇi）、心根（manas）等十一根，另一方面生微細物質的五唯（pañcatanmātrāṇi），進而由五唯生粗物質的五大（pañcamahābhūtāni），千差萬別的現象界因而成立。此自性、神我的二元加上從自性發展的二十三物，即所謂的二十五諦（pañcaviṁśatattvāḥ）。為容易了解，圖表如次：

神我
自性—覺（大）—我慢—
- 五知根（眼、耳、鼻、舌、皮）
- 五作根（手、足、舌、生殖器、排泄器）
- 心根
- 五唯（色、聲、香、味、觸）—五大（地、水、火、風、空）

二十五諦中，自性是發展萬有的大根源，又稱為根本原質（mūlaprakṛti），就未發展為現象界而言，又名非變異，即未開展（avyakta, avikṛti）。相對於此，覺等二十三諦是已開展的現象化之位，故名為變異，亦即既開展（vyakta, vikṛti）。神我是精神的本質，是本來不變不動之靈體，是既非變異又非非變異之局外者，故名為中直（mādhyasthya）。

人生之種種苦痛是此局外中立者的神我受囚於物質的覺、我慢、五唯、十一根等所成之細身中，將身體所起事件誤認為是自己所有。是故欲滅苦痛根源，必須獲得了知神我與身體本為別物之真智，而解除兩者的結合。意欲解除結合，除了必須時常了知二十五諦之真相，猶須藉由修練禪定以壓制肉體。唯有顯現精神本來相狀，物質之繫縛才得以完全脫離。此乃數論派之最終目的，名之為獨存（kaivalya）。

五、參考書

數論研究的參考書目數量龐大。其原典及註釋或以此為基礎而作的組織性論述等，若一一列舉，其數量極為可觀。嘎貝的《僧佉耶哲學》七九頁至八四頁所舉也頗為驚人。此處僅列出其中較為重要的若干書目如次。

與原典有關的

金七十論　　真諦譯（註釋不少，以曉應的會本三卷本最通行）

La Sāṅkhya kārikā, etudiee a la lumiere de sa version chinoise. J. Takakusu. 1914, Hanoi.

Translation of Sāṅkhya Kārikā. Colebrooke Mis. Essay. 1. pp. 272~279.

Die Sāṅkhya-kārikā, übersetzt und erklärt von Deussen.（Allg. Geschichte d. Ph. 1.3. s. 411~466）

The Sāṅkhya-kārikā with Commentary of Gaudapāda（原書及英譯）by H.H. Wilson. Bombay, 1887.

Vācaspati Miśra, Sāṅkhya-tattva-kaumudī（原書）1871.
Der Mondschein der Sāṅkhya-Wahrheit, übersetzt von R. Garbe. München,1892.

Vijñānabhikṣu; Sāṅkhya pravacanabhāṣya（原書）Leipzig, 1894.
Sāṅkhya-pravacanabhāṣya, übersetzt von R. Garbe Leipzig, 1889.

The Sāṅkya-sūtra vṛtti or Aniruddha's Commentary（原書）Calcutta, 1888.
同上英譯 by R. Garbe. Calcutta, 1892.

Vijñānabhikṣu; Sāṅkhya-Sāra（原書）Calcutta, 1862.
同上英譯 by. W. Ward. London, 1822.

Māṭharavṛttisahitā Sāṅkhyakārikā（原書）Benares, 1922.（追記）

Pañcaśikha und seine Fragmente von R. Garbe（Festgruss an Roth）pp. 75~80. Stuttgart, 1893.（追記）

與敘述有關的

J. R. Ballantyne ; A Lecture on the Sāṅkhya Philosophy Mirzapore, 1850.

Barthelémy Saint Hilaire ; Premier Memoire sur le Sāṅkhya, Paris, 1852.

E. Röer ; Lecture on the Sāṅkhya Philosophy. Calcutta, 1854.

Richard Garbe ; Sāṅkhya Philosophie Leipzig.1894. 同訂正第二版 Leipzig, 1918.

Richard Garbe ; Sāṅkhya und Yoga Strassburg, 1896.

Dahlmann ; Sāṅkhya Philosophie（研究《摩訶婆羅多》之教理的）Berlin, 1902.

A.B. Keith ; Sāṅkhya System London, 1918.（追記）

此中最為重要的，當然是嘎貝的《僧佉耶哲學》。嘎貝的見解雖頗多令人難以贊同，然其材料之豐富及出處之正確實無人能及。

第一部門　數論發展史之研究

第二章　僧佉耶頌之前數論思想之開展

第一節　數論思想之起源，以及數論與原始佛教之關係

關於數論思想的起源，從來就是學者間之一大懸案。其思想系統起源自何處，學派成立於何時以及與原始佛教的關係如何等等，向來都是大問題。其開祖迦毘羅仙其人或年代都不得其詳，數論派的無神主義與非祭儀主義非常類似非吠陀主義的佛教，然其思想亦散見於婆羅門之聖典，故其本來地位不明。嘎貝推定數論初始應是非婆羅門主義之學派，恐是婆羅門文明未及之地為對抗婆羅門教而起，其地與佛陀之故鄉迦毘羅城（Kapilavastu，住處）有關。從而或說數論之起源無法從吠陀或奧義書中求得，奧義書中的數論思想或術語是受到數論影響[1]。然而如同筆者於前章所述，數論的思想遠自梨俱吠陀，近於奧義書中皆可求得，其非吠陀的傾向，應視為是發展後的結果。筆者如此推論是從數論思想的特徵而作出的。

1. Garbe, Sāṅkhya Philosophie. S. 51~2.

數論思想的特徵雖然不少，但最重要的，有如次四種：

一、指出吠陀的過失，不認為吠陀是絕對的權證。

二、排除神或梵的唯一原理，樹立自性與神我之二元。

三、特別重視物質之原理，一切現象的發展皆與此有關。

四、分析現象界的種種事項，更且於彼此之間附上因果關係。

將數論與吠陀之思想，尤其奧義書之思想相互對照，可以發現在外觀上似乎有相當大差異，但若進一步觀之，此四種特質不僅其材料或可能性都見於奧義書，更有不少可以溯自梨俱吠陀時代。

首先就第一種特質而言，奧義書就是 **vedānta**，以探究吠陀蘊奧為己任，故就表面上而言，誠然不能說它是非吠陀主義的。但若探索其思想之原動力，在某種意義上，其實是在反抗從前的吠陀主義，是為反抗神話主義或祭儀主義而起的，其思想達於最高峰時，更時常懷疑祭儀之價值，意欲限定吠陀研究之功德。亦即奧義書在名稱上雖稱為吠檀多（吠陀之蘊奧），但實質上，是超越婆羅門教的[2]。若是如此，數論揭出吠陀的過失，限定祭儀的價值乃至以智見為要，也只是將奧義書的此一傾向推向於表面。

其次就第二種特質，亦即二元主義而言，從梨俱吠陀至奧義書之間，正統哲學力說唯一之原理，從外表上看來，誠與數論不相容[3]。但若仔細予以探討，在梨俱吠陀的世界觀中，言及水與胎子（陰陽），顯然已有二元說的種子存在，到了奧義書時代，例如《普利哈多阿拉效亞卡》〈三，七〉的內導

---

2. 《印度哲學宗教史》第三篇第一章總說「六」。
3. 同上，第一篇第四章第二節及第三篇第二章第二節之三。

者（antaryāmin）之教等，明顯已有二元的氣息[4]。如筆者在《印度哲學宗教史》第三篇第五章所揭，就奧義書思想的總體觀之，若非「無宇宙論」或「二元論」，即不能說是徹底的。此因奧義書雖認為萬有是梵的發展或顯現，然而在性質上，卻視果之萬有為幻影。此因若非如此，則不能給予萬有獨立性。數論的二元主義實發展自此，其「無神論」或「無梵論」因二元主義而越發明確時，終將得出無需第一原理的結論。奧義書中，無第一原理的二元思想雖未明顯呈現，但隨著年代推移，其實在論的見地越發顯著，終致成為數論特有的思想與術語，可以說此完全是趨勢使然。

再就第三種特質，亦即就物質的原理為萬有開展之基礎觀之。自梨俱吠陀的生主以來，直至奧義書的梵，正統思想常將萬有的本源視為精神性的實在。當然未必沒有主張是物質性之原理的，若仔細予以探究，其淵源也頗為深遠。《梨俱吠陀》第十卷中有稱為「無有歌」（Nāsadāsīya-sūkta）的哲學讚歌。從將萬有的太源稱作「種子」（ābhu），此種子雖無生氣卻有呼吸等等之說看來，其承認「無意識之原理」的痕跡業已洩漏。更且由此生愛（kāma），由愛生識（manas），最後形成萬有的主張，亦頗為類似數論思想，有關此一方面，筆者業已指出[5]。梵書時代有所謂原水說，亦即初始有原水，金卵（Hiraṇyagarbha）浮於其上，生主從卵中出生而創造宇宙，亦即視物質之水為萬有本源[6]。此一思想與數論之興起大有關係，此如後文所述。若是如此，數論主張由物質之自性發展出萬有，並不是從來婆羅門教內所無之新說，而是由奧義書陶冶出的。

4. 同上，第二篇第四章第二節及第三篇第三章第一節。
5. 同上，第一篇第四章第二節。
6. 同上，第二篇第四章第二節。

最後就第四種特質，亦即從將萬有作種種要素的分析看來，此亦非數論派獨有。誠然奧義書主要是就大原理本身作考察，對現象界不是很重視，但絕對不能說是置之度外。尤其自中期以降，對現象的組織亦逐漸予以分解說明，遂逐漸注意到形而下的事項。所說的「僧佉耶」其實即意指此一態度。從而數論派二十五諦各諦的材料可以從古奧義書內求得。不只如此，其間的因果系列在奧義書中大致已臻圓熟，已有近似數論派的組織。亦即在此一方面，數論派也是從奧義書擷取材料的。

依據上來就數論派的特質一一探討，可以發現無一不是出自梨俱吠陀至奧義書之間的思想。若能據此而發見印度思想其秩序性的發展，何苦求其起源於別途？此即筆者視奧義書與摩訶婆羅多（尤其初期）中的數論思想非受形成宗派後的數論派所影響，而是由奧義書等移行至數論學派之所以。

若是如此，數論派直至定形為宗派之前，其教理的思辨過程又是如何？以前述材料作為基礎看來，從梨俱吠陀時代至學派時代，計有四段歷史及心理的過程。第一段是梨俱吠陀時代，是以生殖的、胎生學的方式思辨人之起源。「無有讚歌」之思想為其代表，如筆者先前之所指出，若予以詳究，其思想皆應歸於生殖的、胎生學的考察[7]。筆者所以視此思想為數論第一原型，即因於從最單純素樸的見地觀察，數論思想確實是由此思想作為出發點。亦即數論之提出「自性」與「神我」，其原型即意味著陰陽，所說的「兩者之交涉」，即意味著陰陽交會的生殖，由自性產生種種要素，即意味著由陰性的母胎產生我人，而覺、我慢等順序恐是意味著胎兒從胎內到胎外之間，亦即是基於胎生學的事實。在此意義上，可以說數論其原型之考察主要是在於人。然其所作的觀察不只是人的出生而已，尤其在古代，世界觀的問

7. 同上，第一篇第四章第二節。

題其生起更早。因此第一段的觀察應該只是暗地裏的，以宇宙開闢論之形態表現的，倒是較為常見。先前所揭「無有歌」其所表現的，在表面上也是如此，此一方面特為明顯，在數論思想發展上，屬於第二階段的，是始於梨俱吠陀，完成於梵書時代的金胎（Hiranyagarbha）創造說，亦即由原水產生金胎神，由金胎神創造宇宙的開闢說。可以輕易看出此一思想雖出自於生殖觀，但在當前[8]已完全化成宇宙論。在數論思想第二階段的發展中，為具備其世界觀之意義而吸收此開闢說，對此，無需使用煩瑣之證明，僅只徵於數論派中的一個術語即可去疑。亦即從自性發展的覺，又名為大（mahat）。將「覺」名為大，幾乎是無意義的用法，但若從奧義書或《摩訶婆羅多》經常將金胎神稱為大我（mahātman），而且認為它與非變異（avyakta）有關連看來，自能了知其義。亦即在數論思想的第二階段考察中，攝取原水作為物質之大原理的非變異，吸收大我（金胎）作為物質之原理的第一次發展，但爾後發展為不承認有金胎神，是故亦不能說是大我，只能無意義地名之為大，用以當作覺之異名。若是如此，數論派置我慢於覺之次位，即因於在金胎神話之中，神於創造世界之際，生起「我今欲繁殖」之意志所致。數論派在組織教理時，將心理發生的順序與世界發生的順序相混，其依同一原理以及同一順序之說明所產生的種種難點，終究是因於歷史上前兩階段考察之相混。

前兩階段之考察是神話色彩未褪的人生觀之世界觀，真正作哲學探究的，是第三階段的發展，此正是奧義書中數論思想之發展。數論教理的四種特質於此階段養成。就其根本特質觀之，發自陰陽的二元主義至此顯然成為「物質對精神」的哲學問題。此因一切哲學均以心與物的解決為要，傾其全力解決此

8. 同上，第二篇第四章第二節。

一問題的奧義書其前二階段的思想亦收攝於此。但數論派並不是完成於奧義書之中。作為獨立的學派還有必要再整理前三階段所給予的材料。此即第四階段的發展必須等待學派時代的一般風潮之所以。總的說來，學派時代的特徵在於分析萬有的組織，在某種原理之下或縱或橫地予以統制。例如佛教的十二因緣觀是縱的統制，五蘊說是橫的統制，勝論派的六句義說是橫的統制等等。作為獨立教派的數論也有此一統制，亦即擇取二元之下所給予的二十三種材料，作出縱橫並起之統制，建立所謂的二元二十五諦說。此即數論思想其系統雖古，但作為一派仍是學派時代產物之所以。

此四階段發展史之觀察乃筆者之首唱，恐有學者提出異議，然而藉此既能了知數論其原始面影，同時又能知曉其教理中所含若干難點之淵源，唯有如此才得以真正了解數論。若迦毘羅真是史實人物，確實是基於前四階段之思想系統而主張其說的學者，在此一意義上，此人應是數論派之創始者。其成立年代素來不明，但從種種徵證看來，大致是在原始佛教（西元前六世紀）之前後。

基於順序，對於原始佛教與數論的關係，在此必須稍加敘述。此因數論與佛教之間有非常相似之處，向來是學者之間常見的論題。數論與佛教重要的類似點有多苦觀、無神觀、非祭儀主義、非殺生主義、人類平等主義等等，尤其十二因緣觀與數論的緣起觀之間有值得注目的關連。茲列出柯倫（Kern）[9]所作的對配如次：

---

9. 柯倫，《佛教大綱》（立花氏譯，一四九頁）。

（佛教）	（數論）
無明（avidyā）	自性（pradhāna）
行（saṁskāra）	覺（buddhi）
識（vijñāna）	我慢（ahaṅkāra）
名色（nāmarūpa）	五唯（tanmātra）
六入（ṣaḍāyatana）	十一根（indriyāṇi）

對於何以如此對配，柯倫並沒有作說明，但從兩者的性質觀之，無論名目的順序或考察的順序，二者非常相似。從來諸多學者據此推定數論其成立較早於佛教，認為佛教是受數論影響，但更為進步。由於《佛所行讚經》（Buddhacarita）、《普曜經》（Lalitavistara）、《過去現在因果經》中明白揭示佛陀曾經學過數論教義，因此，如此的推定是非常有力的。然而令吾人深感不可思議的是，數論派與原始佛教的關係如此之深，原始佛典多少應言及於數論，然而無論名稱或教理都不見記載。

嘎貝將《長阿含・梵動經》（Brahmajāla-sutta, 六十二見經）中的常見論者（Sassatavādin，認為靈魂或世界都是常住），視為就是數論派或瑜伽派[10]，但就吾人所見，如此的推定並不妥當。此因數論派雖是主張物質的原理與精神的原理常住，卻主張世界是無常的。《梵動經》中的常見論恐是當時流行於摩訶陀國的原始思想，就此而言，筆者認為歐登柏格（Oldenberg）[11]與路易士戴維斯（Rhys Davids）[12]等佛教學者

10. Garbe; Sāṅkhya Ph. S. 16~17.
11. Oldenberg; Buddha（vierte Auf.）S.64~69.

否定數論派對佛教的影響，不愧是卓見。不只如此，與佛教同時，以摩訶陀為中心，另有耆那教興起，其不僅與佛教非常類似，同時在二元主義上，與數論更為相似，雖是如此，卻不見有受到數論影響的形跡。如果佛教是受到數論影響，則耆那教受影響的程度應是更強，既然在耆那教找不到證據，則彼與佛教的關係越發可疑。總之，持佛教是從數論派發展出之論的人忽略了數論前階段的思想是印度的共通財產，誤以為都是迦毘羅所創始的。筆者先前業已指出梨俱吠陀的「無有歌」中潛藏十二因緣說中的種子[13]，數論與佛教的契合皆淵源於此，其無神觀或非祭儀主義等都是基於當時自由思想而偶然相符的。在此意義上，柯倫推定佛教的十二因緣與數論緣起觀都是古代思想的改造[14]，柁暹認為數論或佛教是乘同一潮流的姐妹派[15]，如此的觀察可說深得我心。而《佛所行讚經》言及佛陀學習數論，是因為在馬鳴當時（西元一、二世紀）數論有相當程度的興盛，彼等為表現其傳統之古，以及佛陀所學不出於此，故造出如此非史實的傳說。將佛陀的故鄉說是迦毘羅的住所，亦即迦毘羅城，又如後文之所論述[16]，迦毘羅只不過是金胎神的人格化，只是與此神話有關連，未必真的是數論派的開祖。以此不確實的材料作為基礎，主張佛陀受數論派影響，終究不能說是正確的判斷。就筆者所見，在佛教當時，數論派的勢力尚未及於摩訶陀，亦即就潮流而言，的確是比佛教早，但就學派而言，其成立晚於佛教。

---

12. Rhys Davids; Buddhism（American Lecture pp. 24~29）
13. 《印度哲學宗教史》，第一篇第四章第二節。
14. 柯倫，《佛教大綱》（立花氏譯，一四一～一四二頁）。
15. Deussen, Allg. Gesch. d. Ph. I. 3. S. 168~169.
16. 本章第四節。

第二節　古奧義書中數論思想之開展

如前節所述，數論思想的淵源見於梨俱吠陀時代，但真正作哲學的培養則是從奧義書開始，故就數論思想的開展史而言，視為由此開始是妥當的。雖然如此，但奧義書並不是組織性的，意欲從中發現其思想之開展須費相當的苦心。理想方法是，以先前所揭數論的四種特徵作為標準，一一對照奧義書的思想開展，進而探求此四種特徵其全體成為一種潮流的行進經過。但依據此一方法能否獲得預期結果是值得懷疑的，縱使可以獲得，也須要非常繁雜的工夫，且其本身就是獨立的大論題，在此亦無暇論及。是故只能採用簡單便利的方法，值得注意的是，依據筆者所作探究，十一種古奧義書之中，與數論思想關係較深的，大多屬夜柔吠陀派。依其年代順序是《泰提利亞奧義書》（Taittirīya-up.）、《卡達卡奧義書》（Kāṭhaka-up.）、《摩訶笯拉亞那奧義書》（Mahānārāyaṇa-up.）、《修威達修瓦達拉奧義書》（Śvetāśvatara-up.）、《邁伊多拉亞那奧義書》（Maitrāyaṇa-up.）等五部。年代越晚，數論的色彩越明顯。不只是數論思想，從瑜伽思想或人格神的思想其開展痕跡也是越來越明顯看來，黑夜柔派尚留存較有系統的聖典，故其思想分化的狀況保存也較完善。可以說此即是瞭解奧義書中數論思想開展狀態的最簡單方法，因此，第一要件是其材料必須局限在前五部聖典。第二要件是從前述五部聖典中摘出具有數論色彩的思想或文句，對於其他則不必多加顧慮。此因總體而言，奧義書屬吠檀多主義，若顧慮全體，則形成吠檀多的記載。雖然如此可能導致過於輕率，但就當前的目的而言，超乎於此的，希望得以避免。

黑夜柔派的奧義書中，最古的是《泰提利亞奧義書》，此奧義書的思想與吠檀多哲學大有關係，同時也是數論思想的出發點。有名的五藏說（pañcakośa）即此，為探求真性實我而解剖身心之組織，其藉由超越肉體或現識而探究內心最底層的態度與思想，確實是數論的先驅。所謂五藏說，是指有情的組織是由五段要素所組成。亦即由食味所成（annarasamaya，肉體）、生氣所成（prāṇamaya，生理組織）、意所成（manomaya，現識）、識所成（vijñānamaya，理性）與妙樂所成（ānandamaya，真我）。前四段的組織，屬於廣義的肉體（中國人所說的氣），有生滅變化，第五的妙樂所成內藏於其中，是不生不滅當體不失的靈體（中國人所說的理）。乍見之下，似乎與數論思想沒有太大關係，然而若從另一方面觀之，數論派剖判身心，將動的部分與變化的部分悉歸於物質（prakṛti），視神我為不動之靈體，可以說數論派幾乎就是直接由此五藏說敷衍出來的。尤應注意的是，相對於奧義書將識（vijñāna）視為我的屬性之一，此五藏說則視之為包含真性實我的一種機關，此與數論將覺（buddhi）視為物質作用的思想非常相近。依此見地而將二十五諦與五藏相對照，可以發現五藏說的前四藏相當於二十五諦中覺以下的自性，妙樂我相當於第二十五諦的神我，其間的本質是相通的。兩者的差異在於五藏說是作併存性的思考，反之，數論於其間加上緣起關係。茲圖表如次：

（五藏觀）	（二十五諦觀）	
食味所成、生氣所成	五大、五唯	自性
現識所成	十根、意根、我慢	自性
識所成	覺	自性
妙樂所成	神我	

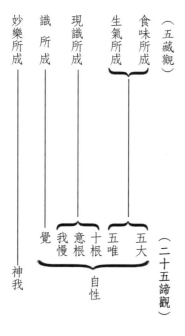

進而就《卡達卡奧義書》觀之，其色彩更甚於《泰提利亞奧義書》。開卷首先藉納奇克達斯（Naciketas）之口，指出為得昇天樂而犧牲牝牛實為錯誤之行為，從中可以窺出其非祭儀主義的態度〈一，一～三〉，進而又論及財產、長壽之不足恃，死後真相的獲得才是重要〈一，二〇～〉，在態度上，已呈數論先驅思想之觀。不只如此，其思想大抵是分析性的，或將大我與小我比擬為光影〈三，一〉，或將身與心比擬為馬與馭者〈三，三～四〉，其逐漸以物作對比的方式較《泰提利亞奧義書》更進一步。最顯著的是，依序提出感官、對象、表象、理性、真我，更加上五藏說所缺的緣起關係。〈三，一〇～一一〉曰：

諸根以上有境（artha），境以上有意（manas），意以上有覺（buddhi），覺以上有大我（ātmā mahān），大我以上有非變異（avyakta），非變異以上有神我（pusụṣa）。

此即將梨俱吠陀時代所說的由根本原理出生根本物質，進而由根本物質出生的人格神創造出萬有的思想，作奧義書式的改造，亦即將根本原理視為神我（梵），根本物質為非變異（出自原水），人格神為金胎（大我）。但是根、意、大（大我）、非變異、神我等之並列，在術語上已是數論性的，在與五藏說相對照時，可以發現此一說法確實是吠陀的宇宙觀經由奧義書而趨向於數論的產物。其發生順序茲列之如次：

梵（神我）—自性（非變異）—人格神（大我）—覺—心〈五唯／五大〉根

亦即尚未及於二元論，其順序與內容亦略異於數論，但無論緣起的考察或術語的類似，的確較前之五藏說是更為數論性的。

其次移到《摩訶笯拉亞那奧義書》，在此書中立梵為人格神那羅延（毘紐拏之異名），思想方面，大部分的價值不高，但其中有與數論思想有關而值得注意的一句。其〈九，二〉曰：

某一牝山羊（ajā）身具赤、白、黑三色，生育眾多同色之子，一牡山羊（aja）緊挨近彼牝山羊，另一牡山羊則棄捨不顧。

外觀上，完全是比喻性的，究其真意，幾乎完全包含數論的根本思想。牝山羊的原語 **ajā** 意為不能生育的女性（文法的），相當於數論的自性，所謂三色，相當於自性之屬性的喜、憂、闇等三德，同色的諸子相當於由自性發展的萬有，牡山羊的原語 **aja** 意為不能生育的男性（文法的），相當於數論的神我，緊挨近牝山羊的牡山羊意為繫縛我，而棄捨不顧的，意為解脫我，這是一般對此句的解釋。若是如此，純然是數論宗義之論述，甚至遠更超過。此句亦見於《修威達修瓦達拉奧義書》〈四，五〉，不詳何者較為原始，如果是由《摩訶笯拉亞那奧義書》創始，即可以說已比《卡達卡奧義書》更為進步。

再就《修威達修瓦達拉奧義書》觀之，其數論思想越發進步，《僧佉耶頌》所用的術語其絕大部分至此已臻圓熟。其中較為主要的，例如稱神我（puruṣa）為我知（jña）〈一，九〉，自然界為自性（prakṛti）〈四，一〇〉或揭出勝因（pradhāna）〈一，一〇。六，一〇。四，一〇〉、變異（vyakta）、非變異（avyakta）之名〈一，八〉，又說三德（triguṇa）〈一，三。五，七。四，五〉、覺的五十分（pañcāśadbhāva）〈一，四〉及細身（liṅga）等。尤其迦毘羅仙（Kapilarṣi）或僧佉耶（sāṅkhya）等語句初現於此，乍見之下，似乎就是數論宗義之論述。尤其〈一，四〉中揭舉車之比喻，提出輻、網、道路等，雜亂地闡述由自性發展出覺、我慢、五唯、十一根、五大等，萬有依此形成，有情依善惡之薰習而輪迴於天、人、獸等三道。相對照〈四，五〉的牝山羊與牡山羊的思想，可以認為本書中數論教理的骨架業已成立。惟其思想與奧義書本來的吠檀多主義常未能區分，自性能未脫離大我的支配，以及發展順序未定等等，凡此皆表明此即數論派未獨立以前的思想。

最後是《邁伊多拉亞那奧義書》，其種種思想越發明顯，數論的潮流也越發清楚。先前的諸奧義書中雖已顯現其思想，然稍嫌雜亂，更且動輒使用擬詞隱語。但到了此書，表面上已極為明顯，更且盡力地予以組織化。尤其三德的觀念大為發展，意欲藉以說明現象界的變化活動等等，在在都顯示其最為近似數論派的思想。三德的觀念本是就現象界的狀態或樣式等變化之相狀作三方面的考察，今更視此為物之屬性，分別名之為薩埵（sattva，平相）、羅闍（rajas，動相）、多摩（tamas，鈍性），予以如此的重視，即證明其於精神之外，亦承認物體之具有意義。此因真我既是不變不動，則能產生變化的，必然是屬於物質性的，故論述三德，即是在論述物體。此一觀念之萌芽，固然始見於《旃多古亞奧義書》〈六，二～五〉的三分說[17]，至前述《修威達修瓦達拉奧義書》時，其大部分業已成熟，但直至本書才予以詳論。雖然如此，本書並未對三德下確定之意義，大體上只將此視為物質之特質，有時當作心象作用的名目，有時也當作宇宙開闢順序的名目。例如〈三，五〉曰：

> 混亂，怖畏，悲哀，混眠，懶惰，不注意，頹敗，憂愁，飢渴，吝嗇，性急，懷疑……等都是多摩之相。渴愛，嗜好，欲情，貪慾，無慈悲，戀愛，瞋恚，欺慢……等都是羅闍之相。

17.《印度哲學宗教史》第三篇第三章第三節三。

此中沒有言及薩埵之相，若予以類推，應是指智慧、慈悲等之作用，總之，此即用三德說明心理現象的例子。本書〈五，二〉則用以說明宇宙論：

> 世界之初只有闇態。屬最高原理。此闇態受最高原理激發活動而成為動態，動態受激發而成為明態。

亦即梨俱吠陀所說的開闢觀之順序分別被名為多摩、羅闍、薩埵，並將三德視為其活動之順序。

如上所述，當時三德說尚未完全成立，只是籠統地用以說明活動的變化。到了後世，數論派予以發展成最重要的教義。實際上，數論派的三德其義頗為難解，此因原先是用於說明活動的變化，爾後才加上物質的特性，從而若不知其歷史背景，即無法瞭解其難解之所以，總之，此奧義書所以如此重視此三德，是為了區別精神與肉體（含心理機關），更且認為物體也有實在性所致，在數論思想發展史上，意義頗為重要。從而此奧義書的數論思想即相當類似《僧佉耶頌》等所說。例如〈六，一〉論及主觀（bhoktṛ，食者）與客觀（bhogya，被食者），主觀只有神我，由自性所發展的覺等五大所作細身（liṅga）完全是客觀性的，此正如同數論將自性性之物——例如覺、我慢、心——視為本質上都是無知覺的，只是神我的對象。不只如此，書中的文句類似《僧佉耶頌》的也不少，柁暹早已注意及此，故擷取其例證五、六種，收置於一般哲學史中[18]。稍微不同的是，數論是以自性為中心，而此書尚未以我作為中心，此即本書猶未臻於《僧佉耶頌》之證據。此因《僧佉耶頌》以後的數論，是將我視為認識之主體，此外的一切都是無力無勢用之本體，一切活動皆歸於自性。就此而言，本書尚未能捨棄吠檀多主義，雖然如此，但可以

---

18. Deussen. Allg. Gesch. d. Ph. I. 3. S. 410.

說古奧義書發展出的數論傾向至此已達巔峰。

第三節　摩訶婆羅多中數論思想之發展

今古奧義書中所發展出的種種思想系統越發地開展，且其中某些思想系統成為學派成立之材料的，是敘事詩《摩訶婆羅多》（Mahābhārata）[19]。尤其所謂四哲學書的《薩那加達品》（Sanatsujāta-parvan, Mbh. bk. V. Adhyāya 40~45.）、《薄伽梵歌》（Bhagavadgītā, Mbh. bk. VI. Adhyāya 25~42）、《解脫法品》（Mokṣadharma. Mbh. bk. XII. Adhyāya 174~367）與《阿笯偈頌》（Anugītā, Mbh. bk. XIV. Adhyāya 16~51）等，是與此相關的最重要資料。其中有數論潮流、瑜伽潮流、吠檀多潮流與信仰的潮流，更且也可看出逐漸發展終致分歧的痕跡。雖然如此，此書或奧義書等所說並非別立組織之教理，因此在予以整理時，多少要加以斟酌。在探究數論思想之發展上，今權宜地予以分為二期。第一期是承受奧義書氣運且予以相當的發展，但一元的有神的色彩未褪，其二十五諦說也未完成。第二期是二元思想逐漸成熟，二十五諦觀完成，亦即學派成立時期。但實際而言，《摩訶婆羅多》的僧佉耶思想相當複雜，有必要予以特殊研究，在此只能作到概觀而已，此乃須要預先說明的。

第一期　此即奧義書終期思想與學派思想的連絡時期。亦即視個人我或物質都是大我（梵）之屬性，此一觀點同於奧義書，然其注意力在於個人我與物質，並予以詳細說明。從聖典看來，《薄伽梵歌》中

19.《印度哲學宗教史》第五篇第一章中。

所顯現的數論思想大抵有如此氣韻。《薄伽梵歌》曰：

> 毘紐拏神曰：地、水、火、風、空、心、覺、我慢等八分乃余物性（parkṛti）之分化。然於此之外，余有異於此且高於此之性。此即精神要素（jīvabhūta），世界依此而得以維持〈七，四～五〉。
>
> 身體為田（kṣetra，物），知此者為知田（kṣetrajña，心），余（神）乃遍一切身體之知田〈一三，二～三〉。

亦即與《卡達卡奧義書》所說「非變異（物性）以上有神我」之思想大致相同，所說「余之物性」以及「田」、「知田」，雖說是二元的，但頗為近似二元之思想。尤其《解脫法品》〈Mbh. XII. 308, 35〉所論述的物性之一與多，神開展世界則為多，若使世界還滅則為一，正洩漏其視物性是在大原理自體之外，神只是予以支配之態度。從而至此時期，比起奧義書，其所說依物性而緣起的變異之數是相當趣向於數論的，但尚未明顯達臻所謂的二十三諦。例如先前所引用的《薄伽梵歌》〈七，四～五〉中，由自性分化的，只是覺、我慢、心，五大的八分，即使心中已有十根存在，但未有攝收五唯的形跡。《解脫法品》〈Mbh. bk. XII. 232, 2~11〉曰：

> 梵依無明（avidyā）之力創造世界。初始作大（mahat），由大作意（manas），依意而聲性之空生，依空而觸性之風生，依風而色性之火生，依火而味性之水生，依水而香性之土生（取意）。

揭出大、意、五唯、五大等，更且將神話中相當於金胎的，數論派中相當於覺的，籠統地名之為大（mahat），雖是相當數論的，但在定數或順序上，仍未達到數論派的程度。

要言之，第一期是由奧義書而趣向數論，但大體上，仍是未有特別進步的產物。

第二期　數論思想成熟，亦即二元二十五諦說完成的時期。唯一的大原理中有個人精神方面與物質方面的思想，雖亦見於西洋哲學之中，但若徹底予以論證，則隨之而來的難點不少。此因物與心在概念上至少具有不相容之性質，唯一同相的大原理何以具備此二者的問題頗為難解。尤其自奧義書以來，將物質所成的肉身視為罪惡根源的印度思想界更是如此。若大原理本身有物的方面，則形成不淨之根源竟是大原理本有，若以人格神視之，則形成是神性的缺點及無慈悲。經驗上，個人精神的存在與含攝此精神的身體，從而組織身體的物質其存在實無可懷疑，但既然是予以統轄的大原理，必然是先驗的，任何人也不能予以實驗。因此若依實在論的見地合理會通前述難點時，自然會否定此不能經驗的統轄大原理，僅承認心與物，認為依兩者的交涉而有萬有之生、住、滅。此係出自奧義書實在論潮流之最後歸處，以《摩訶婆羅多》所載最呈圓熟。《解脫法品》〈Mbh. XII. 305, 25〉曰：

只有二種。神我與非神我（自性）。

說明此兩元的作用的，是《解脫法品》〈Mbh. XII. 222. 15~16〉：

一切存在或非存在，悉依自性（svabhāva ; prakṛti）生滅。神我無任何目的，無目的故，故神我非作者。

雖然如此，現世以神我為作者。

此即純然的二元觀，現象界的生滅完全在於自性的開展與收攝，神我毫無參預，由於執迷將自性的作用（身體的現象）誤解為神我，故吾人受苦。顯然係承繼奧義書以來，「視吾人究竟之理想在於精神自體之獨立，且是寂然不動」之思想，雖將「有為轉變」視為實有，卻與人之主體無關，意欲維持其心性本淨說的一種會通。實際上，此已是數論派根本立場形而上學的觀察。

從而因應此形而上學之觀察的緣起觀大致也是數論派的，稱自性為第一諦，神我為第二十五諦，更收入由自性發展的二十三諦而形成二十五諦說。其例不遑枚舉，應予以注意的是，對於緣起的順序另有異說，其之所述與《僧佉耶頌》所說未必相同。此因由自性發展的二十三諦原是就現實的生理與心理的組織予以解剖，對於歸於某一要素的結果更予以因果性的組織，故依觀點不同而有種種組織方式。茲將其中較具代表的三種說明表列如次：

一、非變異（自性）↓大我（mahātman）↓我慢↓心↓五大↓聲、觸、色、味、香↓{五知根／五作根}
（解脫法品 Mbh. XII. 312. 16~22）

二、自性↓大↓我慢↓地（香、鼻）↓風（觸、皮）↓空（聲、耳）↓水（味、舌）↓火（色、眼）↓《阿笈偈頌》四十章至四十二章之大要，此中不說心與五作根（Mbh. xv. 40~42）

三、非變異（自性）↓大↓我慢↓五唯{五作根／五知根／心根／五大}
（解脫法品 Mbh. XII. 306. 27~29）

《僧佉耶頌》及《僧佉耶經》所說如次：

自性↓大（覺）↓我慢{五唯↓五大／五知根／五作根／心根}

前揭三例若相互予以比較，自性↓大↓我慢之說三者一致，但我慢以下則大為不同。此自性、大、我慢的系列是取自吠陀時代的宇宙發展之順序，故順序相同，但我慢以下，在奧義書內已有異說，故置於自性之下時，也有如此種種形態。不只如此，從佛教所傳的數論思想觀之，也頗異於《僧佉耶頌》所立。例如《佛所行讚經》所揭數論是將色、聲、香、味、觸名為五境，並未言及此為五唯，相較於《僧佉耶頌》的思想，反而較類似前揭第二例的《阿笈偈頌》，《智度論》卷七〇（大正二五，頁五四六，下）所介紹的數論宗義也異於《僧佉耶頌》，而是較類似前揭第二及第三例。圖表如次：

世性（自性）—覺—我慢—五微塵

五唯	五大	五根
聲→	空→	耳根
觸→	風→	身根
色→	火→	眼根
味→	水→	舌根
香→	地→	鼻根

亦即由聲、觸、色、味、香生五大的說法類似《僧佉耶頌》，但由五大生五知根的說法則不相同，而是較類似前揭第二例的《阿笈偈頌》。此說頗為常見，《唯識述記》（大正四三，頁二五二，下）揭出「五唯生五大，五大出十根」。依《金七十論》（大正五四，頁一二四七，中）所載看來，仍異於《僧佉耶頌》所說，是說十一根由五唯出生，並不說由我慢直接發展（例如《僧佉耶頌》五十二之註）。此類似前揭第一說的延伸。據此看來，數論思想在整理成《僧佉耶頌》之前，曾經有過變動，恐是不能忽略的事實。

到了摩訶婆羅多之終期，數論的潮流無論是二元思想或是緣起思想，都已穩定下來，最後明確地形成無神主義或多我主義。此依《摩訶婆羅多》所作批評即可證之。亦即在《解脫法品》〈Mbh. XII. 302, 1~7〉論及數論與瑜伽的優劣，論文曰：

僧佉耶徒崇尚僧佉耶，瑜伽徒崇尚瑜伽，皆以自家教理為最上而招其黨徒。雖然如此，孰能無神（Īśvara）而得解脫？故聖者正判瑜伽原理為勝。

亦即視數論為無神論，反之，與數論思想一直是表裏提攜發展的瑜伽潮流到最後，由於勉強承認神的存在，故予以讚賞。同書〈三二五，二～三〉批評兩派的多我說，其文曰：

僧佉耶瑜伽之徒立世界有多我，視唯一我之說為非。雖然，應知多我由唯一所生。

此即《摩訶婆羅多》中，對於主張唯一我的教派最具代表性的批評。

參考資料

Deussen und Strauss, Die vier philosophische Texte des Mahābhārata.

Dahlmann, Sāṅkhya Philosophie.

第四節　自在黑（Īśvarakṛṣṇa）之前的傳統

如前三節所述，數論的教理萌芽自梨俱吠陀時代，經由奧義書至摩訶婆羅多時代漸趨向圓熟。亦即在此一意義上，作為印度思想發展的潮流之一，數論的成立是自然而然的。無庸贅言，推動此一潮流或予以組織化，當然是得力於諸多思索家之努力，此同樣是不能否定的事實。《僧佉耶頌》曾揭出此等思索家之傳承。

> 初始牟尼（迦毘羅）以慈心為阿修利（Āsuri）說最上吉祥智。阿修利傳予般遮尸訶（Pañcaśikha），般遮尸訶擴張此教義（tantra）。弟子次第傳來至自在黑。彼會得教義，以阿利耶調略說此實義〈七〇～七一〉。

《金七十論》的長行亦詳述此師資相承，其文曰：

> 此智者從迦毘羅來阿修利。阿修利傳與般尸訶。般尸訶傳與褐伽。褐伽傳與優樓佉。優樓佉傳與跋婆利。跋婆利傳與自在黑。

此即五、六世紀時期，至少是自在黑派所傳述的數論祖師之傳承，故此一系列中所具的歷史意義是必須予以探究的。

首先就開祖而言，諸傳一致都認為迦毘羅仙人是數論派開祖。然其生平不明，近代學者對此各有不同見解。但筆者根據種種證據斷定其人為神話人物。其因在於迦毘羅仙（Kapilarṣi）之名始見於《修威達修瓦達拉奧義書》〈五，二〉之記事中，至《摩訶婆羅多》時，雖是隨處可見其名，但可證明彼為史實人物的記事幾乎不得見之。例如《薄伽梵歌》〈一〇，二六〉謂毘紐拏現身為迦毘羅，《解脫法品》〈Mbh. 一二，三四一，六八～九〉說是神聖的金胎神（Hiraṇyagarbha），同書〈一二，三四四，九六〉一再重複此說，故絕大部分可視為是金胎神之垂迹。若依據佛教方面的傳說，馬鳴於《佛所行讚經》（大正四，頁二二，下）指出「彼迦毘羅者今波闍波提」，亦即視同生主（金胎），在數論派的傳說中，作為《僧佉耶頌》之註釋的《金七十論》（註釋《頌》〈一〉的長行部分，大正五四，頁一二四五，上）記為「昔有仙人名迦毘羅從空而生云云」，已有非史實人物的暗示。如前文所述，數論的思想是由吠陀的金胎神話所激發，注意及此的某些教徒將金胎神人格化，採用與金胎色彩有關的黃赤為名，據此創造出迦毘羅仙（Kapila 譯為黃赤），並將之比擬為開祖，爾後一般的數論派遂當作史實人物視之。

其次第二祖阿修利（Āsuri）也是來歷不明的人物。其名稱雖早已見於《夏答帕答梵書》[20]，但此人與數論當然毫無關係，《摩訶婆羅多》雖也提及，但也只是提及此人是般遮尸訶之師而已[21]。《金七十論》（《頌》〈一〉之註，大正五四，頁一二四五，上）記為迦毘羅仙三度訓誡三千年間祠天的阿修利，最後阿修利終於成為迦毘羅仙之弟子。但此一傳說不僅缺乏歷史意義，甚至此教化方式也雷同勝論派之迦那陀教化其弟子五頂（Pañcaśikhin），可以說連傳說都不能說是數論派獨有的。

第三祖般遮尸訶（Pañcaśikha）的來歷較清楚。《解脫法品》〈Mbh. 一二，三一八，一五～一六〉說他是阿修利族的迦毘羅女（Kapilā）的養子，長年身為阿修利之弟子，最後成為有名的學者，同書〈一二，二一八〉說他是遁世者[22]，曾遊歷諸方，至米提羅國（Mithilā），訪闍那迦王（Janaka），降伏百名學者，為闍那迦王述說數論宗義。此一記載當然是比擬自《普利哈多阿拉筊亞卡奧義書》中的雅修釀瓦庫雅仙與夏那卡王之關係，在《解脫法品》的記事中，此人不僅只是數論的學者，也是吠檀多的學者，總之，無可懷疑的是，其對數論思想之興起是有影響的。尤應予以注意的是，其人有關數論的著作。《僧佉耶

20. Macdonell, Sanskrt Literature p. 215.
21. Mbh. XII. 218, 1~15.
22. 《印度哲學宗教史》第四篇第二章第二節。

頌》[23]揭出「六十千論」（Ṣaṣṭitantra.，六十萬頌所成），從《金七十論》長行（大正五四，頁一二六二，中）說是般遮尸訶所撰，以及爾後的《僧佉耶經》處處揭出其名並引用其論說推測，此說應是確實的。若是如此，《智度論》（大正二五，頁五四六，下）揭出《僧佉耶經》之名，婆藪開士釋的提婆《百論》（五世紀漢譯，大正三〇，頁一六八，中）所揭《僧佉〔耶〕經》之名，可能也是其人之撰作。《解脫法品》〈Mbh. 一二，二一八，八〉所說：

> 若數論師視迦毘羅為最高聖人，尊為祖師，則般遮尸訶正是實際現迦毘羅身，令世界驚愕者。

最能道出其地位，事實上，也可將他視為數論之開祖。其年代素來不明，但從《解脫法品》言及他與闍那迦王的關係看來，最遲應是在《摩訶婆羅多》此一部分製作之前。但此一部分之製作年代亦屬不明，故終究無法確認，但值注意的是，《佛所行讚經》第三卷（大正四，頁二三，下）的記事。亦即置於阿羅藍仙（Āḷāra）為佛陀說數論的教義之後的附言有如次記載：

> 林祇沙仙人及與闍那迦、毘陀婆羅沙及餘求道者悉從於此道而得真解脫。

若馬鳴知此《摩訶婆羅多》的傳說而揭出闍那迦之名，則教化闍那迦的般遮尸訶其出世當較早於西元前後的馬鳴。嘎貝認為般遮尸訶是西元一世紀的人[24]，對此，筆者既不能否定，亦無法肯定，但前述之推測若能成立，則應視為是西元前二、三百年的人。依據《佛所行讚經》的記事而將他視為是佛陀出世

23. J. Takakusu ; La Sāṃkhyakārikā p.148.
24. Garbe, Sāṅkhya Philosophie S. 34.

之前的人，可以說是相當大的誤解。（有關般遮尸訶之說，請參見 Pañcaśikha und seine Fragmente von R. Garbe〈Festgruss an Roth〉）[25]

般遮尸訶以後的相傳者之中，關於褐伽與優樓佉，同樣是探索材料全無。褐伽可能是 Gārgya 或 Garga 之音譯，優樓佉恐是譯自 Ulūka，就名稱而言，勝論派中也有同名之學者，但草率地將二者混為一談，則有過分臆斷之虞。

最後是跋婆利與自在黑。此二人不僅在數論史上，就是與佛教的關係上，也是極為重要的學者。依《世親傳》所載而提出卓見的，是高楠教授。其記事見載於高楠教授的 "Life of Vasubandhu" 一書中，筆者在此略加補充，簡單作出如次推論：

> 依據《世親傳》所載，佛滅後九百年，有一外道名頻闍訶婆娑（Vindhyavāsaka，意為頻度耶山住），此人從毗梨沙伽那龍王習學僧佉耶論，撰述一論。彼攜此論至秘柯羅摩秩多王（Vikramāditya）宮廷，與佛教徒佛陀密多羅（Buddhamitra）論辯，勝之，大奏凱歌。此時世親出遊歸來，聞之大為憤慨，遂作《七十真實論》摧其宗義。又依據《唯識述記》（大正四三，頁二五二，上～中）所載，迦毘羅徒分為十八部，其主要上首名伐里沙（雨），其徒名為雨眾。又依據嘎貝所說，被視為撰述於西元七世紀的《瑜伽經註》（Yogabhāṣya）中，曾二度引用名為 Vārṣagaṇya 的數論學者之意見。
>
> 依據此上所揭記事可以如此推定：《世親傳》所揭的龍王毗梨沙伽那，即相當於《唯識述記》所載的雨眾，也相當於《瑜伽經註》中的 Vārṣagaṇya，此係數論派著名學者之名。《世親傳》指出其

25. ibid. p. 371.

弟子頻闍訶婆娑曾撰述一論，而世親撰《七十真實論》（Paramārtha-saptati）破之，故其之所撰確實是與「七十」之數有關。數論之典籍中，與「七十」之數目有關係的，正是由大約七十偈所成的《僧佉耶頌》（一名金七十論，Hiraṇya-saptati），從而頻闍訶婆娑應是自在黑。此一推定若是正確，就《金七十論》所傳的跋婆利與自在黑的關係而言，跋婆利相當於毗梨沙伽那。但跋婆利恐怕是婆利娑的誤寫，此正是《唯識述記》所說的伐里沙，或《瑜伽經註》的 Vārṣagaṇya。亦即婆利娑＝伐里沙＝Vārṣa＝雨（Takakusu's Life of Vasubandhu pp. 47~52. 大要之補釋）。

此係對數論史所作最有力之考證，從中可以獲得種種資料。首先，《金七十論》所傳絕非架空之說，至少有部分史實。第二，自在黑的年代已有端緒。此因其與世親之時代大致相同，故世親的年代若能確定，其人之年代亦能決定。高楠博士推定世親之年代是在西元四百二十年至五百年之間，荻原推定是在西元三百九十年至四百七十年，貝利推定歿年是在西元三百五十年，雖然如此，訂為西元四、五世紀左右，大抵無誤，故自在黑之年代大致也在此時（《多羅那他佛教史》[26]中有自在黑與陳那辯論之記事，若依據此一記載，則稍遲於世親）。第三，當時數論雖遍及於全印度，但以南方頻陀耶山地區最興盛。依據西藏佛教史所載，陳那在南方安達羅國撰《集量論》（Pramāṇa-samuccaya）時，曾與自在黑有過接觸，依據此一材料可知自在黑是南方人。第四，可以瞭解《僧佉耶頌》在數論史上的地位。依據《世親傳》所載，頻闍訶婆娑（即自在黑）是毗梨沙伽那的弟子，頻闍訶婆娑撰述某論時，變更其師所傳順序，且補其不足，其師為此頗為不悅。由此看來，《僧佉耶頌》對於從前的教義是有相當程度的推進。

26. Tāranātha, Geschichte dea Buddhismus von Schiefner S. 132~3.

要言之，從傳承而言，在般遮尸訶的時代，數論的教理大致已見定形，但給予進一步整理的是自在黑。

但不能草率地將《金七十論》所傳視為就是數論派的全部。除此之外，恐是另有其他種種傳說，但視為是依從南方所傳應是合理的。此因《唯識述記》謂數論派分十八部，且實際上有種種異說，因此在數論派中，其教學也應有種種流派。

第二部門　數論派教理組織之研究

數論派的教典及其註釋

所謂的教理組織之研究，無庸贅言，是指就數論派的聖典探究其宗教哲學之意義。關於其聖典，前文雖已一再言之，卻無一致性之論述，故在此簡略予以述之。

最遲在西元前後，數論派已有聖典出現，此依《智度論》第七十卷（大正二五，頁五四六，下）傳有《僧佉耶經》之名，《金七十論》（大正五四，頁一二六三，中）傳有般遮尸訶「六十千論」之名即可知之。遺憾的是，其大部分已散佚不傳，現今最古的是，自在黑的《僧佉耶頌》。全書僅由七十二偈組成，但數論全部之教理幾乎予以組織性的網羅，故不失為稀世傑作。相傳自在黑撰述此書時，國王（力日王）曾賞讚賜金一萬，進而為彰其名，故名之為「金七十論」（《成唯識論述記》一末，大正四三，頁二五二，中）。此一傳說當然是從「金」字而作的附會，全無歷史根據，雖然如此，其組織之嚴謹，可以說諸派聖典無有能出其右者。其古聖典所以散佚不傳，恐是受此書壓制所致。此書之註釋為數甚多，現存最古的，是真諦譯（真諦於西元五四六年來華，五六九年示寂）的《金七十論》，以及近來所發見的"Māṭharavṛtti"。此二書極為相似，但二者未必是同一論著，其前後關係亦不清楚。其次是嘎烏達帕達（Gauḍapāda）的註釋，先前將此視為大約是七世紀時期的作品。此因嘎烏達帕達是八世紀的商羯羅二代之前的人。但能否將《僧佉耶頌》的註釋者視為就是吠檀多的嘎烏達帕達，還是個疑問，因此不能隨便接受此一說法（本書第七篇吠檀多派之第三章曼多佉耶頌中，對此將再作論述）。無論如何，此嘎烏達帕達之註與《金七十論》的長行頗為相似，畢爾（Beal）認為二者是相同，但高楠教授證明二者全然不同[1]。第三的註釋是十二世紀前半時期的瓦闍斯巴第密修羅（Vācaspati Miśra）的“Sāṅkhya-tattva-kaumudī”，此書恐是該頌之註釋中，堪稱最為完備的。嘎貝的“Der Mondschein der Sāṅkhya Wahrheit”（1892, München.）是此書之譯。

次於《僧佉耶頌》的重要聖典是《僧佉耶經》（Sāṅkhya-sūtra）。此書又名「Sāṅkhya-pravacana」。全書由六卷五百二十六頌（164+47+84+32+129+70=526）所成，前三卷敘述一般教理，第四卷揭示修行論，第五卷是與其他學派之問答，第六卷闡明本體論上的疑點。此聖典具有明顯的吠檀多色彩，經常數論化地使用吠檀多特有之術語。但如柯爾布魯克[2]與嘎貝[3]所言，其根本思想絲毫不與《僧佉耶頌》起衝突，其之所揭乃是《僧佉耶頌》所不明言的。恐是為對抗吠檀多，故略借用其術語與思想而撰述。此經是以迦毘羅之名傳承，故大致上被視為最古，但書中曾引用般遮尸訶之名，且有與商羯羅之吠檀多相當之處，故無法視其成書於《僧佉耶頌》之前。嘎貝根據種種證據，推定此係一千四百年代之作品，此一見解恐是相當正確[4]。此書之諸多註釋中，最有名的是一千四百五十年的阿尼筮達（Aniruddha）的“Aniruddhavṛtti”、十六世紀後半的毘修醸那比庫修（Vijñānabhikṣu）的“Sāṅkhya-pravacana-bhāṣya”，以及十七世紀末吠檀多教徒摩訶提婆（Mahādeva）所撰之註，以上所揭諸書，嘎貝都予以出版及譯出。此

1. Takakusu, La Sāṅkhya-kārikā pp. 4~25.
2. Colebrooke, Miscellaneous, Essay vol. I. p. 244.
3. Garbe, Sāṅkhya Philosophie s. 69.
4. Ibid. p. 70~71.

三種註釋中，最傑出的是毘修醞那比庫修，但由於意圖與吠檀多調合，故稍有扭曲本意之嫌。毘修醞那比庫修其人也有稱作《數論精要》（Sāṅkhya-sāra）之撰述。

最後，另有同樣是以迦毘羅之名流傳，名為「Tattva-samāsa」之聖典，全書僅只五十四語，且大抵只羅列名目而已。柯爾布魯克視此係《僧佉耶經》之原型[5]，馬克斯穆勒認為是諸聖典中最為原始的[6]，嘎貝認為與《僧佉耶經》或《僧佉耶頌》並無直接關係，其成書最晚是在十六世紀後半，但無法得知是在多早之前[7]。恐不早於前述諸書。依據霍爾所說，可知此書雖有五釋，但今日已見出版的，只有“Sāṅkhya-krama-dīpikā”。

【參考資料】：本篇第一章的參考書。

5. Colebrooke, Mis. Essay vol. I. p. 124.
6. Max Müller, The Six Systems of India Ph. 226.
7. Garbe, Sāṅkh. Ph. S. 69.

第三章　數論派的形而上學

第一節　哲學研究之動機及其方法論

猶如佛教與耆那教，數論派的出發點也是始於世界的多苦觀。探察出其滅苦手段正是哲學研究的動機。數論派將苦分為三種。亦即依內苦（ādhyātmika）、依外苦（ādhibhautika）與依天苦（ādhidaivika）[1]等。依內苦是指由內在發生的疾病、憂悶，依外苦是指人畜造成毀害等外來的苦痛，依天苦是指天災、宿命等困厄。此三苦是生於此世者無法避免的命運，若達觀世相，可知一切有情皆遭受此命運翻弄，此即數論的人生觀。相對於此，或曰人生誠然有此三苦，然治病則有醫藥，治憂苦則有種種快境，此都是事實（dṛṣṭa）。進而關於出自神意的天災，若能施行祭祀，甚至能得生於天界受長時之樂，此乃基於天啟（Śruti）聖教之保證，何以偏觀人生為苦？但數論的厭世觀存有超乎於此之深意。亦即所說的醫藥與快境皆有不定不極之失，醫藥未必能奏效，快境未必能求得，不只如此，縱使一時如其所願，但終究無法持續。尤其以祭祀供犧而得的死後生天之樂伴有三種過失。第一過失，殺物之不淨（aviśuddhi）；第二過失，縱使生天，於一定時期必有退轉；第三過失，在天上界也有地位優劣之不同（atiśaya），彼此高慢嫉視（此名吠陀三失）。是故仍屬輪迴範圍，不脫於苦。《僧佉耶經》〈六，五～六〉曰：「有情界快樂為稀有現

1.《僧佉耶頌》〈一〉；《僧佉耶經》〈一，一—六〉。

象，且為苦因，故一切皆苦」。若是如此，能滅此苦的決定（ekānta）究竟（atyanta）的方法又是如何？數論的出發點即在於探討此滅苦之法，也是其趣向哲學思索之根本動機。《僧佉耶經》〈一，一〉言及究竟滅三苦為人生最終目的，《僧佉耶頌》〈一〉說為三苦所逼，故相對於滅此之因，而有欲知（jijñāsā = philosophia）。

所謂的哲學，原先即與形而上的原理有關，故必須預先訂定研究此原理的智識之源泉或標準。數論對此建立所謂三量。即現量（pratyakṣa）、比量（anumaṇa）、聖教量（āpta-āgama）[2]。對於量的說明前文已大致述及，但在順序上，在此再次予以說明，現量是指五感分別以其對象為緣，其象完全影象於心中，此即感覺的事實的智識。比量是以現量之知為基礎而推知其他未知事件的心理作用，如同正理派，數論將此分為「有前比量」（pūrvavat）、「有餘比量」（śeṣavat）與「平等比量」（sāmānyatodṛṣṭa）等三種。有前比量是指依原因而推定結果，有餘比量是指依結果而推知原因，平等比量是指依據特殊特殊的類推作用。聖教量是指一般基於權威的智識，雖然如此，但數論仍以吠陀為主，因此用所謂的天啟補現量、比量之所不及。數論雖排斥吠陀的業品（karma-kāṇḍa），卻以其智品（jñāna-kāṇḍa）之奧義書作為權證。數論派所說的此三量，無論是在《僧佉耶頌》或《僧佉耶經》中，都給予頗為嚴格的論理規定，對此，將在正理派之項再作說明，在此姑且略過。要言之，數論派或訴諸事實，或依推理，或徵於權證，意欲藉此三量闡明萬有之真諦。

此外，與此三量有關連的是，決定此數論哲學之組織的方法論之考察。此即有名的「因中有果論」

2. 《僧佉耶頌》〈四〉；《僧佉耶經》〈一，八七－一〇三〉。

（Satkārya-vāda）。無庸贅言，此係從形而上實際考察而獲得之結論，但數論之徒卻用以固守其本體論，故必須視為是方法論之一。大體而言，印度各個學派對於「因」的考察形形色色，但通常可就「質料因」（prakṛti）與「動力因」（nimitta）等二方面予以區分。對於質料因及其結果關係，印度學界頗有異論。此係有關因中已有結果或無之議論，認為具有的，稱為「因中有果論」或「因果無別論」（Kāraṇa-kārya-abheda），另一方面則稱「因中無果論」（Asatkārya-vāda）或「因果差別論」（Kāraṇa-kārya-bheda）。詳言之，因中有果論是指因中已具果相，只要開發，即任運出生特定之果，此恰如雞蛋中含孕未來出生之仔雞；因中無果論是指質料因為得特定之果，必須別具種種要件，且其要件本身非因所具，此恰如木材未必具桌子或箱子等特定之果相。亦即因中有果論者主要是就有機物之發生而論證，因中無果論者的論證是以製作物作為標準，就世界觀而言，前者是基於發展說（pariṇāma-vāda，目的論的），後者是基於積聚說（ārambha-vāda，機械論的）。由於彼等作論述時，是脫離形而上學論究因果觀本身的問題，故不容易獲得解決。數論是此因中有果論派之驍將，《僧佉耶頌》〈九〉（《經》〈一，一一四～一一八〉）舉出五個理由作證明。

（一）無是不可作故。（二）必取素因（upadāna）故。（三）一切不可生故。（四）能作所作故。（五）從因有果故。故因中有果。

依據《金七十論》所釋，大抵其意如次。（一）一般而言，物從有生，絕非從無而有。例如砂中不能出油，砂中不具油故。（二）從而在日常經驗中，吾人欲得某果，應求含其果之素因，恰如求油，應於油種中求，不應從砂中求。（三）若因中無果，則因果關係只是偶然，對於實無關係者強附以關係，恰如從草木中欲取金銀，但事實上並非一切事物必為其他一切事物之因。（四）從而只有能生某果的，才能生其果，例如從麥種生麥，從米種生米。（五）依據因的種類而決定果的種類，故必是因中有果。以上是頌文大要。《僧佉耶頌》對於任何事物都以此五種理由說明，對於大同小異的事由也只是語言上的更換而已，要言之，特定之果依特定之因產生，就質料因而言，是因果同質，因此果在未發生之前，早已潛藏於因中。換言之，不是從因新生（utpatti）果，只是因改變其狀態而成為果，就術語而言，其未開展（avyakta）狀態是因，由此所發生的既開展（vyakta）之狀態就是果（因中無果論者的主張，請參見本書第五篇第三章第一節勝論的因果觀）。數論所以如此嚴密地論述，其目的是應用此一理論作為物質的原理，藉以述說超感的自性，此一理論若不能成立，則自性的說明終究只是一種空想而已。

以上的多苦觀、三量論及因中有果論未必只是數論派所論。但至少就教理的組織上，數論派巧妙應用以上三種方法增進其思辯，因此作為數論哲學的方法論，是吾人必須銘記不忘的。

第二節　無神觀

在考察數論派的本體觀時，首先要注意的是其所持之無神觀。從來認為神（Īśvara）或最上我（paramātman）是唯一的太原，此乃奧義書系統的一切學派之所共通，但數論派由此出發，卻大膽地主張無神論，其中必有相當的理由。其歷史經過如前所述，今僅就數論派本身的立場探其理由。《僧佉耶頌》是以闡說教理為其目的，故不具駁論性之論述，然其註釋及《僧佉耶經》中卻有諸多駁斥有神論之文句。

筆者將其所提意見大致整理成如次四條。第一，比量上的缺點。就有神論者所論，一切物皆有製作者，是故大宇宙必有一有意志的製作者（神）之存在。對於此一論點，數論師認為其論據缺乏遍通（vyāpti）法則。換言之，一切事物有製作者並非經驗上的一般真理。誠然房宅器具類都有製造者，但草木等生物體應是自發性的生長，絲毫不能預想其製作者。故「一切事物是意志製作者之製作物」的命題，在論理上，不具大前提之資格。從而以此作為大前提，類推宇宙也有創造神，是犯了比論上的誤謬（《僧佉耶經》〈一，九二〉；同經〈五，一〇～一一〉）。

第二是就神的性質予以論難。數論師認為若有神存在，則此神是解脫者或是未解脫者？若是未解脫者，則未解脫者猶不自由，豈能創造萬有？若是解脫者，解脫者則無欲望，豈有創造萬有之欲求。總之，認為神造萬有是非論理的（《僧佉耶經》〈一，九三～九四〉；同經〈五，六～九〉）。「未解脫者不自由，解脫者無慾望」之說，是有神論者也承認的，故此兩刀斷法成立。

第三是對創造動機的非難，此係《僧佉耶頌》之註釋者瓦闍斯巴第密修羅所提出之非難。若說有一神祇創造世界，則其動機如何？神既然是自足完了之實在，即很難說是為了自己的利益，也不能說是對其他有情生起慈悲心所致。此因在宇宙創造之前，接受其慈悲的有情並不存在。若是創造以後對有情所起的慈悲心，此即成為因慈悲心而有創造，故「因創造而有慈悲」的循環論法毫無論證之力。何況此世充滿眾苦，其慈悲之面影無從得見，故從經驗言，此慈悲說不能成立[3]。

第四是從因中有果論的非難，此係《梵經》〈二，一，四～一一〉所揭。謂：若第一原理是神或梵的精神的實在，依據因中有果之論據，作為結果的此世界必然是類似其原理的精神的存在。但實際上，

3. 對於創造世界之動機的非難，《梵經》〈二，一，三二〉也有提出。

若瞭解器世間的無知覺性，自然可知其本源並非神。由於吠檀多採用因中有果論，故數論此一非難在論理上亦能成立。

要言之，數論的無神論完全是以其方法論作為基礎，亦即若依多苦觀，如若有神，何以有此苦界之生起；若依因中有果論，基於此世界之無知，則可證明並無第一原理之神；再從量論而言，不要說是現量，就是從比量也不能證明神之存在。此間雖然存在著強詞奪理的論證法，但整體而言，不失為堂皇的主張。

第三節　數論二元論之特質

如前所述，數論否定第一原理的大我或造物主，而是以物心之二元建設其哲學。彼等認為心與物本是獨立的二種實在，在任何情況下也不能相混。但若依某種因緣而兩者交涉，則能成立萬有。以術語言之，物質原理之自性（prakṛti）與精神原理的神我（puruṣa）雖是別物，但依某種機會結合時，自性發動而成為現實上的萬有。茲依一般所論對照數論的「二元論」，藉以窺其特質。

大體而言，在解釋物心合成之現相上，二元論是最為合適之理論。非哲學者的世界觀即此，數一數二的哲學者中，依此立說的實是不少。古希臘阿那克薩哥拉（Anaxagoras）首先唱導萬有是由理知之靈體的奴斯（nous）彙集物質性的無數種子（spermata）所成，亞里斯多德（Aristoteles）承繼此說，依質料與形式之對比而提出二元論，進而此說與中世哲學結合，到了近世，笛卡爾（Descartes）大成其「物心二元論」，現今更以「物心併行論」（Parallelismus）之形再得其勢力。亦即二元論在西洋哲學中，從古至今一直是連綿不絕的大思潮。此中當然也有不排斥物心以上之神的，但主要的，都是基於現實上的事實，努力排除一元論之缺點，嘗試作合宜之解決。

今就數論見之，情況也是相同，因不能滿足一元論所給予的解釋，故揭竿而起，經長時思索後，已有頗為堅定的根據。若以西洋哲學為例，奧義書的立場如同柏拉圖，而數論正相當於亞里斯多德。但是數論的「物心說」略異於吾人所思，在西洋之二元論中亦不多見。笛卡爾認為心的特質在於思考，物的特質在於延長，當然數論也有如此說法，但更進一步地指出心的特質是常住不變，物的特質是變化活動，乃是數論一大特徵。換言之，神我是常住不動的實在，唯只思考（cinmātra），此外並無任何屬性，「自性性」的事物有延長、增減、變化之活動。從而依據數論所說，不只吾人所謂的精神現象的感情與意志，即使是理智作用，從本質而言，也是屬於物質範圍。有變化有動搖故。亦即數論認為如此的精神現象，也可以說是物質，是身體微妙運作的結果，而非精神本身之作用。此稍稍類似亞里斯多德在常住精神以外，所立的與肉體共生滅的靈魂（Entelekeia），但數論的區分比亞里斯多德更為嚴密。此乃承自視我為清淨無垢靈體的奧義書之思想，更且解脫主義趨於極端所得之結論。此因若有精神本身的心之活動，解脫後若依然生起感情、慾望等等，則直至究竟位仍不能視為是精神獨立。

數論兩元論的特色正與希臘阿那克薩哥拉的「靈體的奴斯是一，而物質是無數的種子」相反。亦即數論認為精神在本質上是無數的，而物質在本體上是唯一的，是由此唯一的物質開展成雜多的現象。無論精神或物質，若視本質為無數的雜多，則只是常識的二元論，不能成為要求統一的哲學，因此數論嘗試從物質界作統一的要求。迴顧歷史，視此宇宙是由某唯一的實在而發展出的，正是梨俱吠陀至奧義書的一貫思想，數論的二元論正是意欲維持此一思想，意欲於物質界中，建立所謂未開展位的自性。故在本體觀上，數論的二元論是立基於個人的神我與世界的自性之對立，此有別於通常以個人身心之對立或神與器世間之對立為基本的二元主義。不只如此，如前文所述，不只物質現象，就是精神現象，數論也認為是物質作用，精神原理的神我只居客分地位，雖說是二元論，但從世界觀而言，僅只是自性女王個人的舞台而已。此乃極端解脫主義所造成的結果，由於過分凝固心的本質，終致在人生觀上，數論不及於吠檀多。以下擬進而引用本文分別就此二元詳加說明。

第四節　自性（prakṛti），附三德論

數論在表達物質的原理時採用種種術語。意為原質的 prakṛti，意為本因的 pradhāna，意為非變異的 avyakta，意為冥態的 tamas 等是其中較為重要的，有時稱為根本原質（mūlaprakṛti）或根本原因（mūlakāraṇa）。或譯為世性或冥諦等，真諦採用「自性」之義，故其原語無論是 prakṛti 或 pradhāna，都被譯為自性（真諦有時候也將 pradhāna 譯為勝因）。

依據數論所說，自性是超經驗的實在，故首先必須證明其存在。數論所用的證明法有種種，主要是從現實上的粗物出發，逐漸追溯各個的原因，其所使用的是「平等比量」與「因中有果觀」[4]。在此無暇予以一一介紹，僅只揭舉《僧佉耶頌》〈一五〉的五條理由如次：

（一）個物有制限故。（二）同性故。（三）能生故。（四）因果差別故。（五）遍相無別故。

茲簡單說明如次：（一）現實上的個物各有制限（parimāṇa）。有制限的事物非己之因，而是以其他無制

4.《金七十論》（《僧佉耶頌》〈八〉之註，大正五四，頁一二四六，中，下）。《僧佉耶經》〈一，六二～六五〉。

限者為因，經驗上，徵於瓶或瓦的制限物是由同一泥土所成之例可知。故依平等比量而推定宇宙現象皆依絕對無制限之本原而生。其本原即自性。（二）經驗上，同性的，亦即同性質的，即使其相用有別，也是依相同質料因而生。例如土器雖有種種相用，但同樣都以泥土為因。因此，就現象界的事項都是由三德所成而言，可說是同性，依平等比量，都是由同一質料所成。同一質料，故為自性。（三）與（四）現實上的事物必然是由有生此之能力者所生，故不能說自身是因又是果。因相與果相有別，此徵於泥土與陶器之例即可知之。從而就現實界言之，必有異於現實界且能生現實界的大因。（五）最後依據從來的信仰，劫滅時，現實界悉皆破壞成無差別平等渾沌狀態（此名遍相無別）。此時若無不受破壞的第一因，則世界不能再次生成。亦即劫滅後，世界得以再度生成，是由於第一因的自性恆存所致。此上所揭皆依平等比量而立，值得注意的是，第二的同性故（samanvayāt）之外，不僅只是物質的原理，同時也得以證明第一原理的神之存在。但予以制限的，是其引例中的「因中有果觀」，數論將現實界都視為是有變化活動的，亦即是物質性的，故其因之第一原理必是物質性，不能將此當作是神或大我。

對於自性的本體，《僧佉耶經》〈一，六一〉曰：

薩埵（sattva）羅闍（rajas）多摩（tamas）平均狀態（sāmyāvasthā）稱作自性。

亦即萬有活動原動力的三德（triguṇa）未發動，猶保持平均狀態時。為瞭解自性自體，首先必須瞭解三德。筆者在《發達史》中對此已略有述及，在此擬改依數論本身之立場予以考察。

三德說的產生源自於二種考察的結合，亦即心理上的心情變化與宇宙論上的宇宙發生之考察，關於此一方面，吾人業已述及（前章第二節）。此一思想在摩訶婆羅多時代逐漸圓熟，到了數論，是將之視為物質的特性，企圖用以說明千變萬化的現象。然其徹底之意義頗為曖昧，學者對此之見解也頗為紛歧，故至今尚無一定歸結。首先就數論本身對此的說明觀之。《僧佉耶頌》〈一二～一三〉曰：

以喜（prīti）、憂（aprīti）、闇（viṣāda）為自體（ātmaka），照（prakāśa）、動（pravṛtti）、縛（niyama）為目的（artha），進而以伏依生雙起為其作用，此即三德。

薩埵以輕、光為相，羅闍以持、動為相，多摩以重、複為相。與為我之目的相違者結合如燈火。

茲合糅此二頌探其意義。吾人心情所以有喜、憂、闇，亦即快、不快、沉鈍等三態，是三德使然，可以說此三態是三德之特徵。此因心之狀態並無直接明顯的變化。從而就三德的目的，亦即就傾向而言，薩埵之德有照明心的作用，羅闍之德有動搖的作用，多摩之德有制縛癡鈍的作用。此三德未必只是支配心的現象，就物理而言，物體的輕快因於薩埵較勝，躍動不定因於羅闍使然，沉重是多摩使然。亦即就通於心理物理兩者的特質而言，薩埵的特質在於輕快光照，羅闍在於不安動搖，多摩在於沉重隱覆。雖然如此，但三德絕非各自獨立，只要是物質性的——無論心性的或物性的——悉皆具備此三德，此恰如結合油、燈心與火而成燈火。亦即用現今的語言而言，如同七色光合成一太陽光，因三德之結合而呈現出現象。對此，《僧佉耶頌》歸其理由在於為達成神我之目的，後文將對此予以論述，總而言之，是指任何事物本具的三種傾動或三方面。若是如此，三德彼此的關係又是如何？是本來相異之事物結合而有起伏、顯微等種種狀況？或一德增長壓伏他德？或相互依用？或由一德生他德？或二德雙起，或一德起他德之作用等等。對此，註釋者一一予以舉例說明，為免煩瑣，在此予以略過，要言之，宇宙現象所以有千態萬狀，不外於三德之間所顯現的關係其樣式不同。

以上是頌文大要。問題是，應如何給予符合數論教義之描述？以吾人之語言應如何表現才是適當？所謂德，通常意指性質，但依前文所作說明，似乎應是如物，實際上，《僧佉耶經》〈六，三九〉（及《註》）已明言是「物」（dravya），然而是什麼樣的物，不得知之。就歐洲學者的見解觀之，依據嘎貝[5]所說，溫第修（Windisch）視為物質的性質（als Materie gedachten Qualitäten），約翰朵根（Johaentgen）視為原質（Urstoff），耶克畢（Jacobi）說是物的三方面（drei Aspekte）。嘎貝譯成組成要素（Konstituent），柁暹贊成嘎貝的譯語[6]，認為有時是「雜多化作用之原動力」（Der Faktor beim Multiplizieren），有時是「三種原動力之質料代表者」（Die stoffliche Vertreter dreier Grundkräfte）[7]。此因或是視為實體化的性質，或視為原動力的物之代表，或視為萬有的三方面或組成要素。總之，就筆者所見，數論師將心情變化的三態與宇宙發生的三種經過當作思辨背景，對於萬有的性質、運動與狀態等皆以三態觀察，進而更予以實在化，視之為物體的本質，依此成立此三德說，因運動、性質、本質皆包含在內，故不能簡單地或單方面地看待。換言之，萬有的變化其本質上相應吾人之快、不快與沉鈍（稍比中庸強），然其活動樣式是從暗態移至動態，終成明態，且具體化其觀念而成為物，故其中蘊含諸多意義。然既已予以實在化為物，且數論本身也稱此為物（dravya），故仍應如同嘎貝所說，應視之為萬有的組成要素（Konstituent），且是富於運動性的。無論如何，三德說爾後幾乎成為印度一般的教理，被普遍地採用，雖然如此，不能予以忽略的是，若徹底地考察，其中猶存在非常困難的問題（關於三德觀的發展及其哲學意義，請參照本書卷末附錄「數論之三德論」）。

5. Garbe, S. Ph. S. 211.
6. Deussen, Allg. Ges. d. Ph. 1. 3. S. 426.
7. Ibid S. 480~1.

回歸正題，再回歸到自性的論題之上，自性是三德平均時的狀態，依據數論所說，現實之物都是三德不平均所產生的結果。無論是變化，或是活動，或是差別，都是三德中的任一德作用較勝的現象。吾人之認識是依變化、活動、差別而成，故只要是能為吾人所認識的，其三德絕非是平均的。今若說自性是三德平均之狀態，亦即雖有發展為現象界之可能性，然猶居未發之位，用中國人的說法就是渾沌一氣未分陰陽之時。數論將此稱作未開展（avyakta）或冥諦（tamas）其因在此。《僧佉耶頌》〈一〇〉述及自性與變異（現象界）的九處差異，依其所說，可以了知其性質。頌曰：

> 變異是有因（hetumat）、無常（anitya）、不遍（avyāpin）、有事（sakriya）、多（aneka）、依（āśrita）、沒（liṅga）、有分（sāvayava）、屬他（paratantra），非變異與此相反。

亦即：（一）現象界一切事物皆有因，是依他因所生之結果，但自性無因，自性本身就是最終末之因。（二）現象界無常，但自性常住，任何狀況也無生滅（數論所說的無常為變化義，不是消滅義，此名「轉變之無常」）。（三）現象不能周遍，其有空間的制限，但自性則是遍在。（四）現象是有事（有業），有一定之作用，自性本身則無作用。（五）現象是雜多，自性是唯一。（六）現象依存他物，自性獨立無伴。（七）現象將依次還沒上位，但自性不須歸返（此乃依據將 liṅga 視為 liṅ-gam 的《金七十論》及嘎烏達帕達之《註》所作的解釋，瓦闍斯巴第密修羅將 Livga 視為相，而變易是自性存在之特徵）。（八）現象界的，皆可分割，但自性是不可分的一體性。（九）現象界的事項皆隸屬其上位，自性是無主之獨立體。

要言之，自性是物質之本源，是其組成要素之三德平均未分化之位，是常住、遍滿、無活動、唯一、不分割與自主獨立之實在。

第五節　神我（puruṣa）

數論用以表示精神原理的術語一如自性，形形色色。或說為「我」（ātman），或說為「人」（puruṣa），或說為「男」（puṁs），或是與自性相同的「自存性」（svabhāva，自性），或從其性質而名為「知」（cit, cetana, caitanya, jña）。尤其是意為「人」的puruṣa，是最為普遍的術語，真諦將此語譯成「神我」，故成為數論特有的術語。

用以證明此神我存在的方法如同自性，在《僧佉耶頌》及《僧佉耶經》中也有種種，但大致如《僧佉耶頌》〈一七〉所揭如次五個理由（《僧佉耶經》〈一，一三九～一四四〉）。

（一）積聚是為他故（saṅghātaparārthatvāt）。（二）異於三德等故（triguṇādiviparyayāt）。（三）支配故（adhiṣṭhānāt）。（四）有食者故（bhoktṛbhāvāt）。（五）為獨存而努力故（kaivalyārtham pravṛtteḥ）。

（一）經驗上，凡聚集諸物而作成的，其本身不具意義，其存在是為供他用。例如積聚綿與布作成的臥具是為讓人類使用而存在。以此類推，血、肉、骨等生理機關及知根、作根等心理機關積聚所成的此身，必定有使用此身的他者存在。此因身體若是為自己而存在，應是無意義的。此即證明身體以外有「我」存在的第一個理由。乍見之下，似乎不是很有力的論證，但就數論師而言，在論理上此乃無懈可擊的證明法，主張「無我」的佛教徒為破斥此說，煞費苦心，陳那於其因明中，特設「法差別相違因」之過誤，但終究也只是藉以破斥的手段而已。（二）與（三）一切物質性的，無論是自性、變異都是三德性，且其自體是無知覺的，相對照之下，必然有一非由三德所成，非無知覺，且能支配前者的。若非如此，則物質將是盲目的，身體的活動也是無意義的，無目的的。故身體活動之有意義有目的，即證明有「我」。（四）如同相對於食而有食者，相對於身體所起種種現象，必然有感受此現象的經驗主體。（五）吾人一般為了獨存，亦即為了解脫而努力不止，若無不變或常住的我，所有的努力終成無用。此因所謂的「解脫」，不外於是指脫離身體之束縛，若是無我，則解脫亦無意義。此係基於宗教要求而作之證明，稍稍類似康德依實踐理性之要求（Postulat）而立「靈魂不死論」。如上所述，數論用五種理由證明我的存在，要言之，此仍是承繼奧義書中的「個人我」（jīvātman）與「現象我」（bhūtātman）的思想，除了佛教與順世派，無人能對此質疑。在此意義上，《僧佉耶經》〈一，一三八〉明言沒有任何人懷疑我的存在，故無證明的必要。

雖然如此，但本質上，數論所說的「我」，並不是奧義書及吠檀多派所論的「唯一的我」，其本體觀一直都是「多我的」。《僧佉耶頌》〈一八〉（《僧佉耶經》〈一，一四九〉）同樣舉出五種理由：

生、死、根三者別異故。不共作事故。三德別異故。各我之義成立。

亦即經驗上，各人的生、死與感覺機關互異，從而其作業不同，根機也有上中下之區別，故各人的主體並不是同一的。各人的我是互異的。此乃常識性的論法，並無吠檀多所具深遠意義，但在論理上亦無可非難。

在述說我的性質時，數論常用「自性」作對照，總的說來，與自性相反的，就是「我」的特質。亦即自性是由三德所成，而神我是獨存（kaivalya）之靈體，毫無變化的傾向。自性是客觀性（viṣaya），神我是觀者（sākṣin），亦即是純主觀性。自性是唯一的，是各我之共用物，而神我是中直（mādhyasthya），相互之間無任何關係。自性無知覺，神我是見者（draṣṭṛ），亦即知覺體，就自性發展萬有而言，是作者，而神我是無活動的非作者（akartṛ）。

《僧佉耶頌》〈一九〉所說如次：

> 神我與自性相反，故其證義（sākṣitva）、獨存（kaivalya）、中直（mādhyasthya）、見者（draṣṭṛtva）、非作者（akartṛbhāva）之義成立。

要言之，我是不變、不動、無活動的靈體，僅以知（cit, cetana, caitanya, jña）作為本質，認識的主體以外，不具任何屬性。從而我本來自性清淨，無煩惱之污染，亦無輪廻之繫縛。視之為有，只不過是暫時將物質性的身體現象誤認為自己所有而已。是故《僧佉耶頌》〈六二〉謂我既無繫縛亦無解脫，《僧佉耶經》謂我是常恒（nitya）、清淨（śuddha）、覺者（buddha）、解脫者（mukta）、自存者（svabhāva）〈一，一九〉，或說是常恒解脫（nitya-muktatva）〈一，一六二〉，又說我之縛只是名目〈一，五八〉。此即數論以我之獨立為最終目的之所以。

最後是有關我的大小，數論承認多我，而且是在身體之內，是故我應是極為微小。依據毘耶舍（Vyāsa）的《瑜伽經註》（Yogabhāṣya）〈一，三六〉所載，般遮尸訶說我為極微大。《金七十論註》（大正五四，頁一二六一，上）說是無邊大，又說：

> 我遍滿一切處，云何而得輪轉？

《僧佉耶經》〈六，五九〉明白地名之為能遍滿（vyāpakatva），然依制限（upādhi）而受報之時、處、位相異。

乍看之下，似乎是受吠檀多影響，但反過來說，數論雖說多我，卻又說其一一本體之位超出時間或空間，故就超出空間而言，不得不說是遍滿。對此還須再作探討。

第六節　兩元之交涉

如前所述，數論認為自性與神我彼此的性質全然不同，在本體位，兩者同是維持平靜、無活用的當體。若是如此，物心結合的現實界如何形成？數論的回答是「因於兩者的交涉」。詳言之，由於自性與神我結合，自性的三德失其平衡，開展出種種要素（二十三諦），故成為器世間，成為有情身體（粗身及細身），而各個神我因應之，其自體不動，由物質性之身體攝持，以世界為舞台，作為活動諸有情之主體。是故依據數論所說，現實界的事象，從質料言之，都是自性的作用，但有情乃至世界之成立都必須與神我交涉。應予以注意的是，所說的結合並非實質性的，並不是氫與氧的結合成水，而是鏡與對象的交涉，是鏡面顯像的結合。亦即自性與神我的結合，可以說是一種「見」，只要神我想要見自性，自性即自動開展出種種要素，供其閱覽，成為世界成為身體，而神我依然不捨其觀者的地位。數論為徹底維持其「神我本體論」之說，故視神我為無活動之靈體，雖堅持在任何狀況下，神我與物質之間無實質交涉，但數論哲學的一大難點仍不能避免。此因結合若只是見，何以只是自性生起實質的開展？身體與精神的結合若只是一種見，何以需要解脫？凡此種種，將在後文有情論之身心關係中再予探究。

進而結合若只是「見」，實質上，兩元是於何時生起交涉？數論固然是從現實出發，對現實予以解剖歸納而到達其本體，但一旦到達，兩元就必須有所交涉。數論對此是從二方面給予解答。其一是從迷的方面，其二是從悟的方面。迷的方面，《僧佉耶經》第六卷舉出三說。一曰無始業，二曰無分別智（aviveka），亦即無明（avidyā），三曰細身（liṅga-śarīra）（《經》〈六，六七～六九〉），此三說其實是同一思想的不同方面，要言之，由於無明（不知物與心之區別），因而兩元交混，造種種業；由於業力，吾人本性之我受物質性的細身所纏，永久不能分離。亦即數論派依印度通有的思想，將無明當作根本因。但就筆者所見，相較於他派，數論如此的論述更有難點。依據數論宗義，無明是自性第一次發展的「覺」之作用，亦即已是自性與神我交涉以後的現象，如今又視為是結合的原因，難免有因果顛倒之嫌。無論是自性或神我，數論只要是承認其中任一是固有的無明，即免不了是非論理之考察。何況將之歸於無始之業或細身更是非論理的。其之所論，可以採用的是解脫觀，亦即吾人得正智，區別物與心，滅無始之業，從細身脫離時，產生物心分離之解脫。其次從悟的方面，是一種目的論之見解，自性與神我本有相合之傾向，依此傾向兩元相合，但最後終相分離。詳言之，神我是主觀傾向的能見，自性是客觀傾向的被見，此兩種傾向相輔而成兩元之交涉，又因本性全然不同，故自性一旦為神我所見，則兩者之緣斷絕，成永久分離。《僧佉耶頌》〈二一〉（《僧佉耶經》〈二，一～一二〉；同經〈三，五八～六一〉）曰：

puruṣasya darśanārthaṁ kaivalyārthaṁ tathā pradhānasya paṅgv-andhavad ubhayor api saṁyogas tat kṛtaḥ sargaḥ（我求見三德，自性為獨存，如跛盲人合，由義生世間）（真諦譯）

此乃極其有名之偈文，故將原文與譯文並列。其頌意如次：神我欲見自性之相，自性欲助我之獨存，遂產生主觀、客觀聯合活動的現象界，此恰如有眼不能動的跛子（神我），藉由與能動而不得見的盲人（自性）之聯合而達到目的。亦即依據此說，兩元的相合終將分離，一切的活動世界都趨向解脫之道，更且此乃基於兩元本來的性質，可以說是自然的運行。依筆者所見，相較於前述之無明說，其意義較為深遠。雖然如此，就表面而言，此說之不徹底一如前述，兩元本來之性質似乎想要相合，但未合以前就期待分離，此無知覺之自性說是任運，卻為神我作思計，如此之論說實是可笑。更且若是任運結合任運分離，則與時間一到自然解脫的時節論師所說相同，同時，解脫後是否將再任運結合等等，將有種種問題產生。

依此看來，數論所說的結合之因，在論理上，完全無法獲得圓滿的解答。此亦當然，以解剖結合之現狀而獲得的物心之二元，已是終極，實在無法再探究其結合之前。亦即數論雖避開一元論之難點，卻不能免於二元論的難點。

若是如此，數論所說結合之因豈非成為全無根據之論，的確，從純理論而言，此完全只是一種臆測。但反過來說，從道德宗教亦即實踐的立場而言，此並非毫無根據。從前述二說之間，吾人得以窺出其莫大意義。按吾人常為喜、怒、哀、樂所制，不能確乎安心立命之所以，即在於吾人常受物慾所誘，故自身所具偉大的精神不能發揮。詳言之，由於物質，心的光輝暗昧，心靈受制於肉體，理想被現實蒙蔽，將感覺界的事象視為就是全體，卻忘了另有理想的精神生活存在。數論所以認為此世界是迷執之產物，形成此世界的物心結合之因在於無明，正是痛切此感所致。而脫離現實感覺的肉體生活之束縛，謀求神我之獨立，不外於是為達其精神的理想生活。亦即在此意義上，得以充分理解數論將感覺的事象視為我所有，視物心結合在於無明之所以。雖然如此，若依向上的修行門觀之，實更有另外之意趣。用精神征服肉體，讓心靈從物質的束縛掙脫的道行就是修行，吾人一旦趣向此道，從來被視為惡的物質或肉體絕非吾人之對敵。換言之，從來惡業之機關的手足成為勇猛精進之機關，從前妄想之泉源的心（覺）成為真智之主體，最後轉變成理想精神生活的助力。在此一意義上，吾人的修行並不是心靈對物質的戰爭，而是利用。基於此一立場，則物心之結合成為心離物之手段，物為心之善友。數論為離而合的真意在此。要言之，物與心無始以來即是相結合，且一直想要脫離，此世界是迷的結果，同時也是覺悟的道場，如此才是數論之正意。但不可忘的是，如此的理論僅用於吾人實際之修養時。

第四章　現象論

第一節　現象生起之次第

如上所述，兩元結合的原因雖有如此種種難點，但無論如何，萬有之開展是因於兩元交涉而自性的三德不平衡所致。其順序如前所述，茲列之如次：

自性—覺（大）—我慢 ｛ 十一根
　　　　　　　　　　｛ 五唯—五大

《僧佉耶頌》〈二二〉，《僧佉耶經》〈一，六一〉曰：

由自性生大，由大生我慢，由此生十六聚類（十一根、五唯），由十六中之五（五唯）生五大。

「大」以下的二十三諦是所謂現象界的事項，如同自性，都是以三德為性，但大體而言，上位者，喜德為勝；下位者，憂、暗之德較勝。二十三諦中，只有十一根與五大等十六諦是變異之終極，大、我慢與五唯等七諦有或由他者所變，或自身變他之作用。《僧佉耶頌》〈三〉曰：

根本自性（mūlaprakṛti）非變異，大等七者是本性亦變異。十六惟變異。神我非本性非變異。

亦即將二十五諦全部作四句分別時，圖示如次：

四句	
唯本	自性
唯變	五大、十一根
亦本亦變	大、我慢、五唯
非本非變	神我

依據一般的進化說，自性發展成覺時，已失去自性之位，同樣的，大發展成我慢時，其位已失，但數論的發展說是一種分泌論（Emanation theory），故未必得以如此視之。而是發展之後，依然保有自位，此恰如產子之後，父母猶存。在此一方面，數論是繼承梨俱吠陀以來的緣起論，從而在此意義上，數論的自性異於中國人所說的混沌之氣，不只是世界開闢以前之位，且是開闢以後恒存之太源。總之，數論認為自性與七諦（亦本亦變）以及十六諦（唯變）之間，有時間上的因果關係，同時也有空間上的併存關係。此因數論一方面採用世界開闢說之原型，另一方面採用學派時代解剖考察有情組織的特徵，巧妙調合兩者而形成此二十三諦之發展觀，此係由緣起觀與併存觀交織所成。二十三諦的性質擬於後述，在此主要是探究其間的發展關係。

自性的第一次發展是「大」，亦即覺，將大與其次的我慢視為緣起之系列時，其地位也有問題。此因覺或我慢通常被當作是各人的心理機關之一，在緣起觀中，其下產生客觀世界要素之五唯與五大。數論若是將世界視為心之表象，則認為由心理機關產生世界也無妨，但顯然是認為此乃客觀的共通性，故其間存在著難點。依筆者所見，會通此難點的唯一之道，應是依兩重之立場觀察及解釋覺與我慢之地位。亦即依併立的關係視此為個人的，依緣起的關係而視為宇宙的。「覺」之異名的大（mahat），是將奧義書的大我（mahātman）除去「我」字，而當作是金胎神（Hiraṇyagarbha）之名稱，前文對此業已述之。數論否定大我與創造神，卻保存其「大」字，當作覺的代用語，此乃相當值得注意的。《金七十論》（《僧佉耶頌》〈二二〉之註，大正五四，頁一二五〇，下）註釋「大」之名曰：

> 大者或名覺，或名為想，或名偏滿或名為智，或名為慧，是大即於智故大得智（之名）。

此中的「偏滿」，數論若全然視為是個人的心理機關，則絕對不可能用「偏滿」一語。由於蘊含世界之意義，故名之為偏滿。所謂「是大即於智」，意指此世界之大是個人最微妙的理性作用，此即數論對此的二種態度。就此意義而言，瓦闍斯巴第密修羅對《僧佉耶經》〈一，六三〉作的註釋可說最為得當。其文曰：

> 如諸往世書及其他所說，瑜伽僧佉耶亦以物質世界之創造為總覺（samaṣṭi-buddhi）之作用，而非別覺（vyaṣṭi-buddhi）之作用。

「總覺」是指世界性的，「別覺」是指個人的，此正是覺的二方面。當然此一術語借用自吠檀多，其思想也有可能來自吠檀多，然其之所說確能啟發數論之祕義。若是如此，則緣起位的覺，亦即所謂的大，只是自性初始發動之位，是三德之平衡雖被破壞而混沌未免的狀態。

情形如同「大」，「我慢」也有兩方面。在世界方面，梵書及奧義書謂神創造世界時，起「我今欲繁殖」之慾望，此如前述。若是如此，如何由此世界的大生出世界的我慢？依據《僧佉耶頌》〈二五〉（《僧佉耶經》〈二，一七～一八〉），此乃「大」的三德更明顯分化的結果。亦即依據大的三德之分化，由三德分別出生我慢之三態，終致開展出現象界之雜多。所謂我慢之三態，是指變異我慢（vaikṛtaahaṅkāra）、大初我慢（bhūtādy-ahaṅkāra）、焰熾我慢（taijasa-ahaṅkāra）等。第一種是由大的喜德方面出生，第二由闇德出生，第三由憂德出生。當然此乃我慢的三個方面，但從爾後產生變異，各個我慢各有所司看來，也可以視為是三我慢。

就三我慢出生十一根五唯的順序而言，變異我慢的喜德勝，光照輕快，故適合心理機關發展，亦即出生五知根、五作根與心根等十一根。大初我慢的闇德勝，闇重，故適合出生純物質，出生五唯。最後的焰熾我慢是憂德勝，富於活動性，故扶兩我慢，出生十一根與五大。從中可以窺見數論派有主意說的傾向，但既然是神話的變體，其中有多少哲理存在，不得而知。

其次關於依五唯（pañca tanmātrāṇi）而發生五大（pañca mahābhūtāni）的經過，就筆者所知，此有二說。其一是以《金七十論釋》（《僧佉耶頌》〈二二〉之註，大正五四，頁一二五〇，下，同書〈三八〉之註，大正五四，頁一二五四，中）為代表，由聲唯空大發生，由觸唯風大發生，由色唯火大發生，由味唯水大發生，由香唯地大發生。其二，以瓦闍斯巴第密修羅所說為代表（Kaumudī 22），由聲唯生空大，聲、觸二合生風大，聲、觸、色三合生火大，聲、觸、色、味四合生水大，五唯全合生地大。此二說皆見於《摩訶婆羅多》（參考本篇第二章第三節），若從《智度論》第七十（大正二五，頁五四六，下）將瓦闍斯巴第密修羅所揭當作數論之說看來，瓦闍斯巴第密修羅所揭應是一般之通說。空中有聲的性質，風中有聲與觸之性質，火中有聲、觸與色的性質，水中有聲、觸、色與味等四種性質，聲、觸、色、味與香等性質，於地中全然具備。

以上所述，簡單圖表如次：

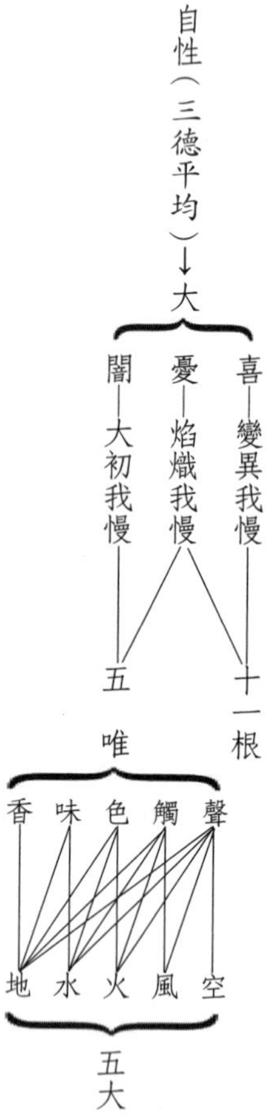

第二節　世界觀

數論所著重的，在於有情，尤其是人生問題的解決，物質性的宇宙論非其目標。《僧佉耶頌》中完全沒有關於宇宙論的偈頌，為反駁商羯羅派與中觀佛教的無宇宙說，《僧佉耶經》所提出的世界實有之論述，也只有二、三句而已（《僧佉耶經》〈一，七八～七九〉）。換言之，數論完全承受從來的一般世界觀，僅只加上此係自性發展之結果。其存在的意義完全是因應有情之業，提供其輪迴之舞台，托身此間的，是後文所將述及的天、人、獸等三道十四生。故相對於有情之稱為食者（bhoktṛ），亦即能驗者，將世界稱為被食者（bhogya），亦即被驗者，又基於此處是有情獲得業果證解脫之道場，故名之為恩惠世間（anugraha-sarga）。從而有情若得以解脫，其存在之意義頓時失去，依逆向之發展而逐漸歸向於自性。但實際上，仍有諸多未解脫者，因此在客觀上，世界依然繼續存在。可以說數論的世界觀具有唯心論的傾向，實令人有不勝奇異之感。

依據數論派所說，物器世界的構成要素是五唯與五大。五唯屬微細物質（sūkṣma-bhūta），粗物質的五大各個具有種種的性質——例如地有色、聲、香、味與觸——，反之，五唯只有一種特有的性質，故名為「唯」（tat-mātra）。此非吾人之感覺所能認識，是細身之維持者，並能形成天上界，因此是一種具體之物質，可以說是原元素（Urelement）。相對於五大為「有區別」（viśeṣa），此名「無區別」（aviśeṣa）。何以假定如此之物質？此係因於在作物理觀察而探尋組織細身之維持者（亦即靈魂身）時，發現現實的地、水、火、風、空過於粗大，經驗上，現實的五大具有種種性質，故不能當作根本的原素。另就歷史而言，在奧義書初期既已萌芽[1]，其名稱也見於《普拉修那奧義書》〈四，八〉、《邁伊多拉亞那奧義書》〈三，二〉等，經由《摩訶婆羅多》後，遂被數論採用。五大更無須贅言，幾乎是印度一般的通說，在奧義書時代業已圓熟，不同的是，數論將之視為五唯之混合物，可以說是一種特徵（此觀點亦常見於其他宗派）。五唯與五大所成的世界，數論大體分為天、空、地三部分，天界主要是五唯所成，地界主要由五大所成。

與世界觀有關連的，一如他派，數論也有劫滅（pralaya）之說。《僧佉耶經》〈六，四二〉述其原因，亦即依三德平衡而有劫滅，三德不平衡而有發生（sṛṣṭi）。亦即以三德說作為解釋。嘎貝認為大體上印度劫滅思想之興起肇始自數論派，其他學派逐漸跟進[2]。此一論點筆者難以接受。劫滅說應是發自奧義書，是諸學派共通的教理，對於此一論點，筆者業已述及[3]。今略揭嘎貝所說之非理如次：（一）如同嘎貝自已亦覺怪異，對於劫滅說，《僧佉耶頌》與《僧佉耶經》絲毫不見組織性的論述，而是當作既定事實偶然

1. 《印度哲學宗教史》，第三篇第三章第二節之二。
2. Garbe, Sāṅkh. Ph. S. 220~222.
3. 《印度哲學宗教史》，第三篇第三章第二節，及第五篇第二章。

提及而已。（二）劫滅說與世界觀的關係更甚於有情觀，但如同前述，數論對世界觀之留意較少。（三）自性既然無知，何以於一定時期世界必回歸於己？（四）劫滅時，一切變異消融於自性，神我機關的細身亦還沒於自性，從而此時神我必然獨立而成為解脫的狀態。若是如此，此與時節論師所說毫無差異，若是如此，將形成無須修行亦得解脫之結論。此乃數論斷然所不許的。亦即劫滅說與數論所說尚無法調合，何況將之視為數論特有？數論所以採用此說，並用三德說予以解釋，正因當時此說已是一般之所承認。

附記：此稿完成之際，因高楠教授提醒，遂再次一讀嘎貝的《數論及瑜伽》（Sāṅkhya und Yoga）。發現由於耶克畢（Jacobi）提出駁論，因此，在此書中，嘎貝已取消其說[4]。誠應如此。但耶克畢是就《阿闥婆吠陀》已有劫滅說而反對其說，對於何故劫滅說之理論並非興起於數論派並沒有觸及，是故筆者仍依照原定計劃出稿，不作更動。

第三節　有情論

有情論，狹義言之，就是人生論，此乃數論傾其全力予以研究的問題，是數論的思想中心。今分成若干條項論述。

一、**組織**　有情的組織是由身心組成。換言之，覺等二十三諦作為生理心理機關，抱持神我才形成此認識力活動力皆具足的有情。《僧佉耶經》〈六，六三〉將有情定義為「特殊化的生命」（viśiṣṭasya-

4. Garbe, Sāṅkhya und Yoga. S 16.

jīvatvam），但原先是將同性的各個神我因身體制限而各具特殊形色的，名為有情。依據數論所說，有情的身體有二重組織。即「細身」（sūkṣma-śarīra）與「粗身」（sthūla-śarīra）。細身即是靈魂身，此係貫串生死之身，粗身是指因生死而得捨的肉團身。組成細身的要素有十八物，即：覺、我慢、十一根與五唯，覺、我慢與十一根等十三要素是心理機關，五唯是維持十三要素的物質基礎。此十八物都是有機的結合，若仍與「我」有關係，則永久渾融一體，維持其體系，絕無偶然或任運而致解體。《僧佉耶經》〈三，一三〉指出此如同太陽光線。薰習吾人善惡業令不失散，且令各神我的組織特殊化的，即此，基於此，故將細身名為「相身」（liṅgaśarīra），亦即有情之特徵身。依據《僧佉耶經》〈三，一四〉所說，其量等同極微量，但《金七十論》（《僧佉耶頌》〈三九〉之註，大正五四，頁一二五四，下）說是聖者所見，「細身中手、足、頭面、腹、背形量人相具足。」是一有情之單位及其原型，但就吾人言之，是超經驗的（atīndriya），且未得粗身時，其機關不能發揮能力（《僧佉耶頌》〈四〇〉）。

僅只得粗身時，此細身才能成為現實之有情，但無論是《僧佉耶頌》或《僧佉耶經》，並沒有言及其第一次的經過，亦即自性發展成有情的順序。此因第一次的說明實際上是不可能的。故從第二次的，即托胎於父母開始說明。首先有一細身依其所造業決定當來所得運命。父母和合時，山岩城壁不能屏障而直趣托胎。經一定時期，「六依」（ṣāṭkauṣika）具足，粗身完成，此名「父母所生身」（mātāpitṛja）。六依是指血、肉、筋、爪、毛、骨，前三者從母親獲得，後三者得自父親（《金七十論》〈三九〉之註，大正五四，頁一二五四，下。《僧佉耶經》〈三，七～一一〉）。但對於作成粗身的物質，看法有別，《金七十論》（《僧佉耶頌》〈一七〉之註，大正五四，頁一二四九，中）以及《僧佉耶經》〈三，一七〉說是「五大所生」（pañcabhautika），《僧佉耶經》〈三，一八～一九〉說是除去空的四大所生，或說只是地大一原素所成，《僧佉耶經》〈五，一一二〉更舉出只是地大所成的理由。起初恐是五大說，爾後受尼夜耶及吠世師迦派影響，遂改成地大說，但認為身體是由血淚、暖氣、呼吸等所成之四大說應是最為穩當的。

進而產生的問題是：如此的身體組織如何與神我結合？前文述及自性與神我之關係時，對此業已述及，但實際上，數論如此煩瑣論述，與其說是本體論上問題，不如說是身心關係論的問題。從而對此的解答也有種種，但免不了還是不徹底。此因現實上，有情具備認識的方面與活動的方面，兼備神我的特質與物質，但從理論而言，神我與身體正相反，無論如何都無法渾然合成一體。因此，數論施以種種比喻強說明。其中最著名的是《僧佉耶頌》〈五九〉的演員與觀眾的比喻，將神我比喻為觀眾，將自性比喻為演員，如同戲劇的演出須有觀眾與演員的結合，神我與身體相依才成立有情。亦即以理論思之，猶如本體論中的盲者跛者譬，神我有主觀性的自我傾向而欲見，身體有自性之自我傾向而被見，兩者結合，作用才齊全。《僧佉耶經》又用鐵與磁石比喻二者的關係，鐵與磁石雖是異物，但二者之間有引力作用，身心的關係亦然，亦即二者原來有別，結合後仍然有別，依然有主觀與客觀之別，然於其主觀、客觀之區別處，仍有相輔的關係，連絡不絕。從而身體造種種業，薰習細身，隨著「我」輪迴諸趣，但「我」只能觀見，絲毫不能給予動作，恰如演員（身體）在舞台（世界）現種種形相，演出喜劇悲劇，是因為有觀眾（神我）的關係，但觀眾只是安坐觀戲，對於演出並無任何著力之處。此乃神我能維持其純淨本性之所以。柁暹曾將身心的組織以圖表示，茲引用[5]如次。

---

5. Deussen, Allg. Ges. d. Ph. 1. 3. S. 448.

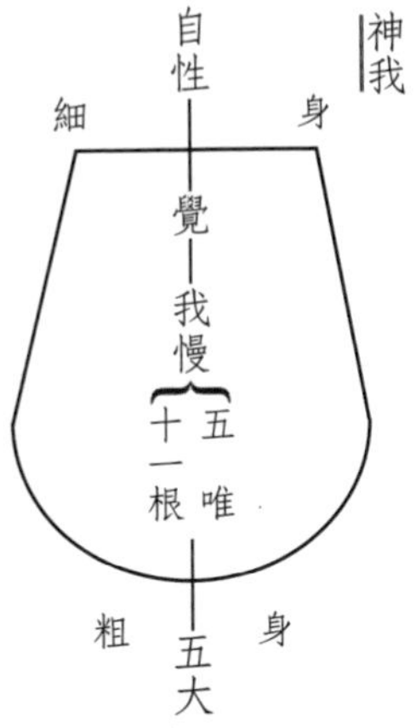

雖然如此，但此中仍存在著問題。若精神與身體結合仍然維持各自的本性，則兩者如何交通？現實上，當神我生起「我行走」「我受苦」「我老去」時，豈非已涉及活動？而本來無知覺的覺、我慢與十一根如何表現知覺的精神狀態？對此，《僧佉耶頌》〈二〇〉作如此之回答：

tasmāt tat-saṁyogād acetanaṁ cetanāvad iva liṅgaṁ, guṇakartṛtve ca tathā kartā-iva bhavaty udāsīnaḥ.

三德合人故，無知（心理機關）如知者，三德能作故，中直（我）如作者（真諦譯）。

此乃非常有名之偈頌，其頌意如次：身體與神我結合相互影響，無知的心理機關成為知覺的，非作者的我也能活動。但剋實而言，偈頌中，「如」（iva）一語用了二次，但並沒有說明神我與身體結合時，何以其本來性質不能持續，而是顯現「如」他者的相狀？《僧佉耶經》對此，提出吠檀多派的「制限」（upādhi）說，認為是身體制限「我」，此恰如虛空受瓶等之制限而分成一個個的虛空，又如紅花之前置放水晶，水晶遂成為紅色，普遍的神我受身體制限而成活動體。但制限說在吠檀多派也是有問題的理論，何況數論主張多我，也承認制限的身體是實在的，是故要維持此說實為困難，總之，除了「如」以外，《僧佉耶頌》沒有作任何解釋。進而毘修釀那皮庫修提出有名的「反影說」（pratibimba），認為是我的作用反影於身體，身體的作用反影於我，故縱使只是一種「見」，但開通了兩者交通之道，相互影響。此雖是吠檀多派及商羯羅派發展出的教理[6]，但就數論的教理而言，恐是最為妥當的。總之，如同笛卡爾以來，身心關係論一直是西洋哲學上的謎團，就數論而言，此亦屬無從根本解決的難題。

二、心理作用之一斑　就數論宗義而言，心理現象的本源是神我，覺及我慢、十一根只是物質的生理組織。如前文所述，由於受我的反影，在經驗的意義上，此等成為心理現象的分擔者。數論將此十三種大體分成二類。內具（antaḥ-karaṇa），即純然的精神的機關，以及外具（bāhya-karaṇa），即外部的機關。覺、我慢與心等三種屬於前者，十根屬於後者。今簡略一一述其特色：

覺（buddhi）。覺又名為心（citta）。此居心理機關最上位，用現今語言而言，是理性的機能。其特相是「司掌決智」（adhyavasāya），即推理判斷，彙集其他十二具的經驗作判斷，並傳奏予神我。亦即此係精神全體之統轄者，《僧佉耶經》（〈二，四〇〉；同經〈四七〉）將之比擬為群臣中之宰相。輪迴之因的業或解脫之因的正智皆此覺所司，故其責最重。

我慢（ahaṁkāra）。我慢即我執（abhimāna）之機關，吾人所以有「吾苦」「吾欲」等自我意識，其因在於有此我慢。就數論的宗義而言，由於有此我慢，故將只是肉體作用的苦樂思惟為「我所有」，並產生愛憎，就此而言，類似唯識佛教的「末那識」（manovijñāna）。吾人所以追求快樂逃避不快樂，因而生起種種行動，即是由此機關掌管。若將五知根視為隸屬於覺，則五作根隸屬於我慢。

意（manas）。意（或譯為心）是司掌分別（saṁkalpaka）的機關，意的任務是與五知根共同經營外界

6.《梵經》〈一，一，一〉。

的知覺，並與五作根共同經營行為。古來對於此 manas 的解釋，各派各有異說，勝論視為如同神經機關，量極微，迅速迴轉於體內，司知覺與運動。今依數論將意與十根並說看來，似乎略似勝論所說，但又從視此為分別機關看來，顯然是視為純然的精神能力，故其地位頗為曖昧。大概類似佛教的第六意識。

十根（indriya）。「根」原是能力之義，廣義而言，三內具雖也包含在內，但通常是作為五知根、五作根等外具的名稱。關於此根之體，不僅各派之間頗有異論，就是同樣的數論派中也是諸說紛紜，或說是五唯所成，或說是五大所成。此因五知根或五作根從外表上屬於肉團身。但《僧佉耶頌》與《僧佉耶經》因應此十根是由我慢發展之說，而說其體是狹義的超乎物質的，外形上的眼耳與手足只是「根依處」（adhiṣṭhāna），根的實體是在內部。《僧佉耶經》〈二，二三〉說根是超感的，唯迷執者才執根依處為根。亦即採用佛教所說扶塵根與勝義根之區分，認為勝義根是真根。十三具或具足細身所以極微量的原因在此。

十根中，就五知根（buddhīndriya, jñānendriya）的作用而言，眼（cakṣus）感受色境，耳（śrotra）感受聲境，鼻（ghrāṇa）感受香境，舌（jihvā）感受味境，皮（tvac）感受一切觸境。關於五境，就天人而言，只以五唯為性質，在人類則以五大為性質（《僧佉耶頌》〈三四〉）。其次關於五作根（karmendriya）的作用，舌（vāc）是發出語言的機關，手（pāṇi）是執捉物體的機關，足（pāda）是步行機關，排泄器（pāyu）是排泄機關，生殖器（upastha）是生殖機關。

基於以上部分的說明，更概括性地敘述一般的心理作用，首先外具的十根作用皆對現在之境，且各有固定的分限，不能超越其分。例如手的作用只能握現在的物體，過去及未來皆不能及，耳只緣現在之聲，不能緣色境。反之，其內具之作用不限於現境，亦及於過去，故不限於特定之境，透過十根，以一切材料為所緣之境。在此意義上，《僧佉耶頌》〈三五〉將外具名為「門」（dvāra），內具名為「門之所有者」（dvārin），門只不過是出入口，但門的所有者能見從門進入的全部。進而此十三具共同的心理作用分成二途，即外界的知覺與行為。在外界的知覺方面，其起點始於外界，終於神我。首先對象經由五知根之門入內時，「意」予以表象化傳送予我慢，「我慢」視此為我所有，附予快或不快之評價再傳達予覺，「覺」附上最後的決定予以統轄，最後反影的傳奏予「我」，由我作認識。毘修酿那皮庫修以國王與官吏之職制擬之如次：首先村長向各戶徵租稅送予知事，知事送予大臣，大臣更呈予國王（Kaumudī 36）。但此時傳達的內容非實物，而是實物之刺激令各機關生起「進化」（pariṇāma），由此進化狀態傳奏於我（Kaumudī 37）。

其次在行為上，它與認識的經過恰好相反，起點在內部，終點在外部。但廣義而言，此時其原動力雖是神我起「想見」的要求，但我與行動並無直接關係，因此狹義的起點是覺，尤其我慢成為有力的發動者。亦即我慢生起動機，意思忖其手段，命令十根（尤其是五作根），令生起行動。《金七十論》（《僧佉耶頌》〈三一〉之註，大正五四，頁一二五三，上）以例說明其順序：

一梵行婆羅門問言某處有皮陀師能教弟子如意受學，我今決定當往彼學。此即是大作此覺知。是我慢得大意已作如是計：一切婆羅門所有校具我悉將去，為欲往彼使心不散。是心得我慢意已，作是分別：我當先學何皮陀……。外根知心分別已，眼能看路，耳聞他語，手持澡罐，足能蹈路，各個作事。

要言之，數論的心理學可說是一種生理的心理學。覺、我慢與意等的微妙作用，從本質上而言，不外於微細的生理組織之活動，此似乎與唯物論的心理學頗為相似。但數論認為其根底有認識的主體，或意識本源或不變常恒之神我，因此仍與唯物論的心理學大為不同，另就並不是將神我視為行為的發動者而言，免不了仍是機械論的觀察。

與數論的心理觀有關連的是五風說。所謂的五風說，是指將吾人肉體的生理作用歸於「五種生氣」（prāṇa）的考察，自奧義書以來，此成為印度一般的生理說。數論思想淵源的《泰提利亞奧義書》的「五藏說」也認為此乃生氣所成，視之為心身組織的一部分，吠檀多派視此與十根都是獨立的機關。數論不認為此乃二十三諦以外之要素，而是諸根共同結果所生之作用，此恐是起初忘了置入，後來基於必要才補上的。《金七十論》（大正五四，頁一二五二，下）將此諸根共同解為是十三具之全部，但依《僧佉耶頌》〈二九〉及《僧佉耶經》〈二，三〇～三一〉所載，本意應只是覺、慢、心三內具共同之結果。五風是指波那（prāṇa，出風）、阿波那（apāna，入風）、優陀那（udāna，上風）、婆那（vyāna，介風）、娑摩那（samāna，等風），依學派不同，其義略有差異，故難以下適當譯語。今依《金七十論》（大正五四，頁一二五二，下）及毘修醢那皮庫修所說觀之：（一）波那，通常當作呼吸或出息，在此是指以鼻口為通路，遍及心臟、臍及足趾，並司掌吾人之步行與靜止。若是以鼻口為通路，應是意指呼吸，但不知其所說的「遍及足趾」是何義。（二）阿波那，意指入息，依據《金七十論》（同上）所說，此風在首、背、脛及口邊等，我人之恐懼畏縮也是它的作用，從而風多的人其性怯懦。此恐是依據我人恐懼時暫時停止呼吸等而作此解釋。（三）優陀那，此即遍及心臟、頭首、口蓋及眉間等的風，憍慢心之起是其之作用。（四）婆那，其性遍及整個皮膚，又極易離去。此風能使我人孤獨不樂，又此風各別離去時終將至死。（五）娑摩那，位處心臟內，其特質是能攝持物。從而此風多的人性慳貪。要言之，五風說是一種空想的生理觀，不瞭解其中有多少程度的經驗結果，但依前述說明可知，即如同西洋哲學中體質與氣分的關係。

三、心態（bhāva）

前項所述是心理活動的一般樣式，若就精神內容觀察，其種類幾乎無盡數。

數論名此為心態。此因 bhāva 為狀態或念想義，相當於佛教所說的心所（caitasika）。真諦譯為「有」是直譯，是取心的存在狀態義。如同佛教對「心所論」詳加研究，數論也詳加探討「心態論」。此因吾人或是輪廻或是解脫都是因於吾人之心（心態），故心態論是心理觀同時也是倫理觀。

依據數論所說，吾人之心態無庸贅言，是一時的，或是甲的心態移至乙的心態，或成完全無意識的狀態。雖然如此，但並非如波濤之起伏，而是其印象殘留在細身，尤其是在覺之中，長久保存恰如於田中播種，當其發生時，遂成結果之原動力。若用術語予以表示，此印象名為「薰習」（vāsanā），受薰習之結果名為「業」（karma）或「行」（saṁskāra）。現世記憶的原理在此，進而吾人先天能力得以保存之所以，或種種運命之所以，也完全在此，換言之，前世心態的薰習於心理上再現，於倫理上令獲得相當的報酬。在此意義上，心態是吾人複雜心理作用的基礎，同時也是倫理責任的基礎。彼細身常住，不得解脫不被破壞的理由也在此，心態或成薰習，薰習或成心態，因果連綿不絕，其所依止細身亦無破壞之間隙。《僧佉耶頌》〈五二〉曰：

離心態無細身，離細身無心態。

若是如此，此心態究竟是吾人先天具備或後天所得？數論認為此二者都是。亦即前世心態的再現與今世的新經驗。《僧佉耶頌》〈四三〉曰：

Sāṁsiddhikāś ca bhāvāḥ prākṛtikā kaikṛtitāś ca dharmādyāḥ, dṛṣṭāḥ kāraṇāśrayiṇaḥ kāryāśrayiṇaś ca kalalādyāḥ.

法等諸心態有自然成就（prakṛtika）與變異成就（vaikṛtita）之別。其一依內具，另一依迦羅等。此乃吾人之所經驗。

真諦將此句譯為「因善自性成，變異得有三，已見依內具，依細迦羅等」（《金七十論》，大正五四，頁一二五五，中），但說為「三」是錯誤的，其實只有「自性成」與「變異得」二種[7]。《僧佉耶頌》所說的心是法非法等的心態，有先天的（自然成就）與後天的（變異成就）差別，此乃吾人之經驗，先天的，是內具，亦即細身是天生所具，而後天的，是指托胎以後（迦羅意指托胎後稍具凝滑的樣子），至死之前現身所得的。類似佛教唯識家護法派所說的本有種子與新薰種子。

若是如此，數論所說的心態其種類如何？實際言之，當然是無際限的。但對數論之目的具有意義的，只在與迷悟有關的部分，數論依此標準提出八分說與五十分說等二種分類。

八分說　八分說是將覺的作用從善的四方面與惡的四方面觀察。依據《僧佉耶頌》〈二三〉所說，覺的喜德勝時，善的四心態顯現，憂、暗之德勝時，惡的四心態顯現。八分是指法（dharma）、非法（adharma）、智慧（jñāna）、無智（ajñāna）、離欲（virāga）、憂欲（rāga）、自在（aiśvarya）、非自在（anaiśvarya），換言之，將吾人性格或修養狀態分成四方面，進而又作積極的與消極的分類（《僧佉耶頌》〈二三〉）。

法　法主要是指有關意志（亦即德行）之心態，有夜摩法（yama，禁制）與尼夜摩法（niyama，勸誡）二種。依據《金七十論》卷上（大正五四，頁一二五0，下）所載，夜摩法是指守持無瞋恚、恭敬師尊、內外清淨、減損飲食與不放逸等五事，尼夜摩法是指守持不殺、不盜、實語、梵行與無諂曲等五事。但

7. Deussen, Allg. Ges. d. Ph. S. 450.

夜摩法通常意指消極的禁制，尼夜摩法意指積極的德目，《金七十論》的解釋正好與此相反。

非法　與法相反的心態，亦即破夜摩與尼夜摩。

智慧　智慧是指純然的理智的心態，依據《金七十論》（大正五四，頁一二五一，上）所載，此有內外二智。外智是指與數論宗義無直接關係的一般智證，通於六吠陀分等[8]，內智是指有關數論宗義的智識。

無智　智慧的相反。

離欲　離欲與憂欲主要是指與動機化的感情有關之心態。依據《金七十論》（大正五四，頁一二五一，上）所載，因應智慧的種類，離欲也分內外二種。作為外智之結果，能見執著世間之過失而離世欲的是外離欲；作為內智之結果，連自性（主要的身體）也厭離的是內離欲。

憂欲　離欲的相反。

自在　自在是指精神能力之中，專與神通（siddhi）有關的心態。依據《金七十論》（大正五四，頁一二五一，上）所載，此有八種。（一）隨意令身微細。（二）令身輕妙。（三）令身遍滿。（四）隨意得一切。（五）成為世間的統制者。（六）一時能使用一切者。（七）能自主獨立。（八）隨意住任何處所等。此與《摩訶婆羅多》的八神通實是相同。

非自在　自在的相反。

相對於此八心態的倫理結果，《僧佉耶頌》〈四四～四五〉所說如次。

8.《印度哲學宗教史》第四篇第一章。

因善法向上，因非法向下。因智慧而有解脫，反之為繫縛。
離欲故沒性，憂欲故有輪迴，依自在有無礙，反之為障礙。

亦即法與非法是吾人命運幸與不幸之因，智慧與無智是解脫與繫縛之因，離欲與憂欲是安立與不安之因（性沒意指雖未解脫，但已離身心動搖，三德呈平衡狀態），自在與非自在是無礙與障礙之因。

五十分說　八分說雖然也是有關迷悟之分類，但並非依序建立。《僧佉耶頌》〈四六～五一〉及《僧佉耶經》〈三，三七～四四〉將由迷至悟的順序分成四段，更細分為五十種心態。四段是指疑倒（viparyaya）、無能（aśakti）、喜（tuṣṭi）、成就（siddhi）。「疑倒」可直譯為反對，意指與悟相反的極重煩惱；「無能」非極重的煩惱，是指不能精進趨向解脫的狀態；「喜」是指雖未進正道，但已逐漸向此方向的狀態，「成就」是指正趣向解脫道的狀態。從而五十分說也可以視為是凡夫證悟之前的經過。此五十分若一一述說極其煩雜，故僅揭及名目而已。

疑倒（五）　暗（tamas）、痴（moha）、大痴（mahāmoha）、重闇（tāmisra）、盲暗（andhatāmisra）。

無能（二十八）　十一根的破壞以及後文所說的九喜八成就之相反。

喜（九）　喜有內外，內喜有四分，外喜有五分。內喜四分：（一）自性喜（prakṛtituṣṭi），自性知萬有之因而喜解脫。（二）取喜（upādānatuṣṭi），取出家道具而喜。（三）時節喜（kālatuṣṭi），喜時節若來，自應解脫。（四）感得喜（bhāgyatuṣṭi），感得解脫由頓悟而喜。外喜五分：（一）因財產難求而喜出家。（二）悲財產難以保護而喜出家。（三）悲財產消失而喜出家。（四）苦消失更欲更得苦而喜出家。（五）悲必須為財產起惡行而喜出家等。異於內喜是基於信仰與哲理，此五者不是真喜，故名外喜。

成就（八）　真正的真修有八位。（一）思量（ūha），思量二十五諦真實之義。（二）聞（śabda），從正師聞道。（三）讀誦（adhyayana），依聖教（數論）而研究。（四）～（六）離三苦（duḥkha-vighātās trayaḥ），究竟依內苦、依外苦、依天苦，起意欲解脫的願望。（七）得友（suhṛtprāpti），得善友共同修行與研究，（八）布施（dāna），施資材予師友而求道。

詳細的說明，請參照《金七十論》（大正五四，頁一二五六下～一二五八下）。

四、有情之種類　前項述及吾人之心態薰習覺而成為業，業的結果頓成輪迴轉生。此輪迴的範圍名為有情種類。數論簡略說為天道、人道與獸道等三道。但《僧佉耶頌》〈五三〉更予以細分成天道有八分，獸道有五分，人道唯有一分。依據《金七十論》（大正五四，頁一二五九，中）所載，天道八分是梵天（Brahmā）、世主（Prajāpati）、天帝（Indra）、乾闥婆（Gandharva）、阿修羅（Asura）、夜叉（Yakṣa）、羅剎（Rākṣa）、鬼神（Piśāca），亦即將吠陀以來重要的神祇予以代表性的網羅。獸道五分中，有四足生（四足獸）、飛行生（鳥類昆蟲類）、胸行生（蛇）、傍行生（蟹）、不行生（草木）。數論對天道及獸道雖作如此煩瑣之分類，但關於人類只說一道，不作四姓區別，此即暗示數論是持平等主義者，最值得注意。《僧佉耶經》〈五，一一一〉就有情之出生方式區別成六種，即所謂的六生。熱生（uṣmaja），即通常的濕生（svedaja），卵生（aṇḍaja），胎生（jarāyuja），種子生（udbhijja），分別生（sāṃkalpika）與化生（sāṃsiddhika）。從熱生直至種生，已見於奧義書，分別生是指意欲所生的神話人物，化生是指神通變化所成的，此都可歸入佛教所說的化生。依據數論所說，同樣的有情種類雖各式各樣，但主要還是在於三德的表現，大體說來，高等動物是喜德勝，下等動物是憂德勝與暗德勝。

第五章　數論派之修行解脫觀

先前數章已大致說明數論派的教理。剩下來的修行論與解脫論，其實也都包含在前文各處的說明中。但若不作敘述，體裁未得完整，故在此略作說明。

數論修行觀中，首先應注意的是，修行資格的探討。吠檀多派將修行者的資格限於三姓，首陀羅無此資格，但數論無此限制。《僧佉耶經》〈四，一～二〉（溫第修註）明言：只要有心，無論是婦人或首陀羅，乃至鬼神，學數論皆能解脫。此係數論以「人道唯一」所得之結論，如同佛教，有不拘泥種姓的優點。但數論對於教導弟子的教師資格有其嚴格限制。《僧佉耶》〈三，七八～八一〉指出如若自己尚未解脫，不能教導他人。以一知半解的方式教人恰如以盲引盲。其次關於修行方法與階位，也有種種說明，根本的大方針在於獲得了知自性與神我各別之「分別智」（vivekajña），並實際予以實現。若不能契此方針，縱使是善事，亦非數論所推許。例如《僧佉耶經》〈四，八〉揭出巴拉達王（Bharatarāja）於修行中拯救鹿子之例，告誡雖為善事，然非正當修行法，而是障礙修行的行為。此因善事只能令果報增上，卻不能解脫繫縛。其之不容世間道德如同吠檀多，但作為實際的宗教卻大劣於佛教。數論的修行目的完全是自利的。故就正當的修行而言，就是修先前所說的八成就，首先因三苦所迫，發願解脫，進而尋正師訪道，屏絕一切世間欲望，學習二十五諦真實之義，或聽聞或讀習，最後依禪定的修行而實現自己。《金七十論》（大正五四，頁一二五八，上）說此數論禪定的觀法進程為六行觀。亦即將二十五諦分成六位，由下位漸升進至自性的觀察。（一）思量位，觀五大之過失而遠離之。（二）持位，觀察十一根之過失而遠離之。（三）如位，觀五唯之過失而遠離之。（四）至位，觀我慢與八自在之過失而遠離之。（五）縮位，觀覺之過失而遠離之。（六）獨存位，觀自性之過失而遠離之，此即數論之最終歸趣。要言之，首先以遠離外界之執著為期，進而抑制擔當與外界交涉之任的十一根，更遠離內心之動搖，最後全然脫離肉體之習氣，進入純粹的精神生活，此即六行觀之主要目的。《僧佉耶頌》與《僧佉耶經》的本文表面上雖然沒有提及此六行觀，但就其適切吻合數論教理而言，筆者視之為數論派之代表修行法。

另一方面，若以本體論觀察，如此種種修行的修行者當體，無庸贅言，正是自性的作用。此因無論出家或觀法，或得真實智，皆與凝然的神我毫無關係，只是由最高機關的覺所司。在此意義上，自性是繫縛之因，同時也是解脫之因，先前述說自性與神我結合之因時，一方面稱為無分別智（無明），另一方面，說是因於解脫，不外於也是此意。依此見地，《僧佉耶頌》〈五七〉以下述說解脫之經過，茲引用其中較為重要的，並加上簡單註解作為此篇終結。首先說自性扶助神我之解脫，《僧佉耶頌》〈五七〉曰：

為增長犢子，無知轉為乳，為解脫人我，無知性亦爾。

對於自性為達其目的而停止發展的相狀，《僧佉耶頌》〈五九〉曰：

如伎出舞堂，現他還更隱，令我顯自身，自性離亦爾。

進而敘述神我本無輪迴亦無解脫，迷悟全是自性的作用，《僧佉耶頌》〈六二〉曰：

人無縛無脫，無輪轉生死，輪轉及繫縛，解脫唯自性。

說其輪廻解脫之因，《僧佉耶頌》〈六三〉曰：

自性因其七相（覺之八分中，除去智慧）自縛，依彼一相（智慧）而解脫（此頌無漢譯）。

說其證悟相狀，《僧佉耶頌》〈六四〉曰：

如是真實義，數習無餘故，無我及我所，無倒淨獨智。

亦即依二十五諦真實智，否定我慢執著自性之作用為我所的誤謬，產生大自覺。作為其結果所生的解脫分為二類。即：有身解脫（jīvanmukti）與究竟解脫（atyanta-kaivalya）。相當於佛教所說的有餘涅槃與無餘涅槃。關於前者，《僧佉耶頌》〈六五〉曰：

由智不更生，我意竟捨事，人我見自性，如靜住觀舞。

具體而言，已離肉身繫縛，故到達對身體苦樂與世間事變冷然無感知的聖者態度。從而其生活只是前世業力之暫續，已不再有任何欲望的活力，故無新的薰習力。《僧佉耶頌》〈六七〉曰：

由正遍知故，法等不成因，輪轉已直住，如輪身被成。

身體滅去時，即達究竟之解脫。《僧佉耶頌》〈六八〉：

捨身時事顯，自性遠離時，決定及畢竟，二獨存得成。

對於自性與神我分開後是否再度相合。《僧佉耶頌》〈六六〉曰：

我見已捨住，我被見離藏，自性我雖合，無用故不生。

亦即神我已見自性之本質，滿足本來傾向欲見的要求，自性也為神我所見，完成其本來任務，縱然再度相逢也不再結合而展開萬有。此因若本是分開，只是偶然的相合，則爾後亦應分而再合，但無始以來的結合是依修行力而脫離，故無須如此顧慮。若是如此，究竟獨存後的神我其當體又是如何？對此，《僧佉耶頌》與《僧佉耶經》都沒有作說明，但從本體觀而言，從《僧佉耶經》第五卷駁斥他派的解脫觀中，大略可以推察出來。要言之，解脫的我其當體無苦無樂無活動變化，只有本質之心（cinmātra）如玲瓏鏡，由於無相對的客觀，故亦無意識性的活動，是永恒的寂靜態，且此當體是超越時間空間的存在，故各解脫相互之間，既無制限亦無交涉，是各自獨立無伴之自存體。而此時自性的當體又是如何？所謂解脫是指自性脫離我，是故原則上自應復歸其非變異之當態。但自性非專屬一神我，仍有其他未解脫之我，故猶開展不止。《僧佉耶經》〈三，六三〉說依分別智而自性停止開展，但《僧佉耶經》〈六四〉說解脫是個人的，其他的迷者自性猶縛。此因解脫雖是自性與神我相離，但此非本體的，是與自性個人化的細身有關，一神我之解脫，只是其細身歸入自性。

筆者無意批評數論的解脫觀，只是想就此提出筆者對此的些許感想。要言之，數論的解脫觀是基於精神對物質或靈對肉的關係，以吾人完全脫離物質的束縛，全然以精神生活的獨立為目標。就吾人對絕對生命的宗教要求而言，此誠然是得當的理想。但數論並不是將精神生活視為自由活動的境地，而是以凝然不作之境界當作其本體觀自然的結論，因此可以說是相當無力的理想。數論既然將物質視為相對於精神生活的獨立的善有，何故不能維持直至解脫觀？如果數論所說的解脫之境地是能令先前善有的物質完全的靈化，成為精神的絕對忠僕，則其解脫觀將更添光彩與生氣。就此而言，無論如何偏袒，比起以活動的解脫為理想的大乘佛教及吠檀多，此乃數論終輸一籌之所以。

第四篇

瑜伽派 Yoga

第一章　總說

第一節　印度思想與瑜伽及其研究資料

作為數論派之姐妹派的瑜伽派，雖被列為六派之一，實際上，卻是六派之中最缺乏獨立意義的學派。此因其他五派各自具有相當的特徵，但瑜伽作為行法，自奧義書以降，幾乎是印度全體共通的修行法，是故難以視為是瑜伽派之特質。即使鉢顛闍梨（Patañjali）基於數論的見地，彙總從前諸式而撰述《瑜伽經》（Yoga-sūtra），也僅只於保存其獨立宗派之面目而已。但反過來說，正因如此，在印度思想史上，瑜伽的研究存在著不少必要的問題。此因瑜伽乃諸派共通之修行法，若不能了解，則無法知曉印度全體思想之意義。然而此一問題自古以來，不曾獲得印度學者任何同情。其因在於性質上，瑜伽富含神祕要素，甚至到了後世，往往墮於狂信，弘傳者唯圖凸顯其神通奇蹟，其真義遂被埋沒，終不得彰顯。愛德華霍爾（Fitz Edward Hall）在獲得二十八種瑜伽書時，曾經嘆曰：「余今披閱所獲二十八種瑜伽書之若干。切盼印度乃至歐洲之好事者再復一讀……」[1] 霍爾此言雖僅就怛特羅之瑜伽典籍而發，但對於去除瑜伽只是狂信產物的偏見相信是有所幫助的。時至今日，抱持如此極端見解的學者雖然不多，然而視瑜伽為迷信者還是不少，為防止如此誤判，筆者擬就印度思想與瑜伽之間的關係簡單略述如次。

1. Hall, Contribution p. 11.

瑜伽的意義雖有種種，然就現今的目的而言，可以從宗教、哲學與實際等三方面探求。首先就宗教的意義觀之，通常認為印度宗教以解脫為其最高目的。所謂的解脫，不外於泯沒小我而獲得絕對的生命，從而其實現的方法，在於抑制小我，以理想的絕對的生命為目標而專念於修行。瑜伽正是應此要求的一種修行法，克制肉欲，防止雜念，專注於冥想沉思正是瑜伽之本質，而此不外於解脫主義必然的過程。因此只要是承認解脫主義，無論願不願意，無論以任何方式否定瑜伽，必然招致自相矛盾之結果。進而就哲學的意義觀之，自奧義書以降，印度哲學是以自我觀為中心而發展，此如前述。以自我為中心之哲學，在認識論上，容易傾向於神祕主義，故無法以經驗或論理的思辯掌握自我之本質。唯有藉由強化其精神能力而默識心通，亦即以所謂的直感主義掌握之。此徵之於西洋柏拉圖系哲學與麥依斯帖爾艾庫哈脫的主張即可知之。瑜伽哲學的意義即在於此，而抑制肉體與感覺的動搖，專注於精神之凝集，不外於是在養成此直感的認識力。從而主張印度自我中心哲學有其深義者自然不容忽視瑜伽的哲學意義。最後就實際的意義觀之，印度整個國土大體屬於熱帶地區，其國民富於思考力，一般的傾向是喜好靜止甚於活動。閑居於郊外森林，於風涼月清之夜沉思低徊乃彼等所謂最愉悅之事。此即印度境內隱遁者多，山林成為理想住居之因，從而縱使不具任何哲學信條，也是將沉思冥想視為能讓自己高尚清靜的修養法，故產生如此風習也是自然之勢。更就實際意義觀之，瑜伽實際上是基於印度人天性而形成的一種修養法，從而對於一般印度人而言，其具有普遍的意義。就此而言，可以說瑜伽具有了解印度全體思想不可欠缺之特徵，另就修養法而言，無論任何時處，瑜伽都是一帖用得上的清涼劑。

此上所述是瑜伽對印度一般思想所具意義，亦即行法成立的一般條件。瑜伽行法無論從任何方向觀察，都是印度思想的自然產物，從而若予以忽視，即無法瞭解印度思想各方面所具深義。僅將瑜伽視為狂信產物的人忽視此本質性的意義，單憑其趨於極端的枝末現象作出評斷，終究不能得其正鵠。筆者並非否定瑜伽所含狂信要素或誇張之說明，乃至其中有詐偽報告之混入。瑜伽行者間最常見的現象是：動輒洋洋得意地表現常人所不能的奇特行法，誇大吹噓其神通奇蹟，尊崇極端的苦行，或將恣意於極端的肉慾視為瑜伽本意等等逸於常規之舉。然而此乃凡事必趨極端的印度人其性格使然，絕非瑜伽本意。佛教所採用的禪定三昧就是最穩健的精神行法，此從中國及日本人完成豁達自在的禪宗即可證之。

總而言之，瑜伽派作為獨立部派的特色雖然不多，但瑜伽本身正是印度的一般行法，只要是傾心於印度思想之研究，自然有必要予以探究。然而剋實言之，此一部門的研究其付出與收穫恐將不成比例，此因相關史料眾多，且難以施予組織性的彙整。僅就其行法形式見之，大抵大同小異，似乎頗為簡單，然若探究依此行法所實現的思想內容，則是一大篇思想史，欲適當地徜徉於其間，令思想與形式雙關並進實非易事。所幸此篇之目的無需涉及於全體之瑜伽史，筆者僅擬依據《瑜伽經》（Yoga-sūtra）略作探究，更且所探究也只是以形式為主，偶爾涉及於思想而已。

瑜伽研究的資料大體與數論相同。在古奧義書中，亦即在《泰提利亞》等屬於黑夜柔派的聖典中，是與數論思想並列述之；敘事詩中，亦即在《摩訶婆羅多》等所謂四哲學書中，也是與數論相提並論。對於筆者的探究而言，此等是最為必要的材料，此中揭出瑜伽思想在鉢顛闍梨撰述《瑜伽經》之前的發展經過。比起數論，瑜伽是更普遍的行法，若詳加研究，可以發現其相關資料遠多於數論。新奧義書中，有柁暹所謂的「瑜伽奧義書」等十數種瑜伽專門書；法典中，不只是《摩笯法典》，即使是《瓦西塔法論》（Vasiṣṭha-dharma-śāstra）或《阿帕參比雅法經》（Āpasambīya-dharma-sūtra），多少也有提及，諸往世書及怛特羅書（Tantra）更是大肆鋪陳。非婆羅門派中，耆那教亦甚為重視，如同黑默旃陀羅（Hemacandra）的《瑜伽論》（Yoga- śāstra），主要是以瑜伽來說明耆那教之教理。尤其是佛教，佛教初始雖然不用「瑜伽」一語，卻以禪那（dhyāna）與三摩地（samādhi，三昧）之語詞盛加推獎，其方式多少也影響到鉢顛闍梨的《瑜伽經》。要言之，奧義書以降，成書於學派時代的宗教哲學書幾乎沒有不言及瑜伽的，其盛況由此可知。到了後世，鉢顛闍梨的《瑜伽經》之外，無論婆羅門派或非婆羅門派皆盛行製作瑜伽專著，其數幾至汗牛充棟的地步。前文所揭霍爾發見的二十八種瑜伽書恐是乘此風潮之產物。對於此等一一予以系統性的研究並不容易，筆者當下的目的也不在此，是故此篇僅以古奧義書及《摩訶婆羅多》等四哲學書作為材料，藉以探究《瑜伽經》之前的發展狀況。

參考資料　第三篇第一章　數論的研究資料

第二節　瑜伽之定義與本質

yoga一語出自其語根yuj（結），此語本身有種種意義，然就術語而言，意為結合或抑制。通常音譯為瑜伽，或義譯作相應。恐是就禪修時，抑制五感，身心結合相應之方面命名。起初或與禪那（靜慮）結合，稱為禪那瑜伽（dhyāna-yoga），但逐漸成為統括性的，不只是禪那，三昧（samādhi）、執持（dhāraṇā）等等，亦包含在內，遂成為禪的行法之代表語。茲揭種種文書所載瑜伽若干定義如次：《卡達卡奧義書》〈六，一一〉曰：

堅定制御諸根名為瑜伽。

《邁伊多拉亞那奧義書》〈六，二五〉曰：

氣息與心之統一，以及諸根之統一，捨離一切念慮，此即瑜伽。

《薄伽梵歌》〈二，四八〉曰：

平靜（samatva）名為瑜伽。

鉢顛闍梨《瑜伽經》〈一，二〉曰：

抑制心之機能是為瑜伽。

要言之，身心制於一處，一心一境的修行即是瑜伽之本質。若干學者依據瑜伽有「結合」一義，以為此派初始是藉由禪修而獲得「人神結合」，故得「瑜伽」之名，然若依前述所揭種種定義觀之，彼等所言並不妥當。此毫無與神結合之義。況且瑜伽派之目的並非在於神人之結合，而是在於數論派所謂的身心分離，是故從教理而言，此非正當解釋。瑜伽的本質完全是修行法，以抑制五感的作用，捨離對外界的執著而歸於平靜為其宗旨，依如此修行的人，無關其信仰如何，皆可稱作瑜伽行者（yogin，瑜祇）。但需要予以注意的是，此一修行法本身不具任何意義，而是依其背後所含哲理決定。換言之，必須是為了實現體證某種哲理或理想而修瑜伽，如果只是含糊籠統雜亂地坐禪並非瑜伽主要意旨。如通常所言，此乃印度思想之特色，哲理必伴之以實行，實行與哲理相依相輔，知行合一的主義一直是堅執不移的。從而瑜伽本身只是單純的練心法，依其所結合哲理之差異，其之所實現自有相當的不同，其修行法也有種種類別。瑜伽所以分有種種流派，其實行派的瑜伽派也被視為哲學之一派，其因在此。到了後世，產生從二方面考察瑜伽的風氣，從形式方面的，稱為「作法瑜伽」（kriyā-yoga）或「努力瑜伽」（haṭha-yoga）；從精神內容方面的，稱作「智慧瑜伽」（Jñāna-yoga）或「王瑜伽」（rāja-yoga），如此的分化，不外於都是因於瑜伽此一特質所致。

參考書

Patañjali, The Aphorism of the Yoga Philosophy with Commentary of Bhoja Rājā. by Rājendralāla, Mitra, Benares, 1851.

Yogasystem of Patañjali by J. Woods, The Harvard University Press, 1914,（追記）

Vijñānabhikṣu; Yoga-vārttika（原典）Benares, 1884.

N.C. Paul, A Treatise on the Yoga Philosophy, Benares, 1851.

Svātmārāma; Haṭha-yoga-pradīpikā, übersetzt von Walter Hermann.

Garbe; Sāṅkhya und Yoga, Strassburg, 1896.

第二章　瑜伽之起源與發展

第一節　瑜伽思想之興起，以及瑜伽與僧佉耶之關係

情形一如僧佉耶與吠世師迦，有關瑜伽的首唱者與傳持者也是眾說紛紜。《薄伽梵歌》〈四，一〉曰：

> 余（毘紐奴化身）初始為遍照者（Vivasvat）說此永遠之瑜伽，遍照者傳予摩笯（Manu）。摩笯傳予甘蔗氏（Īkṣvāku），如是次第傳至諸王聖（Rājarṣayaḥ）。

亦即瑜伽乃是最高神之首唱，傳至人間時，由王族傳持之。如此的傳說，除了意欲強調瑜伽是既古且神聖之外，完全不含任何歷史意義。此王族傳持之說，若從奧義書亦暗示王族與其教理有重大關係看來，並無特別深義。及至後世，或將奧義書巨匠雅修釀瓦庫亞視為瑜伽創始者。例如《解脫法品》〈Mbh. XII. 318〉在闍那迦王與雅修釀瓦庫亞的問答之中，揭出瑜伽之說明，言及瑜伽乃雅修釀瓦庫亞最初唱導之教，其弟子修庫拉（Śukra）弘傳於世，毘耶沙於《瑜伽經註》（Pātañjala-bhāṣya）中為強調瑜伽之權威，遂引用其說，《一切見集》依據《雅修釀瓦庫亞歌》（Yajñavalkya-gītā）為瑜伽下定義等等，凡此都只是假托印度古聖之傳說，非為史實。此因若從最能彰顯雅修釀瓦庫亞面目的《普利哈多阿拉笯亞卡奧義書》觀之，瑜伽的前程思想縱使已很充分，但對於瑜伽行尚未予以具體論及。若果如後世所說，雅修釀瓦庫亞確實是瑜伽之創始者，則其中必然詳細論及瑜伽的術語與禪的修行法。但從書中沒有言之看來，應是

在雅修醐瓦庫亞當時，瑜伽尚未奠定其確定形式。是故有關瑜伽的傳承雖然眾說紛紜，但有別於數論派或勝論派之具有一般公認的創始者，此派的創始者完全無從見之。此因瑜伽有別於特殊的教理，它只是印度思想之歸結，是自然發生的行法，故創始者難以確定。

若是如此，從瑜伽思想的起源觀之，較之於他派，更有必要與一般學風作對照。筆者先前於總說之處列出瑜伽成立的一般條件有三。亦即解脫主義、主我主義與寂靜的傾向。此三者若一一探其發展而釐清瑜伽的成立順序，恐將相當繁雜，故在此僅只就形式與內容兩方面觀之。首先就形式方面而言，印度的禪定修練法起源相當早。最遲在梨俱吠陀終期已見其蹤跡。眾多的事例姑且不論，自梨俱吠陀終期以來頗為盛行的達巴斯（tapas，苦行法）即是。達巴斯其原意為「熱」，但在哲學上，被視為宇宙創造之動力；在宗教上，則意為令身體生起熱氣的劇烈苦行，藉此神與人得以交通。達巴斯的行法雖有種種，然不出於節減飲食與睡眠，制御肉欲，壓迫呼吸，斷絕與外界之交涉，一心不亂地修練。一般相信藉此不僅能與神交通，亦能獲得不思議之神通力，故極尊重其行法，直至今日其習還流行於印度。可以說一方面是自我犧牲（self sacrifice）之表現，另一方面則是印度人極端特性之發揮。徵之於瑜伽，諸如克制肉欲，調制呼吸，斷絕與外界之交涉，靜坐冥想而獲得神通等等，不只與達巴斯幾致同軌，從爾後動輒將苦行者（Tapasvin）與瑜伽行者（Yogin）相互混用看來，瑜伽形式之先驅即在於此。雖然如此，瑜伽絕非只是達巴斯的行法，達巴斯著重的是外形的肉體的，然而如前文所述，瑜伽的精神常含蘊某種哲理。在達巴斯中賦予哲理而得以內外兼具的瑜伽，其成立是在奧義書時代。亦即從內容觀之，瑜伽的起源必須於奧義書時代探求。如通常所述，奧義書的第一目的在於藉由吾人之自我而參預宇宙大我，探求其自我，通常是採用內省的方法，相較於感覺，相較於現識，在肉體之深處，應有生命之本質。在「我」的三位（通常是四位）之說中，絕對的「熟眠位」被視為是最上境界；在五藏（pañcakośa）說中，肉體、呼吸及現識之深處，應有精神本質之妙樂我（ānandamayātman），然此等只是理論性的揭示此思辯經過，對此，筆者在「奧義書」之項目下業已述及[1]。若實際予以實行，必須有斷絕外界之交涉，抑制五感與精神活動，深深內省，令真我之光發揮的一種修行法。亦即依據達巴斯之形式與此哲理之結合，精神活動修行法之瑜伽始能成立。尤其奧義書之通義是將為「我」之真相視為非言詮思慮所能及，故比起認識論，更有必要開啟神祕直感之道，更且至此時代，解脫主義已呈圓熟，遁世生活之規定也大致確定，瑜伽遂趨向必然成立之氣運。「瑜伽」此一術語或行法，文獻上之始見於奧義書，絕非偶然。瑜伽成立的條件是到了奧義書才完備的。

雖然如此，此並非意味瑜伽於奧義書初期已然定形。被視為最古奧義書的《普利哈多阿拉笯亞卡奧義書》（Bṛhadāraṇyaka-up.）及《旃多古亞奧義書》（Chāndogya-up.）中，雖略略觸及呼吸之調制與感覺之制御，然猶未將之視為一般行法。恐是此一時期之奧義書猶忙於追求理想，無暇顧及如何實現。文獻上，奧義書中的「瑜伽」一語初始當作術語表現，是在《泰提利亞奧義書》，爾後，隨同數論的潮流，經由黑夜柔派聖典而逐漸明顯。古奧義書思想至《泰提利亞奧義書》漸有分化傾向，如同數論思想，瑜伽思想亦同樣於此分化，萌發其端。瑜伽與數論的潮流關係特深之所以，即因於數論是從理論上對身體與精神作觀察，而瑜伽則是實際上從抑制身體，謀求精神獨立，故二者有表裏關係。或說鉢顛闍梨的《瑜伽經》故意採用數論見地組織瑜伽，然事實未必如此，實因數論思想與瑜伽思想自始即有密切不離之關係。此於諸聖典中屢可見之。例如《修威達修瓦達拉奧義書》〈六，一三〉載有「僧佉耶瑜伽」

1.《印度哲學宗教史》，第三篇第二章第一節。

（sāṅkhyayoga）之語，《薄伽梵歌》〈五，四〉認為將僧佉耶與瑜伽視為同一才是正確，唯有童稚者才視為不同，《解脫法品》〈Mbh. XII. 318,2〉言及任何智識皆不及於僧佉耶，任何力量也不及於瑜伽，二者皆來自太古（sanātana），只有愚者才認為兩者不同，此外，視兩者為一體的主張在《摩訶婆羅多》中亦不勝枚舉。此上所揭並非強將原本不同的予以統合，而是意在指出二者原僅理論與實際之別而已。是故瑜伽爾後雖成為一般行法，但至少其起源以及作為正當潮流之結果乃至學派成立之經過，大體上與數論相同。然而到了最後，數論派全然成為無神論，反之，瑜伽派名目上是承認神的存在，此乃導致兩派分離之所以。

第二節　奧義書中瑜伽思想之開展

瑜伽的完整體系在於形式與內容完備，若更予以細分，是由於具備四項而形成瑜伽體系。第一是形而上的原理，第二是實際的修行法，第三是神通，第四是解脫。所謂形而上的原理，是指依瑜伽實現第一目標之說明，相當於王瑜伽（rāja-yoga）之中心；所謂實際的修行法，是指目標所以實現的修行規則與方法，相當於作法瑜伽（kriyā-yoga）方面。神通與解脫是瑜伽之結果，神通屬現世利益，解脫為最終利益，此屬實現形而上原理之當體。通常狹義上，視第二的修行規則與方法為瑜伽，但只要是在考察內容，不依此四項著手研究，則無法真正瞭解瑜伽。今將依照此一標準仔細觀察古奧義書中之瑜伽，無庸贅言，其形而上的原理仍以實現梵＝我為其解脫觀。其實際的修行法方面，自始並沒有明確規定，但爾後逐漸趨於明確，及至終期，甚至設定修行階位。神通方面，雖未趨圓熟，但在《修威達修瓦達拉奧義書》中，是與瑜伽有關聯而說之。亦即總體上，古奧義書中含有瑜伽完備其體系之要素。就瑜伽思想史而言，古奧義書僅屬初期，在瑜伽的說明上，將前述四種項目置於一處，予以體系性說明的並不多。但若將散見於各典的說明予以拾集，則能湊足其項目。是故在探究奧義書中瑜伽思想之開展時，不可能獲得四種項目的整體結果，因而如同數論，只能依照年代順序，將直接與瑜伽相關的重要文句與思想摘記出來。由於瑜伽與數論是互相提攜而發展的，故其材料也僅限於黑夜柔派聖典。

如同《泰提利亞奧義書》的五藏說是奧義書數論思想之出發點，瑜伽的出發點也是出自此奧義書。亦即在五藏中，對於「識所成我」（vijñānamayātman）的說明中，有如次記載：

> 信仰為其頭首，正義為右腕，真實為左腕，瑜伽為軀幹，大（mahat）為座。

識我之當體充滿信仰、正義與真實等諸德，且是身心相應之寂靜態，在宇宙論上，是與位於最高原理之次的「大我」（mahātman），亦即與金胎相應的地位。對於瑜伽，雖未作任何說明，但從瑜伽與信仰、正義、真實並置看來，無可懷疑的，此奧義書已將瑜伽視為重要之一德。然而僅只揭其名目而已，在此奧義書中，除此之外，無論瑜伽之名或說明全然不存，其意義稍見明朗的是其次的《卡達卡奧義書》。尤其在該書〈六，一〇～一一〉曰：

> 心與五感沉靜，智識不動搖時，名為最高歸趣（parāgati）。此感覺之制御喚為瑜伽。然瑜伽既來且去，故行者不可無心。

亦即以身心相應之寂靜態為人生最高歸趣，更且明確地為瑜伽下定義，其重要性由此可知。尤其「然」

以下之句注意到瑜伽之修行易生退轉，故敦促行者應加策勵，讀來令人倍感親切。對於此句的解釋也有異說，柁暹認為此句意在指出：依據瑜伽之修行能去除虛妄世界，令實在的世界顯現，故行者的狀態異於熟眠，亦非無心，自我之光明常輝耀。可以說是作略為深入的解釋，若果如此，其意義想必更為深奧，恐是爾後《曼多佉耶頌》等將熟眠位與瑜伽之大覺位予以區別的先驅思想。

《卡達卡奧義書》大為提高瑜伽之地位，然猶未言及修行方法，言及於此的是《修威達修瓦達拉奧義書》。該書〈二，八～一七〉等十句完全是瑜伽修法與功德之說明。茲摘錄其〈二，八～九〉所揭如次：

> 若賢人平靜持其胸與頭首，攝心與感覺於胸時，得以乘梵船（om，唵）超越怖畏之流。
> 以制御呼吸幽通鼻息調御意馬。

端坐正身，調整呼吸，注心一處，正是禪修的普遍規制。在此意義上，前引之句是此條規之最古規定，可以說是禪定法之模範。名為梵船之「唵」（om）字，是吠陀以來之聖音，相當於基督教的阿門（amen），在此作為梵之代表音而與瑜伽結合，被視為能至彼岸之法船。爾後瑜伽行者其修觀之目標亦採用此字，進而予以種種分析。對於場所，〈二，一〇〉曰：

> 平坦清淨，無砂石與火塵，音響、水流、園亭等皆可，且多房窟之場所。

指出應避免白費力氣之苦行且應取閑雅幽靜之境，據此可知瑜伽雖出自於達巴斯，卻更趣向於精神性的。其次言及行者觀想之利益，如〈二，一一～一三〉曰：

浮現種種影像專念於梵時，煙、霧、太陽、火、風、螢光、電光、玻璃、明月等為最初所現形相。次第進修，地、水、火、風、空等顯現，瑜伽五德生時，依瑜伽之火身體新生，永脫老、病與死。瑜伽所生最初功德為輕快、健康、不動、好貌、快辯、好香、兩便輕少等。

凡此都是從實驗得來的報告，於觀想中所顯現的種種影像，正是今日禪修者亦能獲得的親身經驗。修行能獲得肉體舒暢、健康、消化良好等效果，也是禪定者的實驗，現今所流行種種方式的靜坐法無寧亦以此為其唯一目的。而《修威達修瓦達拉奧義書》已觸及於此，故頗值得予以注意。關於瑜伽五德，依據註者所說，是指於色、聲、香、味、觸等五境得自在力，即神通義，與達巴斯有關聯的神通信仰在此終於與瑜伽結合。但健康與神通等可以說只是瑜伽修行的副產品，並非最終目的。最終的目的是大悟，亦即解脫。〈二，一五〉曰：

依瑜伽攝心者恰如燈火照物，以自我之本性見梵之本性時，成超絕一切屬性之不生而認識常住之神，離一切繫縛而得自由。

此即雅修醘瓦庫亞仙以「不然」「不然」（neti neti）所表現的梵之真性，亦即非吾人情意測知之境界，僅能依瑜伽而驀然直接體證。要言之，及至《修威達修瓦達拉奧義書》，奧義書中的瑜伽體系大底已成，無論是以瑜伽為中心的形而上的說明，或是修行法或是神通或是解脫觀，吾人皆能從中窺見。

最後及至《邁伊多拉亞那奧義書》，如同數論思想已逐漸傾向成學派性的，瑜伽亦有此傾向，更且建立其修行階位，並述及當時流行於世的種種方式。〈六，一八〉曰：

> 調息（prāṇayāma）、制感（pratyāhāra）、靜慮（dhyāna）、執持（dhāraṇā）、觀慧（tarka）、等持（samādhi），是六分瑜伽。

調息是指調制呼吸，制感是指制御五感，靜慮、執持、觀慧等分別是指粗細的精神狀態，等持（三昧）是指人境成為一體的最高位。此即瑜伽史上最初的階位組織，是《阿闥婆奧義書》的《不死一滴奧義書》（**Amṛtabindu-up.**）的先驅，更是《瑜伽經》八支的主幹，故最應予以注意。六位之中，前五位之名目已散見於先前的奧義書中，但第六的三昧，亦即「等持」一語始見於此，此亦應多作留意。此係出自 **samā-√dhā** 之語，意為歸納集中物體而執之，故譯為「等持」是頗為貼切之語，佛教原先以此語作為禪修代表語，但佛教以外，此句與《薄伽梵歌》〈二，四四〉所載是最古之用法（據此可知，佛教之禪定法係承繼自奧義書終期），恐是瑜伽思想已非常進步，僅只靜慮（dhyāna）與執持（dhāraṇā）等語已不敷使用，故新造此詞。此語的特色在於與肉體無關，而是意指精神集中的狀態。《邁伊多拉亞那奧義書》為注釋前一節而揭出十數家的意見或方法，此等意見或方法若一一予以引用，則相當繁雜，今僅揭其中若干如次：

> 有上行脈管分佈於名為蘇修納（suṣumṇā）之上顎內，此為生氣之通路。經由此脈管與呼吸、唵字及意的結合盡力上昇。結合諸根轉舌端於上顎內，作為自我之偉大而認識真我之偉大。如此遂至無我，無苦樂之受而達獨存（kevalatva）之境〈六，二一〉。

奧義書原將心臟視為是「我」的住所，由此分衍出的無數血管束縛著我，故解脫之路徑只有經由頭蓋。此乃基於生理而說的瑜伽修行法，我人若依刻苦努力而達臻於精神統一時，經由頭蓋此一路徑，自我即得以解脫。其解脫觀當然是小我與大我之融合，此處所使用的「獨存」一語，是隨同數論思想成熟而出現的，已漸有瑜伽派的傾向。

> 念梵時，有言梵與離言梵之別。離言梵是依言梵實現。唵為言梵，究竟而至無言時，三昧現成與離言梵合一。又有其他方法，以指閉耳，聞心臟空處（akāśa）之聲時，似有七聲，漸絕其差別相，遂與無言未發之離言梵合一〈六，二二之大要〉。

前句所述是念梵時，起初藉由表號的唵字，逐漸脫離而至真性無言梵的方法。類似《起信論》的依言真如與離言真如，又如同「言說之極，因言遣言」的思想。後句指出遮止外在一切聲音，聽聞梵之住居的心臟之音時，初有七聲。亦即流聲、鈴聲、陶器聲、車聲、蛙聲、雨聲、囁聲。逐漸累積修鍊時，其區別融合，從中得聞先天內我之聲。二者都是依據音聲統一精神實現其最高目的。又曰：

> 離肉體感覺之對象，堅固弓上張出離之弦，以無我之矢破梵堂第一門衛，乘唵之船達心臟內空處（akāśa）之彼岸，破食、生氣、心與識等四網所成梵網，遂與梵自身合一。至此始立於純淨、清白、空性、寂靜、無思、無我、不壞、堅立、常位、不生、獨立自我之上，超然旁觀世間輪迴之狀。若修瑜伽六個月，得以脫離客塵之縛，與無上之梵完全融合。知識無論如何豐富，苟有貪瞋或執著妻子舍宅，不可得瑜伽。〈六，二八之大要〉

此節是巧妙地運用比喻敘述基於《泰提利亞奧義書》所揭五藏說的瑜伽觀法，其出發點至此完成。亦即食味所成、生氣所成、意所成、識所成的生理心理組織是由於味於第一義我之真相，以離欲、制感、唵之思念與苦行等破除之，漸次侵入內部，最後達於妙樂我，脫離生死之街。瑜伽的修行何以訂為六個月，其原因不明，從《阿闥婆奧義書》（Amṛtabindu-up.）及《解脫法品》也有同樣說法看來，可知應是修行的一個階段。此外更有種種值得注意的方式，今且略過。要言之，此奧義書中的瑜伽其詳細雖然不如《瑜伽經》，但就奧義書哲學之前提而言，可以說已朝向修行法必趨之點邁進。

關於瑜伽奧義書

屬於阿闥婆派的奧義書都有專門處理某一題目的傾向，瑜伽至此時始建立其龐大組織。柁暹於其《六十奧義書》（Sechzig Upaniṣad des Veda）中，特收有關瑜伽的新奧義書十一種，名之為「瑜伽奧義書」，其品目如次：

第一類 Brahma-vidyā-up. Kṣurikā-up. Śūlikā-up.

第二類 Nādabindu-up. Brahmabindu up. Amṛtabindu-up. Dhyānabindu-up. Tejo bindu-up. Yogaśikhā-up. Yogatattva-up.

第三類 Haṁsa-up.

大抵都是由韻文所成之短篇，所述皆與瑜伽有關。柁暹與納拉耶那（Nārāyaṇa）、柯爾富爾庫通常視之為三類，除去其最遲之產物的《罕薩奧義書》（Haṁsa up.），其他諸書皆無法訂其年代先後[2]。嘎貝推論此等都是遲於《瑜伽經》之產物[3]，然其論據薄弱，無法遽予同意。雖然其中含有相當多

2. Deussen, Sechzig Upaniṣad des Veda. S. 629.
3. Garbe, Sāṅkhya und Yoga. S. 38.

後世之論，但總體說來，基於所述不如《瑜伽經》綿密，故應是成書於《瑜伽經》之前。與《瑜伽經》並無直接關係，而是固守吠檀多主義，承繼古奧義書瑜伽思想而成。若單依奧義書立場而見瑜伽思想之發展，可說至此達到最頂點。尤其將唵（Om）字分解成「a」「u」「m」而觀的《音響一滴》（Nādabindu），將觀念比擬為剃刀，是切開包圍自我之血管的修利卡（sūlikā，剃刀的），而將瑜伽修行法階位化的《不死一滴》（Amṛtabindu），除此之外，更言及種種值得注意的行法與觀念法。由於此篇主眼在於《瑜伽經》，故對於此等之說明擬予以省略。所以附記於此，只是為有意進一步研究者提供若干門路。

第三節　摩訶婆羅多之瑜伽思想

一、緒言

發展自奧義書的數論潮流至《摩訶婆羅多》時大有發展，而瑜伽的發展也幾乎有同樣的經過。亦即如同從《摩訶婆羅多》中，能窺出由奧義書發展出的數論潮流與《僧佉耶頌》中的數論之連繫，發展自奧義書的瑜伽思想與《瑜伽經》的連絡，從《摩訶婆羅多》中亦能窺出。不只如此，至此時代，瑜伽行法已成為一般性的，較之於數論，其地位更高，效能亦更擴大。例如在此一時代的神話中，出現從毘紐笯之臍出生蓮華，蓮華上生梵天，由梵天創造世界的傳說，而依據《摩訶婆羅多》所載，此係毘紐笯以無限蛇（Ananta）為座所，修行瑜伽所得結果，亦即將瑜伽力提升至創造力。從而瑜伽的種類與行法非常複雜，僅只《摩訶婆羅多》等四哲學書所載幾已不勝枚舉。由於筆者目的不在於窺知《摩訶婆羅多》中的瑜伽，而是意在了解由此趨向《瑜伽經》的經過，材料的處理皆以此為標準，故今依照先前所說瑜伽體系，亦即原理、行法、神通、解脫等四項目，簡單述其發展次第如次。

二、**原理**　作為瑜伽起源的奧義書中的大原理，只是唯一之梵，但到了瑜伽完成期的《瑜伽經》，卻成為自性與神我的二元論。《摩訶婆羅多》中的瑜伽即負責此間之聯繫，故其原理也必須視為是因應數論思想之發展而成。亦即於其初期是身心分而考之，其最終目的仍在於建立第一原理的梵或神，但到了後期，則以身心分離的自身為其主要目的。《摩訶婆羅多》中，僧佉耶與瑜伽屢屢併說，即是揭此事實。不同的是，僧佉耶專述理論性，瑜伽則說其實踐，至於中心點，兩者完全相同。此項與前篇第二章第三節相當，故筆者無須再作贅述。值得注意的是，到了最後數論成為無神論，反之，權宜上，瑜伽仍是承認神的存在。此在《摩訶婆羅多》中業已揭出。例如《解脫法品》〈Mbh. XII. 318, 15～17〉曰：

攝諸根於意，攝意於我慢，攝我慢於覺，攝覺於自性，如是念絕對、無垢、無限、無終、清淨、不動之神我。念無分、不老、不死、常住、不壞之神之梵。

顯然是基於圓熟的數論思想而揭出的觀法，由於在最後附加了「念神之梵」一語，瑜伽遂難以成為徹底的無神論者。此因理論上雖不承認神之存在，但既以實踐為主，在觀法上只好權宜地保留。鉢顛闍梨《瑜伽經》的有神觀即於此承其系統。

三、**行法**　茲權宜將之分為身體的行法（作法瑜伽方面）與精神的修練（王瑜伽方面）觀之。首先在身體方面，第一是食物方面的注意。《解脫法品》〈Mbh. XII. 302, 42～〉述及瑜伽行者所喫食物種類，以穀粒、油餅、麥粉、牛乳最好，富含脂肪的肉類等應予以避免。想必是為防止性慾的衝動。《解脫法品》〈Mbh. XII. 305〉又規定飲食的時間，或隔日一食，或一週一食，或一月一食，乃至於絕食。佛陀的苦行可能即因襲此一風習。但《摩訶婆羅多》全體的意向則認為過度的減食反而有害修行。對於行者的衣服規定，也有種種，襤褸，艸衣（muñja-kuśa）、麻衣、絹衣、皮衣乃至裸體等，全體而言，隨其所宜，無一不可。關於修行場所，《解脫法品》〈Mbh. XII. 305〉認為山蔭、森林、砂土、曠野、神殿、房舍等，總之以遠離人里為其首選。修行者的姿勢，亦即坐法，也有種種，有蛙法、蛇法、常立法等，最好的是結跏座，亦即英雄座（vīrāsana）。在身體的修練中，呼吸的調制是最重要的部分，幾乎可以視為身修之代表。《解脫法品》〈Mbh. XII. 308, 7～8〉所說如次：

> 瑜伽之最高力依瑜伽觀法而得。依據聖人之教，觀法有二種。其一是心之專注，另一為調制呼吸。後者名為有德（saguṇa），前者名為無德（nirguṇa）。

所說的有德、無德，可能是指有形的或無形的，《摩訶婆羅多》將呼吸調制視為有形作法瑜伽之總名，故有此區別。

其次就無德瑜伽，亦即精神的修練方面見之，就筆者所知，此一方面分化的不多。《邁伊多拉亞那奧義書》已立執持（dhāraṇā）、靜慮（dhyāna）、觀慧（tarka）、等持（samādhi）等階位，《摩訶婆羅多》雖使用此等術語，卻沒有作區別。例如《解脫法品》〈Mbh. XII. 195〉記載行者依禪修而耳不聞音響，眼不見色，皮膚無觸感，享人天未曾有之福而入涅槃（nirvāṇa），只有禪那可達最高目的，《解脫法品》〈Mbh. XII. 302, 30～57〉謂如勇士臨戰場而拉弓，行者亦因執持（dhāraṇā）而破煩惱軍達臻最上目的，故力說執持。或稱為靜慮，或稱為等持，或稱為執持，依其用法雖有微細差別，卻都是在指稱一心一境之修練，故《摩訶婆羅多》予以混用。佛教中，所謂「定」有七名，其義亦同，《瑜伽經》一方面建立階位，另一方面又予以混用，無非承自此一用法。

以上所揭是將分散各處的，蒐集而成，而將之置於一處，採中庸態度述說身心之修練的，實是《薄伽梵歌》〈六，一〇～一七〉所揭：

> 瑜伽行者須常退居閒處，制心一處，離欲離執著而行瑜伽。於清淨地，擇不高不低之處作為座所，其上敷麻、獸皮乃至吉祥草。
>
> 行者集中其意於一處，制御心與感覺，從容而坐，修行瑜伽，我必清淨。
>
> 整平軀幹與頭首而不動，沉靜凝視鼻端，切勿傍視。
>
> （略去二頌）
>
> 過度飲食，或全然不食，過度睡眠，或全然不眠，如此行者不堪瑜伽之任。適當飲食與娛樂，適當活動，適度作息者，得瑜伽而滅苦。

《摩訶婆羅多》雖隨處可見稱讚劇烈的苦行，但從前揭引文看來，可說完全發揮佛教中道修行與瑜伽修行之真髓。

四、神通與解脫　瑜伽的效果中，不思議神通力是無可免的附屬品。此因依仗精神之凝集力能得超自然力。佛教於四禪之修行中言及六通，《瑜伽經》特設「神通品」予以詳細說明，極其重視。《摩訶婆羅多》與此有關的記事不少。《解脫法品》〈Mbh. XII. 322〉揭出蘇拉哈比丘尼（Sulabhā）依瑜伽之力而變身與闍那訶王問答的傳說，〈一二，三〇一，二六～二七〉揭出依瑜伽力化身千分，一方面享世間欲樂，另一方面修劇烈之苦行。後世的印度教認為濕婆神現為大瑜伽師（Mahāyogin）與大苦行師

（Mahātapasvin），另一方面又現為耽溺肉欲之淫樂神，可能即是出自瑜伽的信仰。《摩訶婆羅多》中，神通的種類較少於《瑜伽經》，最常揭舉的是八種自在（siddhi）。亦即與僧佉耶所述的八自在相同，意指微細、輕妙、徧滿、遠到、隨所欲、支配、尊勝與通貫等八神通。

比起神通，作為瑜伽效能，更為重視的是永久的利益，亦即解脫。《摩訶婆羅多》通常稱此境為涅槃（nirvāṇa）或梵涅槃（Brahmanirvāṇa）。此語於古奧義書未曾見之，然至此時，佛教與耆那教等都盛行使用。恐是當時宗教社會的共通語。《薄伽梵歌》〈五，二四～二五〉曰：

> 任何人於自我見喜悅，於自我見神性，於自我見光明，彼即是瑜伽行者，於此世成為梵，遂入梵涅槃。
>
> 此梵涅槃係聖人滅罪、離二見、制己且憐愍一切有情所達之處。

亦即將瑜伽行者制御自己，斷煩惱，滅妄見，開明自我之本性，與梵融合，更正確的說法是將實現梵的境界稱作「消融於梵」的梵涅槃。此即《摩訶婆羅多》的思想與奧義書的哲理相應時的解脫觀，若其哲理是數論的，則其理想的解脫觀，應是獨存更甚於梵涅槃。《解脫法品》〈Mbh. XII. 309, 20～25〉中即有其思想：

> 離自性之縛而成為覺者，得「余為他」「彼為他」之分別智時，行者即為純淨。此時達自我之本性，不與自性混合。此因分別智不生，則能與自性混合，自性所發三德之網若除，而達觀最高觀者之自我時，彼亦不欲見。

此即數論派的解脫觀，同時也是瑜伽派的解脫觀。就此而言，可以說《摩訶婆羅多》是奧義書移行至瑜伽派的架橋。

以上所揭是朝向《瑜伽經》的《摩訶婆羅多》中的瑜伽思想。實際上，《摩訶婆羅多》的瑜伽如同僧佉耶思想，其獨立之題目誠屬多樣。尤其《薄伽梵歌》誠然是瑜伽書之一，需要特殊研究的題目也不少。從中得以窺見「禪宗流」所謂的「行亦禪，坐亦禪」之活動禪，也能窺見「觀無量壽經流」的一向專念信仰禪（bhakti-yoga）。從而瑜伽的意義與內容非常豐富，可以說一切思索、實踐、信仰之終極，若無瑜伽則不能完成。希望有意研究瑜伽的人切莫忽之。

第三章 鉢顛闍梨之瑜伽經（瑜伽派）

第一節 序說

經由前章所述順序而發展的瑜伽思想到了鉢顛闍梨（Patañjali）的《瑜伽經》（Yoga-sūtra）時，即完成其組織。原先在《摩訶婆羅多》中業已展現某瑜伽派或某瑜伽書之口吻，其氣運雖已成熟，但至少是到鉢顛闍梨才大為完成。通常用其名稱呼瑜伽派，其因在此。對此，《一切見集》（Sarvadarśana-saṅgraha）有如次值得注意之說法：

或言《雅修釀瓦庫亞法典》（Yajñavalkya-smṛti）謂金胎神為瑜伽開祖，而非其他古聖。何以今稱鉢顛闍梨為瑜伽開祖。吾人答曰：會得諸往世書片斷所傳瑜伽所有方式極為困難，鉢顛闍梨以慈悲心集其要領而開始其教。

不詳其所指的諸往世書是何所指，恐是指《摩訶婆羅多》等典籍，總之，此乃最能道破鉢顛闍梨與《瑜伽經》地位之語。

若是如此，鉢顛闍梨是何許人？《瑜伽經》成書於何時？通常將之視為即等同注釋《波你尼（Pāṇini）文法》，亦即撰述《大註》（Mahābhāṣya）的巴丹闍梨，一般的定說是西元前二世紀左右的人。茲暫定確是其人，若依據高德斯提克（Goldstücker）《波你尼之研究》所載，此巴丹闍梨於其《大註》中自稱果尼卡之子（Gonikaputra），故其母應是名為果尼卡，或依他曾自稱果那提（Gonardīya）看來，其出生國大致是東方的果那達（Gonarda）國。進一步考之，文法家的巴丹闍梨果真與《瑜伽經》的著者是同一人？或者只是名稱相同？並無任何積極證據得以視為二者是同一人。從佛教方面的資料見之，《南海寄歸傳》第四卷（大正五四，頁二二九，上）揭出文法家鉢顛社羅，可知其人離義淨的時代不太遠，但義淨未言及此人是瑜伽學者。是故嚴格而言，《瑜伽經》之著者的鉢顛闍梨的年代或傳記，乃至《瑜伽經》的製作年代不明。從龍樹《十住毘婆沙論》第三（大正二六，頁三一，下）揭出僧佉瑜伽之名的學派，以及《方便心論》（大正三二，頁二四，下）所言瑜伽外道看來，其之所說與《瑜伽經》的內容稍異：

> 有八微，所謂四大、空、意、明、無明。八自在：一能小，二為大，三輕舉，四遠到，五隨所欲，六分身，七尊勝，八隱沒，是名瑜伽外道。（《方便心論》，大正三二，頁二四，上）

亦即《瑜伽經》所說是五大以及意（manas）、明（vidyā）、無明（avidyā），並沒有言及八微，雖言及神通，卻沒有特別立八自在。亦即此瑜伽外道所說雖與《瑜伽經》相近，但較類似《摩訶婆羅多》所說，並非直接依據自《瑜伽經》。從而可知至少在龍樹時代，現今的《瑜伽經》其全體尚未完成。或如杶遲[1]所推測，《瑜伽經》非成於一時一人之手，先前種種瑜伽派所傳諸多小聖典是於某一時期編成，恐是在龍樹（西元二、三世紀）以後，才整理成現今體裁。依據筆者之研究，無論《吠檀多經》或《尼夜耶經》，其整理成現今形態，大抵是在西元四、五世紀以後至五、六世紀之間，《瑜伽經》想必也是乘此氣運而

1. Deussen, Allg. Ges d. Ph. 1. 3. S.509~510.

出。若是如此，鉢顛闍梨若是西元前二世紀左右的人，而且是《瑜伽經》的作者，則應只是撰述現今《瑜伽經》主要部分的人；如果是全體的作者，則此人應是四、五世紀左右，將從前的小聖典大成的瑜伽學者。無論如何，如同數論派，瑜伽派確實是於西元前獨立成學派，但現今的《瑜伽經》於其完成之前，是經過相當漫長歲月的。

經此過程而完成的《瑜伽經》，全書計有百九十四句，共分成四品。第一品三昧品（samādhi-pāda. 51 sūtras）述及三昧本質的分類，第二品方法品（sādhana-pāda. 55）述及入禪定的方法，第三品神通品（vibhūti-pāda. 55）述及神通的原理與種類，第四品的獨存品（kaivalya-pāda. 33）述及最終目的。亦即直至此時，才體系性的論究瑜伽。然而此僅只是大致分類，實際上，四品常有交錯，而且往往有難以調合的說明。其因即如柁暹所說，此係由諸多小聖典合集所成，故完全沒注意到調合的問題。大體上，全體並沒有太大的更移，因此將前述四品之分類視為本經之組織亦無不可。

此書之註釋中，最古老的是由某毘耶舍（Vyāsa）作註的《鉢顛闍梨註》（Pātañjala bhāṣya）或稱《瑜伽註》（Yoga-bhāṣya）[2]，此係西元七世紀之產物。其次是十世紀博夏王（Bhojarāja）所撰名為《拉遮瑪坦達》（Rājamārtaṇḍa）之註。其後又有瓦夏斯帕提密修拉與毘修釀那比克修二人於毘耶舍之註上更作的複註，此書最盛行於世。此外，到了近代，又有巴那提瓦（Bhanadeva）、那果西巴達（Nagojibhaṭṭa）及巴那嘎內夏（Bhanageṇeṣa）等十數家的註釋[3]，但大多未曾出版。筆者此處所採用的，主要是印度文庫出版的

2. 如同《僧佉耶經註》又名 Sāṅkhya-pravacana-bhāṣya。
3. Mitra, Yoga Aphorism. p. Lxxxiii.

"Rājamārtaṇ-a"。

（本篇稿成之際，適逢 Woods 的 "The Yogasyetem of Patañjali" 出版，此係於毘耶舍之註之上，添加瓦夏斯帕提密修拉之複註的英譯本）

第二節　瑜伽經之哲理

《瑜伽經》的哲理完全是數論的。當然其表現方式與術語稍異於《僧佉耶頌》，其說明也極為簡單及不完全，要言之，視自性與神我之結合為苦痛之源，故應予以斷絕，以及以神我之獨存為最終目的等等，完全無異於數論所說。換言之，瑜伽修行之目的，在於抑制於自性發展中最有力的心（citta）之作用，此係脫離束縛之手段。其異於數論哲學之處，在於數論不立「語性」（sphota）但瑜伽派承認之，以及數論全然是無神論者，而瑜伽派在某種意義下，立人格神（Īśvara）。關於語性，《瑜伽經》〈一，四二〉僅提到聲性（śabdārtha）一語，然而此乃註者加以敷衍而成，故可視為特徵者，僅只在於立神與不立神而已。本經數處言及念神（īśvarapraṇidhāna），最有系統的是〈一，二三～二九〉等七頌，今揭示如次：

或依念神而達三昧〈一，二三〉。

神是不受煩惱（kleśa）、業（karman）、異熟果（vipāka）、餘業（āśaya）等觸惱的特別神我（puruṣaviśeṣa）〈一，二四〉。

故一切智種子無限開展〈一，二五〉。

不受時間限制，是故彼乃先聖之師〈一，二六〉。

彼以咒語（praṇava），即唵〈一，二七〉表之。

誦之，念其意義〈一，二八〉。

依此生返照知，障礙絕滅〈一，二九〉。

依據博夏之註，普通的神我縱非直接，畢竟不免於是經由其機關之心而與煩惱與業等接觸，但神自始即非如此。將之稱為特別之神我，其因在此。其體唯一且為全智，故無其意志與命令，自性與神我不能分離〈二，二四之註〉。又對於達到獨存的普通神我與神之差異，毘耶舍曰：普通神我打破煩惱，後達於獨存，而神自始就是解脫者，是永恒之支配者。亦即依據如此的解釋，可知神的身分是神我之一種，然自始即不與自性結合，是超然拔群特別的大神我。其性質是實現個我僅具可能性的一切智，因此是超越時間的，是人天之師，對於唱念「唵」字者，具有助其獨存的作用。此乃瑜伽之主要特質，其與數論派有別，即在於此，如前所述，及至後世，註釋家越發力說之，最後數論派成為無神數論者（Nirīśvarasāṅkhya），而瑜伽派成為有神數論者（Seśvarasāṅkhya）。剋實言之，其所立之神無法與瑜伽派之根本立腳地調合。所有哲學宗教只要是承認神，從世界觀而言，是將神視為宇宙創造之本源；從人生觀而言，是被尊為人類最終之歸趣。瑜伽派與數論相同之處，在於承認獨立之各我，由自性發展萬有，認為人類之歸趣在於神我獨存，完全不是以神為哲學或宗教之根柢。雖稱之為特別的神我，卻非各個神我之統一體，亦非本源；雖有助於獨存，其自身卻非歸趣。神可說是先輩之解脫我，相較於不念者，念之者僅只其修行更為促進，僅方便於理想鄉之確立而已。從而儘管《瑜伽經》常言及念神，也只是就方便於修行而言，完全不觸及於原理論。例如前揭引文言及此乃到達有心定的手段之一，〈二，一〉說是作法瑜伽之一分，八支階級中，屬第二支的尼夜摩之部類。柁暹評斷此派之神觀非有神主義（Theismus），而是屬於自然神教（Deismus），亦即僅基於必要而立神之宗義，此類似於伊比鳩拉斯。柁暹此說實是得當之見解[4]。本派異於數論思想之處，在於非以精透理論為其目的，故無立神之必要，只是權宜地保留住《薄伽梵歌》中「信仰瑜伽」（bhakti-yoga）之行法。學者中，或有將瑜伽派的目的誤解為在於與最上神冥合者。例如修羅迪爾（Schroeder）於其《印度文明及文學史》（六八七頁）中，指出瑜伽派主張由唯一之原我（Urgeist）出生個我，韋伯（Weber）於其《印度文學史》（英譯二三八頁）以及莫尼爾威廉（Monier Williams）於其《印度教》（Hinduism p. 200）中，指出瑜伽派目的在於與最上神融合等等，彼等所以有此誤解，實受制於「有神」此一名稱所致。

瑜伽派立如是之神，其實是無力且不調合的，故其形而上學全然與數論之二元主義同轍。從而其現象論縱使術語略有不同，說明也嫌疏略，然若予以補述，仍與數論派沒有太大差別。是故無改說之必要，在此僅就其心理說考之。由於攝取自《僧佉耶經》，故廣義上，仍屬數論派心理說之一部分，此下擬就此述之。

對於心理機關，《瑜伽經》異於對覺、我慢與意等作嚴格區別的數論。尤其「我慢」一語，一次也不見使用。經常只是總括性的，使用「心」（citta）一語作為一切精神現象之總府。就其本體論而言，是自性性的，依神我之觀照顯現心理活動，且其自體無限相續，受善惡業薰習，此完全同於數論之細

4. Deussen, Allg. Gesch. d. Ph. 1. 3. S. 545.

身。亦即瑜伽認為此中含數論所說「覺的作用」、「我慢的作用」、「意的作用」，可說代表全部細身組織的機關。此心之主要作用（vṛtti）分為二種。其一直接稱作心之作用（citta-vṛtti），另一稱作煩惱（kleśa）。前者主要是智識作用，後者為情意作用，就都是心之作用而言，二者無異。智識作用分為五種。正智（pramāṇa）、似智（viparyaya）、分別（vikalpa）、睡眠（nidrā）、記憶（smṛti）〈一，五－六〉。「正智」是正確的智識，是依現量、比量、聖教量所生之結果〈一，七〉；「似智」是指非基於事實真相（atadrūpapratiṣṭha）而得的錯誤智識〈一，八〉；「分別」是指只是傳說而非事實之智識〈一，九〉；「睡眠」是非有（abhava）之表象，依據博夏之註，我人於睡寐時，雖不知事，卻有睡眠之自覺，即因於此作用〈一，一〇〉；「記憶」是指令一旦知覺的對象不離於心的作用〈一，一一〉。不只是現世之事，縱使前世之經驗，皆亦屬之〈一，一〇〉。其次的情意作用也分為五種，即：無明（avidyā）、我見（asmitā）、貪（rāga）、瞋（dveṣa）、有愛（abhiniveśa）〈二，三〉。「無明」是指將非常住者思為常住，非樂者思為樂，非我者思為我，非淨思為淨的誤見〈二，五〉，換言之，與佛教的常樂我淨四顛倒同義。本經〈二，二四〉言及神我與自性結合也是因於此無明，吾人對肉體有此四執，是令神我與自性不離的原因。「我見」是指能見之力（dṛkśakti）與認識之力（darśanaśakti）相混之誤見〈二，六〉，亦即將現象心（citta）誤認為神我，將神我誤認為現象心的作用，此即數論所說的我慢作用。「貪」是指處於快樂之執著，「瞋」是於不快處生起的嫌惡之情〈二，七～八〉。「有愛」是對肉身之執著，《瑜伽經》〈二，九〉謂達者（vidvat）亦難免之。

此十種作用是心的代表活動樣式，若將之應用於三德說中，依其發展幾乎可成無數之作用。尤其經中言及依生存意志（āśis）之無限而轉生無限〈四，一〇〉，且期間所經驗的一切事項能薰習吾人，故心之作用雜多且其能力之豐富，幾乎在想像之外。《瑜伽經》〈四，一二～一三〉曰：

心之本質過去未來皆同，然依其屬性（dharma）而有種種差異。

其屬性以三德為主，故或明白，或隱微。細身之代表的心體，只要是與我結合，過去未來皆常住，然其作用是依三德之表現方式，或許甲的能力明顯，乙的能力隱微，或其相反。依據經文所載，如此的心之作用是前世薰習之結果，今世經驗是未來心之作用的種子，總之，只要是此心之作用繼續活動，神我就不能獨立。此即「滅心之作用的瑜伽」有其必要的根本理由。

第三節　修行法

依據註釋家所說，《瑜伽經》第一品的三昧品是述說三昧之本質，第二方法品述及達此目的之手段。但如同先前所述，實際上兩者的範圍交錯，三昧品中言及諸多手段與方法，方法品中也言及三昧性質，不只如此，就筆者所見，三昧品的修行法與方法品的修行法稍異。是故在述及修行法時，擬將二者視為各自獨立，並分別以第一與第二之方式探討之。

一、三昧品之修行法

《瑜伽經》所說的三昧之意義，類似佛教，相當不固定。三昧品作出四至六種分類，在方法品中，也置於八支之最上位，或稱之為等至（samāpatti）〈一，四一〉，或與禪那區別或當作同義使用〈二，一一〉。恐是如先前之所臆測，本經完全採用《摩訶婆羅多》的種種用法。總而言之，三昧僅用於指精神的統一，不同於禪那或執持等是指有關肉體的修練。從而就當前言之，三昧的意義頗為狹隘，然亦可言具有非常廣泛之意義。此因就純精神的狀態而言，其較狹於禪那等涉於肉體之狀態，但另一方面言之，肉體的修練畢竟有待於精神統一，是故無論調制呼吸或制御感覺，此中已有三昧之蹤跡〔佛教將三摩地（samādhi）心所列為十大地法之一，幾乎等同於注意能力（attention），視為日常生活不可缺的心的作用之一，即是心理學的應用〕。亦即就此而言，三昧是一切禪修之根柢，且為其代表。然其凝然不動之凝集力，是積累種種修練才達到的精神狀態，就此言之，三昧確是修行最後所得之結果。本經（佛教亦然）所以使用意義不固定的此語，是由於混淆此廣狹淺深二義所致，因此在進行探究時，首先必須探明其義。

三昧品的「三昧」，即修行中精神之修練義。本經將之大分為二。其一是有心三昧（saṁprajñāta-samādhi），其二為無心三昧（asaṁprajñāta-samādhi）〈一，一七～一八〉。有心三昧是尚有種種念慮之位，無心三昧是一切妄念雜慮消融之位。前者其念慮之結果，心猶有業之薰習（saṁskāra），故又稱有種三昧（sabīja-samādhi），反之，後者不再牽引餘業，故稱無種三昧（nirbīja-samādhi）〈一，四六；一，五一〉。無心定，在性質上，並無階位之區別，有心定則依其念慮精粗而立種種階位。本經〈一，一七〉分之為四。（一）有尋三昧（vitarka-s.），（二）有伺三昧（vicāra-s.），（三）歡喜三昧（ānanda-s.），（四）自存三昧（asmitā-s.）。依據博夏之註，以五大或五作根等粗雜者為對象而觀念的，稱有尋定；以五唯或五知根等微細者為對象的，稱有伺定；進而僅念憂與暗德相混之喜德（sattva）時，起歡喜之情的，稱歡喜定；進而斥憂暗二德，僅專念純粹喜德時，歡喜之情滅，僅只有「我存」（asmi）之感的，名自存定。本經除此四種分類外，於〈一，四一〉等揭出四種等至（samāpatti），且稱此為有種定。此即：有尋等至（savitarka-samāpatti）、有伺等至（savicāra-s.）、無尋等至（nirvitarka-s.）、無伺等至（nirvicāra-s.），前二者與前述相同，而無尋等至者，意指前生之憶念（本能等）亦脫離，僅只對象輝耀之位（arthamātra-nibhāsa）；無伺等至者，心還原其本源自性之位〈一，四三〉。合糅此兩種分類觀之，本經有心定之區別是有尋、有伺、歡喜、自存、無尋、無伺等六種，順序稍稍類似數論之六行觀。將三昧作分類，就筆者所知，古奧義書姑且不論，即便是新奧義書亦不曾得見，《摩訶婆羅多》分為有德與無德，只是就身體與精神作區別，有此分類的，唯獨佛教。亦即佛教依尋、伺、喜、樂之有無而分四禪定或八等至（四禪四無色），在瑜伽史上，此恐是創舉，而本經所作分類則一如前揭。

關於修習三昧的方法，本應在方法品敘述，但三昧品中亦揭舉種種方式。首先關於消極性的，作為障礙三昧之因的，依據本經〈一，三〇～三一〉所載有十四種，疾病（vyādhi）、沉鈍（styāna）、疑惑（saṁśaya）、放逸（pramāda）、懈怠（ālasya）、愛著（avirati）、妄見（bhrānti-darśana）、不得地（alabdhabhū mikatva）、不確立（anavasthitatva）以及附隨而來的苦痛（duḥkha）、動亂（daurmanasya）、戰慄（aṅgamejayatva）、不規則入息與出息（śvāsa. praśvāsa）等。

為避免煩瑣，茲略去其說明，要言之，是指對精神統一有妨礙的。依據本經〈三，五一〉以及註釋所載，修行中惡魔常顯現嬈亂行者，故需加以注意。後世蘇瓦特瑪拉瑪（Svātmārāma）撰作的《哈達瑜伽普拉提皮卡》（Haṭhayoga-pradīpikā）亦論及於此（佛陀修行時也有魔出現）。對於除去此等障礙的方法，本經揭出觀念二十五諦之一，或行慈（maitrī）、悲（karuṇā）、喜（muditā）、捨（upekṣaṇa）〈一，三二～三三〉。慈悲喜捨分別是指對於他人之幸福以慈心念欲增盛，對於不幸以悲心念欲救拔，對有德者生隨喜之念，對不道德者抱持不理會之捨心，藉此而得心之沉靜（citta-prasādana）。此即佛教所謂四無量心之修行，遠遠超越了不容世間道德的數論思想，本經所以重視如此的愛他之心，恐是如同三昧之分類，是受到佛教影響。對此，卡梧（Cowell）於《一切見集》之英譯本中業已指出[5]。進而積極的修行或調制呼吸，或念光明，或念夢之表象等，亦有種種，與佛教修行法有關連而應予以注意的是，本經揭出信（śraddhā）、勤（vīrya）、念（smṛti）、定（samādhi）、慧（prajñā）的修行〈一，二〇〉。依據本經所載，信是指信瑜伽之功德，勤是指精進，念是憶念不忘，定是注心於一處，慧是令觀智銳敏，此恐是完全採自佛教三十七助道品中的五根五力。此因作為三昧修行的手段之一，信、勤、念、慧或時有所聞，但加上定（亦即三昧）則非尋常。以如是種種方法念念修行時，心的機能漸能控制，如寶珠能映萬象而無內外，主觀（grahītṛ）、認識（grahaṇa）與客觀（grāhya）三者成為一體。〈一，四六〉將此境名為「有種三昧」（sabīja-samādhi）。先前之修行是基於三昧之力，只是廣義或淺義之三昧，至此才算是達到狹義深義之三昧。但此境界又分有心與有種之位，經過先前所述六種階級，依序漸進遂至無心無種三昧，行者之大目的至此完成〈一，五一〉。

以上是三昧品之大要，要言之，主要是基於佛教，至少是與佛教同源的瑜伽觀，雜亂地敘述三昧之分類與修行法。

二、方法品之修行法（八支）

三昧品的修行法來自佛教，而方法品則與奧義書有關。在《邁伊多拉亞那奧義書》及《不死一滴奧義書》中，對於瑜伽的行位立制感（pratyāhāra）、靜慮（dhyāna）、調息（prāṇāyāma）、執持（dhāraṇā）、觀慧（tarka）、等持（samādhi）等六支，對此，前文業已述及。《瑜伽經》對此行位更作整理，除去觀慧，加上夜摩、尼夜摩與坐法等三支，而成瑜伽八支（aṣṭavaṅgāni）。

---

5. Cowell and Gough, Sarvadarśana Saṅgraha p. 273 note.

（一）**禁制（yama，夜摩）** 持守不殺生（ahiṁsā）、不妄語（satya）、不偷盜（asteya）、不邪婬（brahmacarya）、不貪（aparigraha）等，是修行者必須守持之禁戒〈二，三〇～三一〉。

（二）**勸制（niyama，尼夜摩）** 持守清淨（śauca）、滿足（saṁtoṣa）、苦行（tapas）、學誦（svādhyāya）、念神（īśvara praṇidhāna）等〈二，三二〉。異於制止性的夜摩，此乃進一步的修行，是進入瑜伽的準備。

（三）**坐法**（āsana） 漸行瑜伽時，首先應注意的是姿勢。此因身心之調合與不調合，全依姿勢而定。第三的坐法即是有關姿勢的規定。本經對於坐法，給予如次說明：

必須穩定與舒適。不用勤策，悠然自得而擴及於無限時，可脫離於相對〈二，四六～四八〉。

亦即採取安住不動的姿勢，更且心如宇宙之廣時，即能脫離苦樂寒暑之相對。除此之外，本經對於坐法並無太多說明，但註釋家與後世瑜伽書則盛傳坐法之種類。例如依《哈達瑜伽普拉提皮卡》（Hathayoga-prad-īpikā）的註者普拉夫瑪難陀（Brahmananda）所傳，瓦西修達仙與雅修醸瓦庫亞仙所定坐法有八十四種，果拉庫夏難陀（Gorakṣanātha）說瑜伽坐法有八十四種。博夏在本經之註揭出十四種。

一、蓮坐（padmāsana）　二、勇士坐（vīrāsana）
三、賢坐（bhadrāsana）　四、幸坐（svastikāsana）
五、杖坐（daṇḍāsana）　六、獅子坐（siṁhāsana）
七、牛口坐（gomukhāsana，牛口恐是樂器名）　八、龜坐（kurumāsana）
九、鷄坐（kukkuṭāsana）　十、背龜坐（uttānāsana）

十一、弓坐（dhanurāsana）　　十二、魚主坐（matsyanāthāsana）
十三、孔雀坐（mayūrāsana）　　十四、自在坐（sidhāsana）

上揭之一一具體形相，吾人無從察知，然從名稱看來，應是相當奇特之行法。所說的坐法，主要是指腰部以下的姿勢，腰部以上，尤其是手的姿勢，名為契印（mudrā）。本經對此不作說明，但到了「怛特羅瑜伽」則非常重視，如同坐法，也有種種分化。關於修行場所，本經亦無特別注意，若依爾後的《哈達瑜伽普拉提皮卡》所載，是以無兵戰、刀杖及水火之患，食物豐饒之所，造長寬約六尺之庵室為宜。

（四）**調息**（prāṇāyāma）　坐法決定，其次是調制呼吸。在瑜伽修行中，此乃極其重要之事，此從《摩訶婆羅多》視此為練身之代表即可知之。呼吸是吾人生命之基礎，尤其若依近世心理學者之研究，吾人注意之節奏亦與呼吸有關，是故就以調制身心及精神凝集力為主的瑜伽而言，重視此之調制絕非偶然。從而本經對此亦給予種種說明，然其中最為重要的，仍是八支中之說明。〈二，四九～五一〉曰：

（坐法既定）以調息完成入息與出息之行路。

若是如此，此內、外、充之作用必須注意其處、時與數，且徐緩悠長。

專注內外之境為第四。

亦即欲調制呼吸時，首先須要三種作用。第一吸，第二吐，第三不吸不吐長貯於胸腹內。在《阿姆利多賓督奧義書》及後世術語中，第一稱為滿相（pūraka，胸腹充滿），第二稱為虛相（recaka，空虛），第三稱為瓶相（kumbhaka，瓶中水滿不動狀）。行此三事時，應當注意之要件有四種。第一是有關「處」的注意，念息進入後達於胸腹何處，出則達於宇宙何處；第二關於「時」，即有關出、入、充的時間；第三關於

「數」，是定其次數。行之，切禁卒暴如喘，應綿長細微。第四種注意事項是調制呼吸，繫心於內境或外境之一處，不可漫然馳散。心若馳散，呼吸即不規則。此即頌文之義，雖僅只二、三頌，其之所述可謂頗為周全。現今國內所行種種呼吸法，能超出此頌文所述之外的，相信不太多。

（五）**制感**（pratyāhāra）　制御五根，令感覺與對象分離。本經〈二，五四〉曰：「根不與各個對象結合時，與心之本性同，稱為諸根制御。」亦即如同《摩訶婆羅多》等所載，如龜藏其五體於殼中（此名藏六），五根攝於心之修行亦同。

以上五支主要是有關身體修練的部門，可名之為有德瑜伽（saguṇa-yoga）、作法瑜伽（kriyā-yoga）與努力瑜伽（haṭha-yoga）。本經〈三，七〉相對於稱後三支為「內支」（antaraṅga），稱此五支為瑜伽之「外支」（bahiraṅga）。更進一步趣向純練心法的是後三支。

（六）**執持**（dhāraṇā）　於制感之處已制五根，但心之動亂未止。在此所制的，稱為執持，本經〈三，一〉下如是定義：「心結合於一處，名執持」。即專注於鼻端或丹田等修行。

（七）**靜慮**（dhyāna，馱衍那，禪那）　佛教分之為四種階級，本經僅定一位。本經〈三，二〉所下如次定義：依執持而專注的一境與其表象（pratyaya）完全一致融合（ekatānātā）的狀態。

（八）**等持**（samādhi，三摩地，三昧）　八支中之最上位，依據〈三，三〉之定義，此係心如空虛，唯對境發輝之位（arthamātra-nirbhāsa）。在靜慮位時，心境成為一體，然尚有能所之區別，至此則能觀之心亦泯，是觀法增進之位。不詳本經對於此三昧與前三昧品的三昧二者的關係看法如何？前者分有心三昧為六位，而此處僅只一位，不只如此，此三昧之定義與三昧品中無尋等至（nirvitarka-samāpatti）的定義一致等等，總之，彼此的關係不甚明確。此乃筆者視前之分類與八支之分類不同的理由之一，但相對於無種定，本經〈三，八〉謂此三昧猶是外支，由此可知八支之最上位仍意指有心三昧或有種三昧，經中沒有言及此後應依何法與修練到達無心三昧或無種三昧，是故於總體關係上，難免有不詳之處。

綜合前文所述，執持、靜慮與等持等三支乃瑜伽行之根本修行法。哲學的原理或不思議神通，乃至究竟解脫皆以此三支為基礎。故本經〈三，四〉總括之，名之為「總制」（saṁyama），〈三，七〉名之為瑜伽行之「內支」（antaraṅga）。後世所說的王瑜伽（rājayoga），正意指此修行。

第四節　神通（vibhūti）與解脫（kaivalya）

依據本經〈四，一〉所載，自在力（siddhi）獲得的方法有種種。或是先天具備異常能力，或是服用某種藥品而發揮非凡能力，或誦特定咒文，或行劇烈苦行，或依三昧力而得（佛教等亦言此五法）。瑜伽主要的神通是依三昧而得，更且是最為確實的方法，本經神通品所說的神通即此。本經在述說神通時，首先於總制（saṁyama），亦即於執持、靜慮與三昧等三支中求其原理。對此，〈三，九～一五〉的頌文意義不明，但大抵可知是指致力於總制的三支，立於心之開展（pariṇāma）的立場觀察，意欲與神通有所關連。亦即由於三支的力之觀察，吾人心中所具靜止的可能性、等持的可能性與心一境的可能性得以開展。第一的靜止的開展（nirodha-pariṇāma），在吾人心中動的方面（vyuthāna）與止的方面（nirodha）等二種可能性中，總制屬止的方面之開展。第二的等持的開展（samādhi-pariṇāma），在吾人心中散的方面（sarvārthatā）與定的方面（ekāgrata）之中，總制定的方面之開展。第三的心一境的開展（ekāgratā-pariṇāma），在吾人心中寂靜的方面（śānta）與活動的方面（udita）之中，總制兩者平均寂靜，專注一境的活動狀態。此三種開展幾乎是相同的觀察，但若分為三支而言，第一是對執持，第二是對靜慮，第三是對三昧的說明。本經以此觀察為基礎，進而論及依三支修心之可能性，不只是心，吾人肉體（bhūta）及諸根（indriyāṇi）之性質（dharma）、特相（lakṣaṇa）、狀態（avasthā）亦依修行而得以發揮其高等能力（三，一二），不只如此，更進一步，客觀的萬有系列亦因三支之開展而得以開展（三，一五）。此因心與客觀界都是自性之開展，其間有本質性的連絡，自然能發揮其高等能力，故能支配客觀界。此即本經所求神通的形而上學的原理，換言之，瑜伽行者所以能發揮超自然力，並非由於新得之力，而是吾人先天所具能力之開展。就筆者所見，神通信仰當然含有若干狂信，然仍須具有基礎性的事實。就心理學見之，吾人專念於某一對象時，吾人全部意識受彼占領，甚至能顯現為現實，此乃任何人都有的經驗。至少就經驗者本人而言，其觀念完全具有客觀的妥當性，更且實際上依精神之統一亦得以發揮常人所不及的精神能力，故從事精神統一的瑜伽行者相信依此能得不思議力，亦不足為奇。另一方面，瑜伽的目的在於脫離小我，進而顯現無縛自在的大我之面目，故將此無縛自在之境視為無事不能之神通力，也是在所難免。《瑜伽經》以種種理由力說神通力之根本原理，主要不外於欲令此二種理由理論化。

本經依前述見地，揭示諸多藉由應用總制而得的神通種類，〈三，一六～五五〉共說明三十餘項。若一一予以敘述，恐甚為煩瑣，故僅揭其中較為重要者如次。若對諸法之三種開展行總制，能洞觀過去與未來〈三，一六〉。聲與內容相混，若對其區別行總制，能瞭解所有動物的談話〈三，一七〉，若對酬報前世之業的現果行總制，能得宿命智（pūrva-jāti-jñāna）〈三，一八〉。若對心之表象行總制，能得他心智（paracitta-jñāna）〈三，一九〉，若對慈悲喜捨行總制，能得大力〈三，二三〉，若對太陽行總制，能得宇宙智〈三，二六〉，若對喉嚨凹處行總制，能調伏飢渴〈三，三〇〉。此外，依據應用總制，能令己心宿於他身，或能立於水中，或於空中飛行，或知日月星辰之運行，或現不可測之妙智力。值得注意的是，本經雖如此重視神通，卻不是視之為瑜伽行者的目的，認為若執著神通反成為修行障礙。〈三，三七〉曰：

彼（神通）於世間法雖得自在，然於三昧毋寧為障礙。

亦即如同佛教雖言及五神通，亦告誡不可執著，二者的精神相同。從而本經由神通的說明進而述及佛教所說的漏盡智通，由總制的應用趣向自性與神我之區別。本經〈三，四七〉曰：「於認識、自相、我見、依存、對象等，應用總制能征服諸根。」〈三，四九〉曰：「闡明自性與神我之區別能支配一切物得一切智。」〈三，五〇〉曰：「不執著於此時，罪種遂盡而得獨存。」亦即最卓越的神通仍是解脫，通常的不思議力，只是副產品。墮落的瑜伽行者將神通視為目的，此舉將大為傷害瑜伽之品位，本經雖說及神通，仍視之為非究竟，完全是以解脫為主，是故必須與佛教所說的禪定相輔才能發揮瑜伽之真意。

其次就本經的解脫觀之。此見於第四品，要言之，其精神與數論毫無所異。如同數論，本經以正智（samyagdarśana），亦即以分別生智（vivekaja-prajña）為解脫之正因，以神我之獨存為究竟。依據〈二，二七〉所載，此分別智有七位。博夏曰：

（一）了知一切。（二）可知之物亦無。（三）煩惱退治。（四）達於分別。

依此四智得肉身之解脫，故得此智名身解脫（kāya-vimukti）。

（五）覺知達其目的。（六）征服三德（自性）。（七）三昧成就。

依此三智心得解脫，故得此名為心解脫（citta-vimukti）。

佛教亦言及此身解脫與心解脫，且前四智類似佛教之盡智、無生智。恐是取自於佛教，也有可能是當時瑜伽社會的共通信條。本經將解脫正生之位稱作「法雲三昧」（dharmamegha-samādhi）〈四，二九〉，此與大乘佛教菩薩十地的最上位同名，不知其間有何關聯。總之，七智最後的「三昧現成」之三昧與此法雲三昧同位，故應是無心無種三昧之義。以此上應予以注意之事項為背景，筆者擬以本經與解脫論相關之頌文作為本章終結。

> 知神我與自性之區別者，終止執心為我之見〈四，二五〉。
>
> 爾時心入分別之河，流於獨存之瀑〈四，二六〉。
>
> 如償債者再無利息，達於分別者法雲三昧顯現〈四，二九〉。
>
> 自此煩惱與業滅絕〈四，三〇〉。
>
> 爾時，依離一切障礙罪穢的無限智慧，所知境（jñeya，爾焰）轉成微少（了知一切義）〈四，三一〉。
>
> 爾時，達其目的之三德（自性或心之義）終止其開展系列〈四，三二〉。
>
> 作為剎那之相反，於開展之終結，掌握時之系列（超越時間）〈四，三三〉。
>
> 神我無目的，三德還原自性名為獨存。心體（citi，神我）確立其自相稱作獨存〈四，三四〉。

此與數論的解脫說無異，故不再多作註釋。

第四章　餘論

第一節　瑜伽經以後之態勢

前揭三章主要是略述瑜伽思想之發展。如屢屢所言，奧義書以降，瑜伽觀念法成為一切學派共通之修行法，故即使一一考察各派所發展的特殊行法，瑜伽發展史亦不能盡之。鉢顛闍梨以後，瑜伽產生若干分化，訂定了更為緻密的規定，且給予誇大的說明。現今無法一一尋其分化徑路，但總的說來，應是朝吾人知、情、意等三方面發展。亦即：智慧瑜伽（jñāna-yoga）、信仰瑜伽（bhakti-yoga）與作法瑜伽（kriyā-yoga）等三種。「智慧瑜伽」主要是就觀法內容作哲理性的研究，可以說是意欲以禪的思惟探得宇宙真理。廣義而言，印度哲學皆屬此一部類，唯特以禪修為基礎而探討哲理，是稱其為智慧瑜伽之所以。此猶如無著《瑜伽師地論》（yogā-cārabhūmi-śāstra），雖是以唯識哲學為基礎的佛教百科全書，但就視此為觀法基礎而名為「瑜伽行之基礎論」言之，亦應列為智慧瑜伽之部類。（東西洋學者中不乏有人認為《瑜伽師地論》是在述說瑜伽行法，或仿《瑜伽經》八支而說十七地，此實屬錯誤之論，必須知之）。先「信仰瑜伽」是有神主義之瑜伽，是一心一向念神冀望神祇攝取的觀法，藉由感情純化而達到目的。先前的《薄伽梵歌》為其代表，爾後印度教亦傾向於此一方面之發展。佛教中，如《觀無量壽經》及《般舟三昧經》均屬此一潮流之產物。所謂「作法瑜伽」，又可名為努力瑜伽的修行，是以實際的意志方面為主，坐法、調息與苦行為其特徵。蘇瓦特瑪拉瑪（Svātmārāma）的《哈達瑜伽普拉提皮卡》（Haṭhayoga-pradīpikā）是此方面代表作，佛教專門論及此一方面的大小乘禪書亦不少。分化成此三方面的瑜伽思想在某一點上彼此也有共通，故實際上並不容易定其關係與分野。

其次稍就瑜伽傳播於國際的形跡見之。依據嘎貝所說，國際間，思想最早受到瑜伽影響的，是新柏拉圖派。嘎貝推論新柏拉圖派的產生是由於數論思想與瑜伽混入柏拉圖哲學所致[1]。誠然，新柏拉圖派採取類似數論的發展說（實際上，類似《起信論》及吠檀多的也不少），其到達恍惚（ecstasy）之境地能與最上原理冥合的說法，也類似瑜伽之思想。尤其從鄱斐爾斯（Porphyrs）與葡羅庫斯（Proklus）亦唱導妖術與交神術看來，嘎貝的見解不能說不妥當。柏拉圖雖已有禪的傾向，但無法舉出瑜伽的思想如何傳到亞歷山大港的證據，至少還有待今後研究才能作如此推定。

比起新柏拉圖派較為明確的是往波斯方面的傳播。依據拉遲多拉喇蜜特拉所說[2]，波斯的宗派中有所謂的薩帕西亞派（Sapasīyan），此派特重苦行，調制呼吸，為冥想定階位，以無念無想之境為最上，依此得神通，靈魂能自由轉換為他人。不只如此，該派教徒明言其法來自印度，故其之所傳是瑜伽行法，應無可懷疑。只是不詳薩帕西亞派於何時興起，其詳細教理又是如何，故其所行瑜伽程度如何亦不能推定。

更為明確的是十一世紀阿拉伯學者阿貝魯尼（Alberūni）將《瑜伽經》與《僧佉耶頌》譯成阿拉伯語。於其所撰有關印度的記錄“Tārikh-ul Hind”中，有如次記載：

---

1. Garbe, Sāṅkhya und Yoga S. 9, 40.
2. Mitra, Yoga Aphorism pp. LXXXV~LXXXVI.

余譯印度二書為阿拉伯語。其一論述萬有起源與性質，名為僧佉耶頌，另一言及靈魂脫離身體束縛之方法，名為鉢顛闍梨。此二書包含印度教義中的主要主義。

所說的鉢顛闍梨，應是指毘耶舍的《鉢顛闍梨註》（Pātañjala-bhāṣya），遺憾的是，此書今已散逸。依據蜜特拉所說，十七世紀中期的馬西尼伐尼（Mahsini-i-Fānī）於其所撰"Debistan-i-muzabāb"一書中，載有關於瑜伽的記事，據此可知在當時已見流行。瑜伽行法隨從佛教傳入中國與日本，且有大發展。到了近代，此法與吠檀多教理結合而輸入歐美，尤其盛弘於美國。在美國當地，更設立以此主義教化兒童的機構，組織教會，出版眾多圖書。或許此法已有種種變形，但就本質精神而言，將永久流傳於世界各國，對人心的救濟給予光明。

第二節　瑜伽之宗教意義

瑜伽何以能永久流傳於世界各國的理由，在此篇之總說業已述及，最後擬就宗教意義稍加探究。

宇宙論的問題姑且不論，生物的本質在於生活意志（Wille zum Leben），對此，修賓哈烏艾爾早已道破。生存之意志以及擴展之意志是一切生活行動之中樞，此乃上自人類下至螻蟻一貫不變之現象。在意志活動方面，一般動物大多是本能的盲目的，但人類隨著理性發展，是朝向意識的目的方面開展，意志遂有二重。亦即一方面顯現為與動物無異的肉體的自我保存或種族保存等現前的欲動，另一方面顯現為憧憬無限生存無限擴展的超越自己。此二者當然都屬意欲生存、意欲擴展的同一意志之發動，理論上應屬同一系列，但事實上，兩者相較仍有顯著對比。一方面是肉體生活之欲動，另一方面是靈性生活之憧憬；一方面是現實的，另一方面是理想的；一方面是受制於時空的分割性的生活，另一方面則以超越時空的完全或統一的生活為目的。前者姑且稱為現實生命之要求，後者稱為絕對生命之要求。人雖有強弱顯微之差，卻都具備此一要求，且都有進趨於兩者任一方的傾向。就心理學而言，固然絕對生命之要求，是由於欠缺現實意志，然而其撼人之力，完全無異於現實意志之要求。是故同樣是意志發顯，動輒卻於吾人生活要求上生起兩方向之爭。此即靈肉或現實與理想之爭，進而自然主義、精神主義之衝突，或唯物論、唯心論之爭不外於都是此自己內在之爭。

基於此一考察而見宗教之特質，一切宗教都是相應絕對生命之要求而產生。憧憬無限，期望不死，欲達絕對自由之境地是一切宗教最終目的，而且是宗教得以永久主張其存在之權的唯一根據。佛教以無量壽（Amitāyus）、無量光（Amitābha）的阿彌陀為理想，渴仰久遠實成、常在靈鷲山的釋迦；基督教所尊仰永遠且無所不至之神，不外於也是應此要求而產生之對象。從而反過來說，任何宗教皆有若干否定現實意志之傾向也是自然，縱使不予以否定，至少不談是以現實意志的生活而獲得宗教生命。縱使名為現世宗教，卻僅以現實的滿足為其最終目的的，絕不能說是宗教。實際上，雖名為現世宗教，然其內在仍然常保對絕對生命的要求，此從任何宗教觀之，即可了然。尤其在印度宗教中，此一傾向更為顯著，為獲得絕對的生命，對於現實意志之否定毫不厭嫌。不只如此，彼等相信若不否定現實意志，則無法滿足對絕對生命之要求。彼等重視厭世與離欲，以解脫或涅槃等消極名辭稱其理想鄉，其因在此，換言之，彼等依現實意志解放自己，止息其分裂生活時，無限不死之生命才得以顯現。總之，雖不如印度如此顯著，但任何宗教在肉與靈、現實與理想的對比中，捨肉取靈，超越現實冀望理想終究是不可懷疑之事實。

宗教之深奧在此，其崇高也在此。

基於此等觀察而探尋瑜伽的宗教意義，則可了知其不外於是將此上的理論予以具體化。如前文所述，瑜伽可區分成專司肉體方面的作法瑜伽以及專司思惟與觀法的王瑜伽的兩方面。進一步而言，前者實際上是司掌現實意志之否定，後者是絕對生命之肯定。此因瑜伽的身體練習屬消極的修行，主要在於滅除煩惱，而精神的修練則以確實思念理想鄉及開拓其鄉地為主。依此看來，瑜伽具有否定現實意志，以及擴張絕對生命等一切宗教唯一修行法的資格。此乃筆者相信只要具有宗教之心，瑜伽於任何處所任何時代都適用之所以。若是如此，瑜伽是以何者為根據而能實現絕對的生命？絕對的生命是指吾人意志極度滿足其要求而自主獨立之境界。此境界乃吾人理性之所指示，非概念之思辯可得，是意志自我發動開拓之境地。此因概念在吾人精神作用中，是屬第二次性的，雖能給予意志任何方向，但意志之要求最後必待意志的自我滿足。以喻言之，意志如水流，理性與概念如河床，而絕對的生命猶如水流最後合於大海。吾人整治河床能將水流導引向海的方向，但實際進行時，必待水流本身，意志是實現絕對生命之手續也是如此。然而吾人既受時間空間所制，終究不能以物質實現此絕對的生命，只能於心靈上，作為自內證之力而實現之。瑜伽成為宗教的原因即在於此。瑜伽中，當然有種種道理，其觀法方針也與哲學理論有關。然而，要言之，此等無非是指月之指，瑜伽之主要，在於以全部意志遣去暫有的欲望而躍入絕對的生命。瑜伽的說明中，屢屢言及依言而至無言，依差別而至無差別的，亦不外於此義。尤其在觀法中，從起初的粗觀終至以無念、無想、忘我之境為究竟，如一切河流捨其差別的河床流入無差別之大海，行者於心靈上脫離分別的概念，實現絕對的生命（大我）。奧義書將此境地譬喻為諸河入海而失其名色，在此意義上實是最切實的表現法。總之，不可忘記瑜伽所以於絕對生命之實現最為有效，是在於令意志之自我活動。修賓哈烏艾爾認為意志之本質在於欲望，只要有意志就苦痛不絕，以否定意志作為最究竟之理想，此係忽視此欲望不絕的意志，若依禪修得以開拓絕對滿足之境地所致。此絕對生命之境地絕非無活動的休止狀態。脫離小制限的依存的差別的生活，自能湧現完全統一絕對的自主生活。如先前所述，神通之信仰者也唱言此自主生活之自由，尤其在中國與日本禪中，尊仰所謂「却來門」，提升絕對的生命之光，力說再回現實生活之活動。相信瑜伽的本質意義至此才告完成。

第五篇

Vaiśeṣika 勝論派

第一章　總說

一、地位

吠世師迦（勝論派）是印度自然哲學中最大的學派。此派將一切現象分類成六乃至十個範疇，各個範疇之下又含攝若干事項，藉以闡明萬有成立之要素。其組織之精密堪與數論並論，尤依中國所傳的佛教史料見之，此二派幾可視為外道兩大重鎮。此因吠檀多其全部組織之完成，是在佛教後期，在此之前，論及理論之精銳，未有及於此二派者。更就其學風見之，兩派之間頗有相似之處，且可作極具趣味之對比，故必然具有並立之性質。將萬有之成立歸之於特定要素，就要素之集合離散論其生滅，在此一方面，兩者如同出一轍，雖然如此，但數論立形而上的原理，以發生性的方式論述種種要素，勝論則如實的解剖現象界，予以範疇性的分類。換言之，數論是縱論萬有之繼起，勝論是橫議萬有之並立。大體而言，此乃梨俱吠陀以來印度二大宇宙觀之代表，亦即就神話而言，是工巧觀與生殖觀；就哲學論之，是實相論態度與緣起論態度之代表，進而依研究的態度言之，此乃二種研究方針之代表。此因吾人於研究某物時，或是發生性的見之，或是解剖性的見之，數論屬前者，勝論屬後者。理想的研究法是兩派併用，故兩派的學風有互補之關係。就此意義而言，基於先前只是從哲學的見地研究數論，故對於勝論的研究絕對不能置之於度外。況且在印度的學風中，一般說來，重視形而上更甚於自然界，唯獨此勝論派例外，此正表示勝論派本身有不少值得注意的研究論題。加之，就印度全體學界觀之，此派所關連的範圍相當廣泛，彼從彌曼差派承繼系統，與尼夜耶派有姐妹關係，影響了耆那派，與順世派亦有連絡等等，關係可謂相當複雜。從而在研究之際，有必要一探勝論，尤其在佛教方面，勝論派不僅屢是佛教所批評的對象，二者更有不少共通點，故就瞭解佛教而言，如同數論，對於此教派也有必要予以研究。在此一方面，所幸日本古來已依《十句義論》大致闡明其大綱，唯未及於本典之研究，故此下擬以本典為主，《十句義論》等為副，闡明此派思想。茲循前例，於概說之初，先說明其名稱如次。

二、名稱　梵語 Vaiśeṣika，中文音譯為吠世師迦、鞞崽迦、毘世師、衛世息等，玄奘譯之為勝論。此一名稱，無可置疑的，是出自於 viśeṣa（意為別異或特勝）。對於究竟是依據何等理由得名如此，頗有異論。或謂本派重視萬有之差別相，以此為其研究對象，亦即此部派是重視差別之部派，故名吠世師迦。或謂本派所立六句義中，第五的異句義（viśeṣa-padārtha）中有本派之特色，亦即基於異句義為主的部派之意涵而得名。此二者都是就本派重視差別相之特質作解釋，更且都是西洋學者之所考證。但就筆者所知，中國方面完全沒有類此之解釋，玄奘顯然只採取殊勝之義而譯為勝論。玄奘門弟慈恩大師窺基如是釋曰：

亦云吠世師迦此飜為勝，造六句論，諸論罕匹故云勝，或勝人所造云勝論（《唯識述記》卷一末，大正四三，頁二五五，中）。

亦即基於六句義之義理殊勝，或勝人之主張，故名勝論。乍見之下，是頗為奇妙的解釋，此因若以自畫自讚之名稱作為派名，免不了將受到「任何學派都可以名為吠世師迦」之非難。雖然如此，但筆者卻認為此一解釋有其正當理由。此因前揭立於差別相的解釋，於本典不見憑據，反之，此一解釋自有其典據。《吠世師迦經》（Vaiśeṣika-sūtra）〈一，一，四〉曰：

依實、德、業、同、異、和合等六句義之同相與異相關之真智出生勝法（dharmaviśeṣa）。依此而有至善（niḥśreyasa）。

應予以注意的是，引文中的「勝法」二字。依本派特有的六句義可獲真理，得殊勝法（以其他方法不能求得的功德），依此而達至善，即到達解脫。本派相信其六句義說是獲得勝法的唯一方法，故以此作為宗義，自稱為「勝教」或「勝派」，他派亦以此名稱之，遂成特有之派名。此語雖不能表現出此派特質，但既有本典作為根據，又有玄奘之譯，此若思及「基督徒」一詞原是他人以嘲笑口吻稱呼基督信者，最後卻成為其宗名，則取用「勝」之義應是正確的。當然此一見解，猶待賢者予以指正。

三、勝論思想之起源

根據傳說，本派之開祖名為迦那陀（Kaṇāda）或蹇拏僕（Kaṇabhuj or Kaṇabhakṣa）。二者皆為穀食者義，或譯為食米濟仙人。又名為優樓迦或嗢露迦（Ulūka），此為鵂鶹義，或譯為獼猴。稱勝論徒為鵂鶹徒（Aulūkya），或獼猴子，即淵源於此。相傳此仙人晝隱夜行，故得名鵂鶹，或基於取碾場米粒而食之事，故名食米濟（《唯識述記》卷一末，大正四三，頁二五五，中）。凡此，都是基於俗說字源論（Volksetymologie）而作的附會之說，全無任何歷史事實。在西洋人的解說中，Kaṇa 為極微義，**Kaṇāda** 是極微論者之意，但終究不免同是臆測之論。對於其年代，《唯識述記》只說是成劫之末。相傳彼為傳其所悟六句義法，經無量歲，遍求其候補者，終得婆羅尼斯（Vārāṇasī）婆羅門般遮尸棄（Pañcaśikhin，五頂）九千年間，種種誘導，始傳其法為第二祖（《述記》卷一末，大正四三，頁二五五，下）。如是傳說亦不脫於神怪論，五頂的事跡及年代皆不詳，亦無歷史事實之證據。是故有關勝論的傳統其不詳之處猶勝於數論，無法依此得知本派之起源與發展。加之，數論派與瑜伽派等可以從奧義書、《摩訶婆羅多》、《摩笈法典》探其思想起源與發展，但就筆者所知，勝論的思想不見於如此聖典中。若依概括性的潮流而言，勝論當然也是承自吠陀時代工巧世界觀的系統，受奧義書分析性的思潮所啟發，但在任何聖典中不見有如同數論、瑜伽一般可名為勝論潮流的思想。故帕達拉亞那在《吠檀多經》〈二，二，一七〉中批評勝論為「聖人不顧之教」，謂其聖傳無可求。從而亦不能如同數論、瑜伽，從某些文獻探索勝論派之起源與成立。故欲探求本派起源，只能以間接的方法，就其特質與當時諸學派相對照，此外別無適當之道。

順序上，首先從奧義書作對照，勝論的實體概念（實句義）中，含攝地、水、火、風、空、時、方、我、意等九種，奧義書對此曾有詳細探討。亦即將地、水、火、風、空視為五要素的思想，固然無庸贅言，區分我（ātman）與意（manas），區分空間（方）與時間的觀念大抵在奧義書業已完成。據此看來，勝論與奧義書的思想不能說是毫無關聯，可以說是分析性思辨之潮流的廣義僧佉耶思想之另一方向。但奧義書並非將地、水、火、風、空、時、方、我、意等九種視為實體之全部，不只如此，古奧義書也沒有地、水、火、風是由極微（分子）所成之說，故終究與數論派有別，不能將之視為直接承繼自古奧義書系統。況且勝論所說屬性概念（德句義）之二十四德，奧義書連分散性的敘述亦不得見。尤其勝論特有的範疇分類，乃是奧義書所未及，故勝論之興起縱使與奧義書有關聯，也應是相當後世的，且是相當間接的。

再其次，嘗試將勝論與諸學派對照而論，如同前述，與本派有密切關係的，是彌曼差潮流，可視為是本派之本家。但也僅止於啟發而已，就自然哲學的立場而言，數論與佛教等對現象界多少予以分析性的觀察，就此而言，視為屬同一系統是恰當的。更進一步言之，勝論派對自然的觀察比起數論或原始佛教更為周詳縝密，且具有總合諸派思想之氣息，是故比起前述兩派，令人有較新之感。就筆者所見，勝論派間接受奧義書影響，直接由彌曼差派啟發，但在思想內容與學派態度上，有最密切關係的是順世派（Lokāyata）與佛教的說一切有部（Sarvāsti-vāda）。

首先就其與順世派的關係觀之，順世派的成立稍早於原始佛教，是印度最具勢力的唯物論者。彼等以地、水、火、風等四大解釋萬有，最後甚至達到極微（分子）的探討，此依《唯識述記》（卷一，大正四三，頁二四五，中，卷一末，大正五四，頁二六三，中）等經常介紹此派之極微說即可知之。勝論派於其物質觀中也言及極微（paramāṇu），此乃其教理一大特徵，可以說極微是勝論派之專賣。不可思議的是，其原典對於極微並無絲毫說明。如果是自派之新見地，必然是力說不已。因此杭特（Handt）認為此因於勝論派承自於他派，並推測應是承自佛教的說一切有部。筆者同意其承自他派之說，但不能同意承自於有部，筆者認為承自順世派較為妥當。如同後文所將提及，有部與勝論的極微觀之間有相當程度的差異，若依《唯識述記》（卷一，前揭，《決擇》第二卷，一二）所載，順世派與勝論派的極微觀頗為一致。恐是勝論在建立該派之自然哲學時，採用當時物質觀最為進步的順世派之說，更予以進一步發展，最後形成極微說是勝論派特有之教理。

其次就勝論與有部的關係見之，印度諸學派中，與勝論思想最相近的，無過於佛教的說一切有部。二者都是極端的實在論者，喜好縝密分析性的研究，樹立多元主義的機械論學風，又都採用極微說，主張因中無果論，幾可說是姐妹學派。縱使不說勝論派受有部影響，但至少可以說兩派之間相互影響，二者是乘同一氣運而立。

要言之，若筆者的推定無誤，則可以認為在印度學風逐漸注意形而下的時期，勝論派孕育自婆羅門的祭儀學中，統合非吠陀主義的順世派與佛教思想而成為與數論派並立的學派。如果迦那陀與五頂是歷史人物，應是促此氣運發生的學者。其作為學派的成立年代雖然不明，但大抵可視為是在西元前三世紀左右。此因有部的成立也是在西元前三世紀左右，而原始佛典中，既無勝論派之名稱，亦無其思想，直至西元前後馬鳴的《大莊嚴論經》中，勝論始與數論並論，依此推斷，其成立年代應在二者之間，亦即在西元前三世紀左右。

四、聖典　勝論派的根本聖典是《吠世師迦經》（Vaiśeṣika-sūtra），相傳為迦那陀所撰。全書三百七十頌，分成十卷，每卷又分成二日課（āhnika）。內容方面，第一卷敘述研究六句義之必要，第二卷至第三卷述及實句義之內容，第四卷述及極微說與四大之性質，第五卷進入實句義之細論，第六卷述及德句義中的法與非法，第七卷說明德類之大部分，同時交雜和合句義之說明，第八卷進入智識論，第九卷屬雜論部分，觸及「因中無果論」以及「有無之關係」等，第十卷從苦樂的說明進入因果律的問題，並以此作為終結。但此僅只是大致的區分，實際上是種種問題相互交錯，就其原典而言，不免有過於雜亂之嫌。在決定此書於何時成書時，首先要注意的是，《勝宗十句義論》的漢譯。此係唐貞觀二十二年，亦即西元六百四十八年由玄奘譯出，就其內容見之，本典之雜亂業已作過整理，其十句義與其說是後世之所附加，不如說是本典思想之分化。是故筆者依此斷定其本典的成書最遲不晚於西元七世紀。其次應予以注意的是，鳩摩羅什（西元三四四～四一三）所譯《百論》（提婆造，婆藪開士釋）中之記事。其釋文中有如次記載：「優樓迦弟子誦衛世師經言知與神」，由此可知，最遲在西元四世紀，《衛世師經》已以某種形式存在。不只如此，在言及「我論」的記事中，顯然有與現在的本典相應之一頌。亦即在《百論》卷上，破神品第二（大正三〇，頁一七〇，下）曰：

> 優樓迦言實有神常以出入息視眴壽命等相故，則知有神。復次以欲恚苦樂智慧等所依處故則知有神云云。

本典〈三，二，四〉云：

Prāṇa-apāna-nimeśa-unmeśa-jīvana-manogati-indriya-antaravikārāḥ sukha-duḥkha-icchā-dveṣa-prayatnāś ca ātmano liṅgāni（有出息、入息、開目、閉目、壽命、意動、根之變化及苦樂、欲志、勤勇等，此乃我存在之相）兩句相較，文字雖有增減，但語法與意義完全相同。亦即婆藪開士知道本典中的此句。由此筆者可以斷定此《衛世師經》縱然與現今聖典不全然相同，但也相當接近。進而應注意的是，述及耆那教之異端的 Āvasyaka 之記事。據其所述，教祖大雄（Mahāvīra）滅後五百五十五年（西元一一七年）有羅哈古達（Rohagutta=Rohagupta）耆那教徒依據《衛世師經》（Vaisesiya sutta=Vaiśeṣika sūtra）而開創提拉西亞派（Terasīya）。從被視為《衛世師經》之內容的一百十四條教目觀之，可知完全是六句義及其細分，故無可懷疑的，確實是勝論的聖典，且與現今之本典頗為相似。大體上，勝論將德（屬性）的種類定為二十四種，本典的〈一、一，六〉便宜性的，僅列舉十七種。亦即色、味、香、觸、數、量、別體、合、離、彼體、此體、覺、樂、苦、欲、瞋、勤勇，其他七德則散見於別處。提拉西亞派也是說十七德，其順序也與本典一致，差別的是，其所採用的，是俗語。二者的一致並不表示當時勝論所說的德只有十七種，而是羅哈古達執著本典某一頌字面上的敘述所致。據此可知，當時，亦即西元第二世紀初期，至少本典的某一頌文已經成立，自然而然，提拉西亞派所根據的《衛世師迦經》與現今的本典相當接近的推論也可以形成。

基於以上所揭事實，可作如次大致的判斷：現今《吠世師迦經》某一部分成立其最遲在西元二世紀初，或許可以追溯到西元前後。但不容易斷定全書十卷三百七十頌皆是如此，此因無論從《百論》的記載或 Āvasyaka 的記載，都無法獲得證明，進而提拉西亞派有關同句義（sāmānya）的說明與現今的本典也有所差異。若依據他派的例證看來，可能或是廢棄古聖典而出新典，或是初始頌數簡單爾後才增多，總之，斷定本典於西元一世紀左右即全部完成是非常危險的。比較周全的推定是，學派的組織從當時開始製作頌文，爾後漸趨複雜，直至第五、六世紀，才編輯成現今之體裁。

本書的註釋書中，最為傑出的是商羯羅密修羅（Śaṅkara Miśra）所撰的《註》（Upaskāra），以及為此註更加作註的夏亞那拉亞那（Jayanārāyaṇa Tarkapañcānana）所作的《複註》（Vivṛtti）。作為「印度文庫」之一篇，此二釋之合本已於加爾各答出版。

次於本典的重要聖典是慧月（Maticandra，末抵戰陀羅）所撰，玄奘迻譯的《勝宗十句義論》（Vaiśeṣika-nikāya-daśapadārtha-śāstra）。其原典雖已散佚不存，但就簡明地將雜亂的本典予以彙整而言，可說是優於數論《金七十論》之佳作。其內容分為二部分，前分述說十句義之大概，後分以諸門分別的方式更作詳細說明。慧月的年代不詳，故不能知其成書年代，恐是相距玄奘不太遠。《俱舍惠暉》〈一，一二〉雖有「慧月於雲山北作十句義論」之記載，但不能確定此有多少歷史根據。總之，本書是古來中國或日本學者研究勝論的首選資料。

此外，作為與尼夜耶論理合併說明的綱要書，是十五世紀西瓦提多亞（Śivāditya）的《七句義論》（Saptapadārthī），以及同一時期的安那姆巴達（Annambhaṭṭa）的《究理集要》（Tarka-saṃgraha）、毗修瓦難陀般車拏拏（Viśvanātha Pañcānana）的《語義決釋》（Bhāṣāpariccheda）等。此等著作雖添加濕婆主義或吠檀多主義，但大體上，就其簡明揭其綱要而言，亦不失為優良的參考書。

參考書

Vaiśeṣika Aphorism, tr. by Gough, Benares, 1873.
（附有原頌之註釋 Upaskāra 及 Vivṛtti 之大要），
Vaiśeṣika sūtra, übersetzt von Roer Z. D. M. Bd. 21 ～ 22.

Tarka saṁgraha（原典及英譯）Bombay, 1899.

《勝宗十句義論科註》	一卷	一觀
《勝宗十句義論釋》	二卷	基辨
《勝宗十句義論試記》	二卷	嚴藏
《勝宗十句義論決擇》	五卷	林常
《十句義論聞記》	一卷	寶雲
《冠註勝宗十句義論》	一卷	公譚
《冠導勝宗十句義論》	一卷	存教

此中，林常的《決擇》就其詳密，存教的《冠導論》就其簡便而言，都是頗為便利之著作。組織性的研究不多。就筆者所知，只有如次的一本單行本。

W. Handt, Die atomistische Grundlage der Vaiśeṣika sūtra, Leipzig, 1900.

勝論派的研究態度徹底是概念性的分析性的，其組織相當完備，然極其煩瑣，不免令人有枯燥無味之感。由於對任何事項都作定義性的說明，故若予以簡明說明，則不易瞭解，但若詳細說明，則嫌冗長，處理起來相當困難。尤其諸如實句義的九實或德句義的二十四德等，僅只作到揭其名目，依序說明而已，是故在處理時，可說相當無趣。雖然如此，既然是本派的特色，就不能隨意改變其組織，此下筆者首先擬依此方法作分析性的說明，進而再利用此等材料，予以綜合性的組織性的觀察。

第二章　勝論之教理（其一、分析性的觀察）

第一節　句義（padārtha）之意義

勝論哲學的特色在於詳細分析萬有之現象，於還原種種要素之外，又以實、德、業、同、異、和合等六個句義（範疇）予以嚴密統攝。佛教的有部雖立七十五法，對萬有給予相當周詳的說明，但不如勝論般注意到概念之運用，予以推敲錘鍊，稱之為範疇，並以此作為基礎解釋萬有。更且勝論派所立的範疇，異於亞里斯多德作為依經驗得來的最高概念而立的十種範疇，異於康德作為吾人悟性所具先驗的形式而立的十二種範疇，換言之，是將之視為客觀的「法爾如是」的原理。亦即視為一種形而上的實在。本派以句義稱之，頗能表現其特質。所謂句義，從文字上看來，是指語（pada）的意義（artha），或語的對象，但勝論常將語言與概念等同視之，所以應是指概念的內容或對象。亦即在概念深處，作為其基礎的客觀的實在之意。是故雖說勝論哲學重視分析，但它並不是先分析萬有，然後再將之分類為六科，而是作為令萬有所以如此的原理而立此六種範疇，是作為各個範疇之細分而說明種種要素。此乃勝論哲學的一大特質，此稍稍類似柏拉圖的從概念出發，構成觀念（Idee）界而成為萬有之因。

若是如此，勝論以何等概念作為最高位，依此而建立六句義？大體而言，其程序是相當論理性的。約翰洛克將其複雜的概念分為實體（substance）、樣式（modes）與關係（relation）等三類，勝論的句義大體以此分類為基礎。亦即勝論首先觀察萬有而至實體概念，進而立「實句義」（dravya-padārtha）作為其因應之範疇。就心理性而言，固然此係從具體之物抽去其性質、狀態、運動等以後的純粹概念，但實存論者的勝論卻視此為令萬有之實體顯現的原理。其次抽象附屬於實體的性質與狀態而得屬性概念，由此誘導而立作為原理之「德句義」（guṇa-padārtha）。其所立之「德」，異於數論所說三德之德，而是指性質或屬性。進而抽象其運動現象，立同樣是作為原理的「業句義」（karma-padārtha）。此二者相當於洛克所說的樣式概念（modes），同樣是純粹概念之產物，但勝論認為由於有此二句義，萬有才有種種的性質、狀態與運動。依據勝論所說，此三句義是各自獨立的靜的原理，絲毫不具令三者協同產生具體現象之力。欲成為具體現象，此間必須有關係的作用。勝論將關係概念開成三方面，立此下三種句義。第一，萬有之間相同的關係，亦即令吾人構成種概念與類概念的萬有之間的共通關係，必然有令所以如此之原理，因此立「同句義」（sāmānya-padārtha）。第二，相異的關係，亦即令吾人構成單獨概念的萬有之間的差別關係，因此立「異句義」（viśeṣa-padārtha）。第三，發見同一對象中，有實體、屬性、運動、同相、異相等的不可分離，其中必然存在所以如此的共同關係之原理，因此立「和合句義」（samavāya-padārtha）。勝論意欲用實（dravya）、德（guṇa）、業（karman）、同（sāmānya）、異（viśeṣa）、和合（samavāya）等根本六句義解決萬有千變萬化之真相。亦即勝論首先就某一具體對象的體、相、用作觀察，得出實、德、業等三句義，其次將此物與他物作比較，觀察其共通點與差異點，得出同句義與異句義，進而基於此五句義作為具體物有再協同之必要，因此立和合句義，六句義至此成立。勝論作為極端的實在論者（相對於名目論者），將此六句義視為各自獨立之原理，依此等原理萬有才得以具體成立，如此的範疇論在西洋哲學中絲毫不得見其類例，而此正是勝論哲學特有之見地。要言之，勝論認為概念依其性質分為實體、屬性、關係等三種，其量分為種（Gattung）、類（Art）、單獨（Individuum），進而提出予以具體化的原理，雖說是機械的，但不失為是一種微妙的論理的考察。

此「六句義說」是勝論派的根本教理，或於此六句義上再加一「無說」（abhāva），亦即「非有」之句義，形成七句義。此即所謂的七句義說。六句義是與有（bhāva）相關的範疇，相對於此，將「無」也當作獨立之原理，依此句義之力，於種種情況生起非有之現象。此乃本典所具思想之開展，作為理論也頗為合理。於此七句義上再加有能（śakti）、無能（aśakti）、俱分（sādṛśya），即成十句義，此即慧月一派的主張。所謂「有能」，是指從因果關係看實、德、業，各自生自果，——例如從地之極微出生大地——必定有所以如此的原理，基此一觀點而立此句義。所謂「無能」，是指令實、德、業於自果以外不生他果，——例如令地之極微不生水——必定有所以不如此的原理，基此一觀點而立此句義。所謂「俱分」，此係跨越同異之句義，同一事物，依觀點不同，而有同的一方與相異的一方，例如人的概念，對於人類全體是同，但對於馬，則是異，同句義與異句義之外，必定有所以如此之特別原理，基於此一觀點而立此句義。有能、無能、俱分等三句義作為思想，在本典中早已存在，但比起前述七句義，較缺乏獨立之價值，尤其是有能、無能，令人有不要也罷之感。中國所傳以外，十句義說所以不能流行，恐是由此所導致。

第二節　實句義（dravya-padārtha）

梵語陀羅標（dravya），譯為實，相當於英語的 substance，意指抽去一切屬性的純實體。本典〈一，一，一五〉作如次定義：

業（karma）與德（guṇa）之和合因緣，此即實之特相。

此處所說的和合因緣（samavāyi-kāraṇa），大概是主體之意（參照後文之因果論），將作用與性質之主體，亦即將「持主」名之為實。如約翰洛克所說，實體非吾人所能知，只是屬性之持主，本典恐是基於此意而下此定義。依據勝論所說，納入此範疇的，有九種。亦即地（pṛthivī）、水（ap）、火（tejas）、風（vāyu）、空（ākāśa）、時（kāla）、方（diś）、我（ātman）、意（manas）。此九種必須倚賴德（屬性）才各呈差異相狀，其自身雖然同一，但至少有取各個相異之屬性的可能性，故被視為是各自獨立之實體。勝論意欲藉此而將從來各派所說物理的心理的要素全部包括。此九實若依其性質作分類，大抵有四種。第一是純物質的地、水、火、風，第二是類似以太的物質之空，第三是作為現象界最高形式的時間與空間，第四是生活體之原理的我與意。

一、地，水，火，風

將此四者視為物質元素，幾乎是奧義書以來，諸派共通之教理。若作更深入的說明，諸派間的差異頗鉅，而以重視物理現象的勝論之論究最為嚴密。在勝論之說明中，最具特色的是將此四種視為都是由極微（paramāṇu），亦即分子（atom）所成。在此首先總轄性的探討此極微說。

猶如古代希臘有德莫庫利多斯（Demokritos）等分子論者，在印度，作如此主張的學派也不少。最具代表性的，是勝論派。雖然如此，本典或《十句義論》都不見有詳細論述，而是當作既定事實，僅稍稍提及，故無法藉以瞭解本派的極微說。若欲瞭解之，必須仰賴本典的註釋或他派的介紹。

首先是如何知道極微的存在?本派所採取的，仍是分析論的證明法。亦即當一再地分析地、水、火、風等物質時，最後將達到不能再作分析的境地。此即所謂的極微。商羯羅密修羅更作深入的指出：若由部分所成者（avayavin），經過無限地分析，則無論是須彌山或芥子粒其大小必然同一。此因就無限分析而言，$\infty=\infty$。為避免陷此困境，必須有某種不能再予以分割的單位（本典〈四，一，二〉之註）。

據此可知，極微其性常住不變，在任何情況下，皆不生滅，是作他之因，非依他造，是無始、無終、獨立、無伴之實體。其形量雖不能認識，但勝論推定為圓體（parimaṇḍala）。對於本典〈七，一，二〇〉所說「圓體常住（nityaṃ parimaṇḍalam）」，註釋者作如次之解釋：圓者，極微量之別名，極微常住，故其圓亦常住之義。《十句義論》謂圓體有二種，極微與極大也。此異於希臘德莫庫利多斯認為分子有種種形相，亦異於佛教有部的極微無形相。關於其種類，勝論之徒認為極微是物質單位，故極微本身已有地、水、火、風之異，各自具備特有之性質。對於本典〈四，一，三〉所說「有因故有果」，註釋者作如次解釋：因之極微有色、味、香、觸等性質，故果之現實物質也現出其性質。商羯羅阿闍梨作為勝論之意見，於《吠檀多經》〈二，二，一六〉之註揭出地之極微有色、味、香、觸等四種性質；水之極微有色、味、香等三種性質；火之極微有色與觸二種性質；風之極微獨有「觸」此一性質。此亦異於有部及德莫庫利多斯所說的各分子性質同一，唯依其集合方式而分成地、水、火、風。既然如此，此極微又是如何集合而成現實之物質？本典及《十句義論》對此均無詳述，慈恩《二十唯識述記》卷下（大正四三，頁九九二，中）所說如次：

其地水火風，是極微性。若劫壞時，此等不滅。散在處處，體無生滅，說為常住。有眾多法，體非是一。後成劫時，兩兩極微，合生一子微。子微之量，等於父母，體唯是一，從他生故，性是無常。如是散極微，皆兩兩合生一子微。子微并本，合有三微。如是復與餘三微，合生一子微。第七其子，等於六本微量。如是七微，復與餘合，生一子微。第十五子微，其量等於本生父母十四微量。如是展轉成三千界。

依據林常《決擇》〈二，一四～一八〉等所說，起初二個極微相合名為父母，其結果名為子微或第二微

（dvyaṇuka）。就實質而言，子微之量是父母合體之量，但就位而言，相對於父母，子微是第三位，故曰「子微并本合有三微」。又此子微與其他子微相合，名為孫微或第三微（tryaṇuka）。此即吾人所能知覺之最小之體，又稱光塵（trasareṇu）。就實質而言，雖是四微之集合，但就位而言，是七微（三微與三微相合得一果故）。同樣的，就實質而言，八微集合而成的，名為十五微，也是基於相同理由。依據勝論的看法，極微是兩兩相累而成。中國與日本的學者拘泥於慈恩所說三、七、十五等數字，認為父母以外別生子微，是相當不正確的。善珠《明燈鈔》卷五（本）（大正六八，頁三七九，下）曰：

兩常極微未合時名為父母。已合時名為子。非謂已合之外，別有所生第三子。兩微合時即名子。

可說是得其真意之解釋。此亦異於有部以六方中心之七極微作為單位，依次以七倍之順進行集合。概括而論，勝論派的極微觀中，極微是物質之最終單位，不能再予以分割，其性常住，形圓，其性質中已有地、水、火、風之區別，各以二倍之順進行集合而形成現實之物質。勝論認為由極微構成各種世界各個有情之身體及其感覺機關，此乃被視為極微論者的代表之所以。

如前文所述，實體之體非吾人所能得知，意欲說之，勢必依其屬性。有關屬性，擬留待於德句義中再予敘述。本典〈四，二，一〉對於地、水、火、風等四大，一一皆分成身（śarīra）、根（indriya）、境（viṣaya）予以觀察，尤其是後世的《達卡參古拉哈》（Tarka-saṃgraha）等利用神話，予以徹底觀察。探其真意，完全是認識論為主之分類，視身為認識機關之依處，根為認識機關，世界為認識之對境。勝論意在建立安佩多庫雷斯之流所主張的「只有同質者之間才有認識作用」之說。

（一）**地**（pṛthivī）　本典〈二，一，一〉對於地，下如是定義：

有色味香觸，名地。

依據註釋所載，青色（nīla）為地固有之色，苦味（kaṭu）為其固有之味，好香與惡香都是地固有之氣味，不冷、不熱是其固有之觸。地特有之性質是其香，《達卡參古拉哈》〈一八〉如是定義：「有香名地」。是故依據勝論所說，水火所以有氣味，是因為地的分子混入，氣味非水與火之性質。若將地作三分性的觀察，可形成人獸之身體（軀幹）、一切有情之鼻根（ghrāṇa）以及土塊（mṛd）與石（pāṣāṇa）等境[1]。

（二）**水**（ap）　本典〈二，一，二〉對於水，如是定義：

有色味觸，液體，有潤名水。

依據註釋者的註釋，水是白色，味甘，冷觸，自然流動，浸潤為其本相（svarūpa）。換言之，色白，味甘，冷潤，流動等等是水的定義。就宇宙論的三方面而言，水成為住於婆樓那世界（Varuṇa-loka，龍宮）的水族動物之身，一切有情之舌根，河海之境[2]。

（三）**火**（tejas）　本典〈二，一，三〉曰：

有色觸名火。

依據註釋者的註釋，火色光燿（bhāsvara），觸之有熱（uṣṇa）。就宇宙論的三方面而言，火成為日界

1. Tarka-saṁgraha 8., Praśastapāda 35.
2. Tarka-saṁgraha 9., Praśastapāda 36.

（Āditya-loka）的有情身體，形成一切有情之眼根，形成地火（bhauma-tejas）、天火（divya-tejas）、消化熱（udarya）、鑛物的色彩（ākaraja）等之境[3]。

（四）風（vāyu）　本典〈二，一，四〉曰：

唯觸名風。

依據註釋者的註釋，只有非冷、非熱之觸，求其他性質不可得的，就是風。就宇宙論的三方面而言，成為風界（Vāyu-loka）有情之身體，形成一切有情之皮根（tvag-indriya），亦即觸官，全世界之空氣為其境。有情的呼吸（prāṇa）亦屬風之一部分，依某一條件（upādhi）得出入息等五風之名，故其本質同一[4]。

以上所述四大性質僅揭其主要，尅實而言，各個要素中更含若干性質。《十句義論》的諸門分別對此皆有詳論，例如地的主要特徵是色、味、香、觸，但嚴格說來，此外又具數、量、別體、合、離、彼體、此體、重體、液體、行等十種性質。其他要素的情況亦然，為避免過於繁瑣，此處略過不談。四大是常或無常？無庸贅言，極微皆屬常住，然其集合之結果則屬無常。此因任何事物免不了集散離合。

二、空（ākāśa）　地、水、火、風之外，還有空的存在，此乃奧義書以來之通規，但各派看法未必一致。例如勝論派認為空是聲（śabda）之主體。本典以諸多頌文予以證明，要言之，在探求聲之起原時，發現「聲」無地、水、火、風等屬性，亦無方、我、意之屬性，其本身亦非獨立之物體，故必然另有主體。此主體即是空〈二，一，二四～二七〉。雖然如此，並沒有積極說明是於何等意義而認為聲是空之

3. Tarka-s. 10., Praśastapāda 38~39.
4. Tarka-s. 11 ~ 12., Praśastapāda 44.

屬性，故不能知其徹底意見。恐是根據聲音從笛簫等洞孔發出，或是基於古來一般對於空的解釋。此猶如今日物理學中，為了說明光之波動而假設有以太之存在。依據本典所載，空的本質常住不變，是唯一不可分割的，是無限普遍之實體，更是不涉任何活動的無作用（niṣkriyā）〈二，一，二八～三一。五，二，二一。七，一，二二〉。要言之，空是位於四大與時間、空間之中間的實體，就同樣有「聲」的感覺的屬性而言，它同於四大；就唯一普遍，常住無作用而言，其類似時間與空間。

三、時（kāla）與方（diś）

時間與空間不具任何感覺性的特徵，只是由概念構成，但本派仍從此一方面作說明。本典〈二，二，六〉對於時，下如次定義：

> 異時、同時、遲速等，此係時之特徵。

《十句義論》（大正五四，頁一二六二，下）有更為精密的解說：

> 彼此俱不俱遲速詮（語）緣（念）因，是為時。

亦即吾人有過去、現在、遲速等概念以及語言，正是時間實在之證據。由於有稱為時間之實體，故吾人才有過去、現在等時間之觀念。反過來說，此亦暗示吾人的時間觀念是依日常經驗所養成。依據勝論所說，時間之體是唯一不可分割的，是一切生、住、滅之因，然其本身卻是常住不變，遍在無作用之實體〈二，二，七～九〉。亦即勝論主張絕對時間（Absolute Zeit）的存在。而同一時間所以有過去、現在等的區別，是由於限制（upādhi）所致，只是太陽經過之記號。

其次本典〈二，二，一〇〉對於方（diś），亦即空間，下如次定義：

> 生遠近念之因，是為方。

《十句義論》（大正五四，頁一二六二，下）曰：

> 是東南西北等詮緣因，是為方。

情形同於時間，不同的是，時間是縱的方面，而空間是橫的方面。同於時間，方也是唯一、常住、遍在、無活動的絕對空間，由於限制（upādhi）而產生東西南北之區別。依據《複註》（Vivṛti）的解釋，太陽出來的方向稱為東，進入的方向稱為西，近於須彌山的方向稱為北，其反方向稱為南。

四、我（ātman）與意（manas）　前述七種實體是主客觀界的主要構成要素，而我與意僅只是主觀界之構成要素。依據勝論宗義，我與意之間性質差異甚大，但就兩者協同而生起心理現象而言，可將兩者視同一類。

本典中，證明我之存在的頌文數量頗豐。其〈三，一，二〉云：

> 根境極成為根境以外他境之因。

眾所周知，心具有五根五境所不可干犯的一定限制。若是如此，據此可以推定必然有體驗各根所感取之境的主體（他境）存在。亦即根境之間有認識作用，是由於五根以外，有統轄五根的我體。更予以詳述的是，《百論》[5]曾予以引用的有名的一句〈三，二，四〉：

5.《百論》（大正三〇，頁一七〇，下）優樓迦言：「實有神常。以出入息，視，眴，壽命等相故，則知有神。復次以欲，恚，苦，樂，智慧等所依處故，則知有神云云」。

出息、入息、開目、閉目、壽命、意動、他根變化、苦、樂、欲、瞋、勤勇等是我體存在之徵相。

《十句義論》（大正五四，同上頁）所說如次：

> 是覺樂苦欲瞋勤勇行法非法和合因緣起智為相，是為我。

亦即覺、樂等心理現象的主體（和合因緣），其特相是意識性的。勝論將我視為苦、樂、欲等之主體，此大異於吠檀多與數論將我之本性視為不苦、不樂的無活動，作為勝論的特質之一，稱為「有執受說」（Kriyāvāda）。進而言之，勝論將實句義與德句義分而考之，故若是離其屬性的我體，則不外是與地、水、火、風相同的一種非精神的實體。此亦大異於吠檀多與數論派等將我的本質稱為知（jña,cinmātra）。關於我的數量，無論勝論或數論都允許各我之存在，依據註釋者〈三，一，八〉所說，以自己的意志活動為基礎，由他人同樣的活動可知他人也有與自己同樣的我體。但到了後世，添加了將我分為最高我（paramātman）與小我（jīvātman），大我唯一，小我眾多的吠檀多學風[6]。要言之，就勝論將我視為同於地、水、火、風而言，其重視程度確實不如吠檀多與數論等，但探其中心思想，仍是視此為根本原理，此完全無異於其他學派。此因無論昇天或解脫皆與我有關，不只如此，萬有的生與住，以及滅之動力因的業（adṛṣṭa）也是我的作用。在此一意義上，羅摩笈闍（Rāmānuja）在《吠檀多經》〈二，一，一五〉之註批評勝論為二元論者（Dvaitin）絕非不當之言。

其次，關於意（manas），將意視為心理現象之主體，乃是奧義書以來，數論或佛教皆然。但勝論變

---

6. Tarka-s. 15. and 17.

更其看法，將之視為物質狀的機關，司掌根與我之連絡。亦即根緣境，傳奏於我，我對身體下命令作意志活動時，意為其使者。換句話說，相當於今日所說的知覺神經與運動神經。本典〈三，二，一〉揭出意存在的理由：

我根境合或生知識，或不生，為意（存在）之徵相。

亦即我、境、根三者和合產生認識，此乃通例規則，條件雖然具足，卻有或見或不見，或聞或不聞之差別，此必然是由於司掌此間連絡的某一機關有否活動。此機關即是「意」也。《十句義論》（大正五四，頁一二六二，下）所說如次：

是覺樂苦欲瞋勤勇法非法行不和合因緣起智為相，是為意。

亦即意與我合，是我現其屬性之覺、樂等心理作用之原因（不和合因），因此我是意識性的。雖然如此，應予以注意的是，如同前述，此意之體，非精神性的存在，而是純然的無知覺體。其量頗微（aṇu），有觸體（sparśavat）〈七，一，二三〉，亦即類似極微般的物質。一身體內其數唯一〈三，二，三〉，以非常的速度（vega）迴轉，故恰似充遍於身體之內。

第三節　德句義（guṇa-padārtha，求那）

本典〈一，一，一六〉對於德下如次定義：

依附實，無德，不為獨立合離之因，是為德之相。

依據註釋者所說，此定義中，寓含三重意義。（一）依附實，德非獨立之主體，其屬性是依附實體。（二）無德（aguṇavat），實之中有極微所成者亦依附實，為避此濫，故言德本身無其他屬性，徹底顯示與實有別。（三）不為獨立合離之因（saṃyogavibhāgeṣv akāraṇam anapekṣaṇam），前述二義也適用於業（karma）的說明，故言非業之特相的合離之因。要言之，萬有之中，除去實體概念與運動概念以後的現象全體，名之為德。從而德句義之範圍，較廣於吾人所說的性質概念，含括性質、容量、狀態、地位、部分的運動，部分的關係，物理、生理、心理等各種現象。

德有二十四種。茲依據《達卡參古拉哈》的順序，揭舉如次：

色（rūpa）　味（rasa）　香（gandha）　觸（spaśa）　數（saṁkhyā）　量（parimāṇa）　別體（pṛthaktva）　合（saṁyoga）　離（vibhāga）　彼體（paratva）　此體（aparatva）　重體（gurutva）　液體（dravatva）　潤（sneha）　聲（śabda）　覺（buddhi）　樂（sukha）　苦（duḥkha）　欲（icchā）　瞋（dveṣa）　勤勇（prayatna）　法（dharma）　非法（adharma）　行（saṁskāra）。

本典〈一，一，六〉所揭之數為十七，嘉祥《百論疏》（上之中，大正四二，頁二四六，下）為二十一，此上所揭二十四德，可說將本典所載全部網羅，故被視為勝論派之定數。茲一一簡述如次。

（一）**色**（rūpa）眼根所感取之境。有白（śukla）、青（nīla）、黃（pīta）、赤（rakta）、綠（harita）、褐色（kapiśa）、雜色（citra）等七種[7]。

（二）**味**（rasa）舌根所對之境。有甘（madhura）、酸（amla）、鹽（lavana）、辛（kaṭu）、澀（kaṣāya）、苦（tikta）等六味[8]。

（三）**香**（gandha）鼻根所對之境。分為好香（surabhi）與惡香（asurabhi）等二種[9]。

（四）**觸**（sparśa）皮根所感之境，分冷（śīta）、熱（uṣṇa）、不冷不熱（anuṣṇāśīta）三種[10]。

（五）**數**（saṁkhyā）令吾人對事物有數的觀念之因。始自於一，終於無數，是通於九實全部之德。

（六）**量**（parimāṇa）令吾人對事物有容量觀念之因。有微細（aṇu）、大（mahat）、短（hrasva）、長（dīrgha）、圓（parimaṇḍala）等五種。較值得注意的是關於圓的說明，《十句義論》說圓有極大與極少，極微量是極微之德，極大是空、時、方、我之德。將極大與極少都視為圓，可說極為得當[11]。

（七）**別體**（pṛthaktva）令吾人對事物有個別事物之感的原因，是通於九實全部之德。但此只是對事物有個別之感，與本質上的差異無關，此點異於第五的異句義。例如地之極微無數，就一切皆為地而言，不受異句義支配，但就極微各個別立言之，而說有別體之德。應予以注意的是，德之中，諸如別體、

7. Sūtra 2. 1. 1. 註《十句義》（大正五四，頁一二六二，上）Tark. 17.
8. Sūtra 2. 1. 1. 註《十句義》（大正五四，頁一二六二，上）Tark. 18.
9. Sūtra 2. 1. 1. 註《十句義》（大正五四，頁一二六二，上）Tark. 19.
10. Sūtra 2. 1. 1. 註《十句義》（大正五四，頁一二六二，上）Tark. 20.
11. Sūtra 7. 1. 8~20《十句義》（大正五四，頁一二六二，上）Tark. 23.

重體等附有「體」一字的名稱甚多，但此僅只是玄奘所用譯語，其義實為抽象名詞的「別的」或「重的」等，而非別物、重物等義的「物」。

（八）**合**（saṁyoga）**與**（九）**離**（vibhāga）　令吾人有分離者相合之感的原因，稱為合；反之，令吾人有合者分離之感的原因，稱為離。此合離是業（運動）之結果，不是指運動本身，而是指狀態。合有三態。此即：隨一業生（anyatarakarmaja）、俱業生（ubhayakarmaja）、合生（saṁyogaja）。「隨一業生」是運動者與靜止者相合的狀態，「俱業生」是兩者都是運動者其相合之狀態；「合生」是依一合而生他合，例如指與枝之合而生手與幹之合。其相反的離，也有三態，情況正好是合的相反[12]。

（一〇）**彼體**（paratva）**與**（一一）**此體**（aparatva）　空間上，令吾人生起彼方（彼體）與此方（此體）之感的原因；時間上，令吾人生起過去（彼體）、現在（此體）之感的原因[13]。

（一二）**重體**（gurutva）　重之義，是墜落之因（不和合因緣）。地與水之德[14]。

（一三）**液體**（dravatva）　流動（syandana）之因，地、水、火之德，尤其是水之特性（saṁsiddhika）。不將冰視為液體，是因為冰暫與天火合（divyasaṁyogāt），但作為可能性，仍不失其特性[15]。

（一四）**潤**（sneha）　水實特有之德（svarūpatā），是粘著之因[16]。

12. Sūtra. 7. 2. 9~10.《十句義》（大正五四，頁一二六三，上～中）Tark. 25~26.
13. Sūtra. 7. 2. 21~23.《十句義》（大正五四，頁一二六三，中）Tark. 26.
14. Sūtra. 5. 1. 18. 5. 2. 3.《十句義》（大正五四，頁一二六三，中）Tark. 27.
15. Sūtra. 5. 2. 4~10《十句義》（大正五四，頁一二六三，中）Tark. 28.
16. Sūtra. 2. 1. 2.《十句義》（大正五四，頁一二六二，中）Tark. 29.

（一五）**聲**（śabda）　空特有之德，耳根所對之境。分為大鼓等所發之音（dhvanya）與我人喉嚨所發之語言（varṇa）等二類。如同《尼夜耶經》，本典以聲無常的主張對抗彌曼差的聲常住論，與尼夜耶派所說沒有太大差異。

以上十五德主要是與客觀現象有關的，以下九德主要作為我的屬性，是與主觀現象有關的[17]。

（一六）**覺**（buddhi）　一切智識作用之因。現量知（pratyakṣa）、比量知（anumāna）、記憶（smṛti）等都是覺的作用。若依據現今心理學的三分法，是指屬於知識的現象。本典一直都有觸及此一問題，尤其在第九卷詳而論之。後文對此將予以論述。

（一七）**樂**（sukha）**與**（一八）**苦**（duḥkha）　依據《十句義論》所載，悅適之心態稱為樂，逼惱性稱為苦。換言之，即快與不快義，即一般的感情。本典〈一〇，一，二～六〉揭出三條，藉以與智識作用作區別。第一，智識有正當與不正當之區別，苦與樂無此區別。第二，智識有憶念過去之作用，苦與樂僅限於現在。第三，智識與對象必有關係，苦與樂則無。誠是透徹至當之見解[18]。

（一九）**欲**（icchā）**與**（二〇）**瞋**（dveṣa）　希求心稱為欲，損害心名瞋。動機化的強烈的感情[19]。

（二一）**勤勇**（prayatna）　以欲與瞋為動機而有或追求、或迴避之策勵。即所謂的執意（volition）[20]。

（二二）**法**（dharma）**與**（二三）**非法**（adharma）　通常法與非法為正與不正義，但此處應是指作為

---

17. Sūtra. 2. 2. 21~37.《十句義》（大正五四，頁一二六三，下及一二六五，上～中）Tark. 30.
18. Sūtra. 5. 2. 15. 10. 1. 1.《十句義》（大正五四，頁一二六三，中）Tark. 70.
19. 《十句義》（大正五四，頁一二六三，中）Tark. 71.
20. 同上。

結果，薰習我體的一種不可見之勢用（業）。於未來引生善惡之因。《達卡參古拉哈》〈七二〉如是定義：依所命令之行業（vihitakaraṇa）而生者，稱為法；依所禁止之行業（niṣiddhakaraṇa）而生者，名為非法。亦即依據吠陀而被命令或禁止之義。雖然如此，勝論之真意，超乎於此，亦即特以哲學真智的結果為勝法（dharmaviśeṣa），且最為重視之，此如前述[21]。

（二四）**行**（saṁskāra）惰性的勢力義。心理上，作為念因（smṛti-hetu），作為記憶之因的勢用而顯現；物理上，作為作因（kṛti-hetu），如同竹子，物體屈曲而再恢復原先位置的彈力的勢用[22]。

第四節　業句義（karma-padārtha）

本典〈一，一，一七〉對於業，下定義如次：

> 依附一實，無德，合離直接因為業之特相。

如同德之定義，此定義亦含三重遺濫之意義。（一）依附一實，此異於表二物間之狀態的合離之德，運動是依存一個物體——無論是極微或積聚物——而生起的現象，此顯示有別於德。（二）無德，某一實體或有依存於其他實體者，為遮之而謂業無屬性，此顯示其異於實。（三）合離直接因者，業自身之特

21. Sūtra. 1.1.1~2.《十句義》（大正五四，頁一二六三，中～下）Tark. 72.
22. Sūtra. 5.1.17~18.《十句義》（大正五四，頁一二六三，中）Tark. 75.

性在於作為其作用之結果，是令某物體產生合或離之狀態，此乃業之特質。要言之，業是除去實體與屬性之運動（calana），以場所之變動為其特質。

本典〈一，一，七〉揭舉五種運動種類。即：取業、捨業、屈業、伸業、行業。

（一）**取業**（utkṣepaṇa）依據《十句義論》（大正五四，頁一二六三，下）所載，是指相合的物體其上下之運動，但依據《達卡參古拉哈》〈七五〉所載，取業是指是與上方相合之原因。依據其原語有「上擲」之意看來，後者為是。

（二）**捨業**（avakṣepaṇa）與取業正相反之運動。其原語為「下擲」義。

（三）**屈業**（ākuñcana）令本是伸直之物體屈曲之原因。《達卡參古拉哈》說是與近方（sannikṛṣṭa）相合之因。

（四）**伸業**（prasāraṇa）與屈業相反之運動，《達卡參古拉哈》說是與遠方（viprakṛṣṭa）相合之因。

（五）**行業**（gamana）步行運動義。如車之行走、人之步行，是平直之運動，《達卡參古拉哈》謂前述四業以外之運動皆攝於其中。

此五業之分類只是就運動的方向作區分，在本典第五卷中，作為特殊研究，對於運動現象有關之種種事例，逐一論究其原因。雖然只是片斷的，不具組織性，但某些說明頗具趣味，故略舉數例揭示如次：

手的運動依據什麼原因而起？本典〈五，一，一〉答曰：依勤勇、我、手之結合。亦即心起執意，以意為媒介而命令手時，手生起筋肉之運動。依據註釋者所說，此際手本身是運動之主體（和合因），我與勤勇之和合，亦即心起執意是其主因（不和合因），執意為動力因（nimitta）。但為抗拒惡漢迫害，手執槌棒揮舞之運動，其原因稍異於前述。槌棒是運動之主體，此二者相同，但所以如此作為的主因不是己心，而是惡漢。換言之，此際之運動不是完全的意志行為，而是受強迫的一種物理運動。從而此際縱使打殺惡漢，並非造法或造非法〈五，一，一一〉。此即述及運動論時，順便觸及倫理問題之研究，事不可避之行為不能成為批判善惡之對象，可以說是極具趣味之見解。

作為純物理運動之例證，是揭出箭矢之運動。〈五，一，一七〉謂箭矢最初之運動是依撞擊（nodana）而起，其次連續不斷的運動是依據撞擊而生的行（saṁskāra），亦即惰性。此箭矢不是無限的進行，而是經過某一期間終將墜落，此係惰性消失時，箭矢之重量作為原因所產生之現象〈五，一，一八〉。如此的解釋當然尚未達到今日物理學中與重力、惰性有關的見解，但在對物理現象之研究不甚重視的印度古代，能提出如此之學說，不得不予以重視。

第五節　同句義（sāmānya-pad.）、異句義（viśeṣa-pad.）與俱分句義（sādṛśya-pad.）

概括而言，同句義是指令萬有之間有共通點的原理，異句義是指令萬有產生差別點之原理。看來似乎頗為單純，但進一步考之，同或異為關係概念，並非絕對的，故將此視為各別之原理而徹底的探究，就成為非常複雜的問題。論理學中，在處理概念時，將內包與外延之關係，分類為單獨概念（Individualsbegriff）、種概念（Artsbegriff）、類概念（Gattungsbegriff），種或類不是絕對的區別，同一概念可能因為看法不同而被視為種或類，也可以說是基於方便處理而作的分類。今於勝論中欲求其建立同異之心理論據，仍不外於概念之整理，此徵於如次之頌即可明之。本典〈一，二，三〉曰：

Sāmānyaṁ viśeṣa iti buddhyapekṣam（同異依存覺）

亦即同與異須待概念才成為可能，依據註釋者所說，同是覺的包攝作用（anuvṛttatva），異是覺的排拒作用（vyavṛttatva）。雖然如此，但勝論基於實在論的立場，將此二者視為客觀存在的絕對原理，是令覺生起如是作用之因，故此間仍存在不少問題。

首先就「同」其最顯著之情況見之，於萬有間的共通點求其最高概念，無有能超乎於「有」（bhāva）者，亦即超乎於存在之概念者。千差萬別，無不攝於此中。基於此一意義，在論述勝論所說的「同」之際，首先應將重點置於此，將存在性，亦即有性（sattā）視為同句義之代表。本典〈一，二，七～九〉曰：

> 於實、德、業中，生存在觀念之因為有性（sattā）。有性是實、德、業以外之原理。有性非德，非業，德業存在故。

亦即對於實、德、業，吾人所以抱有存在的觀念，是由於另有稱為「有性」的獨立原理令實、德、業存在故。此最後之頌是陳那於《因明論》中，作為法差別相違因之例，所揭「有性非實非德，非業。有一實故，有德、業故，如同異性」因明立量之原型，更是勝論教義中最著名之句。相傳初始迦那陀為其弟子五頂（Pañcaśikha）說明六句義，實、德、業說竟，至此有性時，因五頂不予首肯，故暫擱置，先令彼承認其次之異句義，進而以此為例而立此量。此說真偽難定，但據此可知，勝論之徒為主張此有性為獨立之原理，是如何煞費苦心。此有性（存在概念）遍通於萬有無差別，故勝論以有性之本體為唯一。本典〈一，二，一七〉曰：

有相無差別故，換言之，無差別相故，有性唯一。

進而就更顯著的「異」，亦即差別相觀之，依據勝論之意，差別雖有種種，但九實相互間之區別幾乎可說是絕對的。地、水、火、風、空、時、方、我、意是各個獨立之實體，皆是常住，任何情況都有差別。此絕對的區別是勝論用以立異句義之基礎，且是異句義的獨立原理之作用，故九實之間有不可超越之區別。《十句義論》（大正五四，頁一二六三，下）曰：

常於實轉，依一實，是遮彼覺因，及表此覺因，名異句義。

《達卡參古拉哈》〈六〉曰：

異是常住，其體無數。

《十句義論》意謂對於九實，吾人常以「此為空，非地」，即一方遮之，一方表顯的智識之因，《達卡參古拉哈》意謂地、水、火、風之極微（積聚物中有其他極微混入），以及令其他五實相互間產生區別之作用，異於有性之唯一，分成無數之作用。

若勝論將異句義之作用視為常住之實體，二十四德與五業之區別將如何看出？對此並沒有特別說明，但本典〈一，一，八〉謂實、德、業的共通點之一，就是皆具同異（sāmānyaviśeṣavat），就此看來，仍是作用於德、業。恐是德、業本依附實，無別說的必要，故亦無詳說。

以同異作對比時，其區別比較明顯，但實際而言，在吾人之概念中，位於中間者較多。亦即一方面有包括之作用，另一方面行排拒作用者較多。將此適用於勝論之教義時，就實句義含九實，德句義含二十四德，業句義含五業看來，都有包括作用。亦即有同的方面，同時，就實非德，德非業而言，又各具排拒作用。亦即有異的方面。是同，也是異。故本典〈一，二，五〉曰：

實性（dravyatva）、德性（guṇatva）、業性（karmatva）同且異。

依據勝論之意，實性、德性、業性等不只是九實、二十四德、五業等等的集合名詞，除此之外，更是令此等是實、是德、是業的特別原理。故本典曰：

實性其中包含多數，故說為「實以外」〈一，二，一一〉。

德性有多德，故說為「德以外」〈一，二，一三〉。

業性有多業，故說為「業以外」〈一，二，一五〉。

亦即與有性的證明相同，若作因明之立量，則是「實性非地、非水乃至非我。有地實故乃至有我故，如獨有性」。若是如此，有此同異兩方的實性、德性等，於六句義中，應攝於同句義或異句義？對此，本典的觀點頗為雜亂，從中國所傳舊譯家的六句義名稱見之，是實、德、業、大有性、同異性、和合性，sāmānya 譯為大有性猶可，但將 viśeṣa 多加一「同」字，譯為同異性，則不能苟同。此恐是認為第四句義的範圍全然局限於有性（bhāva, sattā），而第五句義含攝絕對異與具有同或異兩方面的實性等。雖然如此，本典的註釋及其後的綱要書中，一般認為應攝於第四的同句義中。亦即同句義中，分高等同（para-sāmānya）與劣等同（apara-sāmānya），有性是高等同，實性等三種是劣等同。耆那教的提拉西亞派

（Terasīya）更將同句義三分，分成大同（mahā-sāmānya）、有同（sattā-sāmānya）、同異同（sāmānya-viśeṣa-samānya），第一是令有六句義本身也作為句義而存在的觀念之因；第二是令有實、德、業之因；第三是實性、德性、業性之因[23]。亦即第一與第二是高等同，第三是劣等同。耆那教中此提拉西亞派的教理是依據《衛世師經》，故確實是依據當時勝論之見解，因此將有同異關係者攝於第四句義的，大體是正確的。歸根究底，論理上，作單獨概念、種概念、類概念等三種區分，是頗為便利之分類，但勝論僅二分為單獨（異）與類（同），若是如此，應將「種」攝於何處？因此是不合宜的。

到了慧月一派，獨立於同與異之外的，是十句義中的第九俱分句義（sādṛśya）。《十句義論》（大正五四，頁一二六三，下）如次述說俱分句義：

實性、德性、業性及彼一義和合地性、色性、取性等。

亦即不只是實、德、業三性，即使攝於其中的實中之地性、德中之色性、業中之取性也都依據俱分句義之作用。詳言之，其量無數的地之極微所以能攝於地之概念下，七色能攝於色之概念，與上方合的運動雖有種種，亦皆能攝於取之概念，是因為地、色、取等以外，有令所以如此的俱分句義故。慈恩於《唯識述記》（一末，大正四三，頁二五六，下）及《因明疏》等說明此俱分句義之同異如次：

總 ｛ 同—實性（德性，業性）雖有九實皆為實
　　 ｛ 異—實性異於德性、業性

23. Weber, Indische Studien XVII. S. 116.

別｛同——地性等，地之極微雖為無數，然皆稱為地
　　異——地性異於水性、火性等

雖然相當繁雜，但為推知勝論之意，不得不如此。就此意義而言，《十句義論》於同句義、異句義以外，另立俱分句義，也是不得已之舉，然就視此為實在的原理而言，免不了仍是不徹底。筆者認為此三句義純粹是思想法則，同句表同一律，異句表矛盾律，兩者結合的俱分句表同一矛盾律，若持如此看法，就非常有意義。

第六節　和合句義（samavāya-pad.）

實、德、業、同、異等五句義是各自獨立之原理，自身互為主伴，不具有共同之性質。故必有令彼等具有共同關係的原理，此即和合句義。本典〈七，二，二六〉曰：

> 對於因果，生「此中有此」之觀念的原因名為和合。

依據註釋所載，對於因果，此係暫舉主體與屬性關係之一例，對於一切具有不可分離之關係的二種概念，所以產生「此中有此」（iha-idam）之觀念，是因為和合句義所致。《達卡參古拉哈》〈七五〉的說明極為清楚：

> 和合者，常住之結合（nityasaṁbandha），存於不可分離者，不可分離者，即二物中，一物融合於他物。例如部分與全體，德與有德（實），業與有業（實），種（jāti）與個物（vyakti），異（viśeṣa）與常住體之類。

亦即德之一的「合」是先離而後合之作用，而「和合」只是作為概念而獨立的，如同本體與屬性一般，是具有不離之關係的原理。依據《達卡參古拉哈》與《十句義論》（大正五四，頁一二六三，下）等所載，其數唯一，只有令五句義和合之能力。猶如同句義與異句義之無須其他同句義與異句義，和合句義也無須令和合句義和合的其他和合句義。因為若是許可，則成無窮無盡。

第七節　有能（śakti）、無能（aśakti）、無說（abhāva）等三句義

六句義是勝論派公認之句義，但在本典中，另外含有可以立其他句義之可能性與材料。恐是很早以前，部分教徒之間就有意增加句義，首先是增加「無說」（abhāva），亦即非存在句義而成七句義說。進而慧月一派增加有能、無能、俱分而成十句義說，其順序為實、德、業、同、異、和合、有能、無能、俱分、無說等。在此總括為有能、無能、無說等三種。《十句義論》（大正五四，頁一二六三，下）如是述說有能：

> 實德業和合，共或非一（單獨），造各自果決定所須。

亦即實、德、業三者或共同或單獨決定自己之果，例如地之極微所以有生大地（單獨時）之作用，或依附其他極微之香所以有生現實之香（二者共同時）的作用，是因為有令所以如此之能力的原理（有能）。

在本典中，成為此句義的材料是〈一，一〉所揭九～一〇等二頌。

> 相對於其同類（sajāti）而為因，實與德相同。
>
> 實生其他之實，德生其他之德。

本典只是在述實、德、業共通點時言及於此，故不具深切意義，但慧月一派重視之，視為獨立之句義。

其次的無能是有能的相反，是令實、德、業於決定自果以外，不生他果之原理。《十句義論》（大正五四，同右）曰：

> 實、德、業和合，共或非一，不造餘果決定所須。

作為其根據之文句，筆者於本典中不得見之，但既然立有能，自應立此句義，是故亦可說是基於本典而立。

中國的學者在六句與十句的對配中，將有能與無能都配於同異性，此並非正確之舉。既然立之，必是獨立之句義。

最後的無說句義，相對於九句義都是關於「有」的原理，另立此不存在之原理。此係令本典〈九，一，一～一〇〉所論述之「非有」得以獨立者，其材料全見於本典。《達卡參古拉哈》〈七〉以及〈八〇〉揭出四無，《十句義論》（大正五四，頁一二六四，上）揭出五無。四無是指未生無（prāgabhāva）、既滅無（pradhvaṁsābhāva）、更互無（anyonyābhāva）、畢竟無（atyantābhāva）。「未生無」是指未生以前的不存在，「既滅無」是指滅了以後的不存在，「更互無」是指兩存在物，因相對立而互為無，例如「實」無德之相，「德」無實之相。「畢竟無」是指如龜毛兔角是絕對的無。《十句義論》（同上頁）的五無是於此四無之上，加一「不會無」，不會無者，「謂有性與實等，隨於是處無合無和合」。亦即六句義雖本來恒存，然若缺其和合，則不成現實，此類似有部宗之非擇滅無為（apratisaṁkhyānirodha）。

第三章　勝論之教理（其二、總合性的觀察）

前章已論述勝論哲學之大概。然整體所論完全是分析性的，欠缺總合性的觀察，重要的問題也有所省略，故在此擬再作總合性的觀察。

第一節　因果觀，附因中無果論

本典〈一，二，一〜二〉規定因果一般的關係，其文曰：

無因則無果，雖然如此，無果並非無因。

例如桌子之果必是木材之因，然而反過來說，沒有桌子，並不表示沒有木材。亦即結果雖受原因限制，但反過來說，原因未必受結果限制。在此一意義上，註釋者商羯羅密修羅定義因為「限制」（avadhi），亦即限定結果之性質。然此係有關材料因（causa materialis）之狹隘見解，不能說是具有嚴格意義之定義。《達卡參古拉哈》〈三四〉更下別種定義：

對於某事件，必然不離先行作用稱為因，依此捨未生無稱為果。

亦即若有一事件，必然持續之，於任何時地，特定事件新生之前（捨未生無），前件稱為因，後件名為果。

雖然如此，事件發生絕非單一原因，必然具備種種條件。勝論將此等條件以三因括之。亦即和合因（samavāyi-kāraṇa）、不和合因（asamavāyi-kāraṇa）、助因（nimitta）。第三的助因於本典及《十句義論》不見名目，但註釋書及後世綱要書皆有述及，故仍可視為本派之主張。

和合因者，意為和合句義之因，在以「實」對望「德」與「業」時，主要是就其主體而論。實、德、業之結合雖依據和合句義，然其基礎為實，若無實，德、業亦不能得，就此而言，實若是因，德與業必為其果。《十句義論》論及我，說是覺、樂、苦、欲等和合之因緣，本典論及手的運動，說手是其運動之和合因，皆不外乎此意。從而此時所說之因果，在對同一物之觀察中，只是主體觀念與從屬概念之區別，因果同時存在於同一對象之中。勝論不只強調此和合因之意義，更將之應用於實體與實體之間。例如以瓶之兩半為因而成全體，就此而言，其兩半是全瓶之和合因（本典〈一〇，二，三〉）；就集合線縷產生布匹之結果而言，線縷是布匹之和合因[1]。在此意義上，和合因也可說是質料因（causa materialis）。要言之，和合因實質上不離其結果，《達卡參古拉哈》〈三五〉下如次定義：「令有密切關係之果產生的原因」，雖然略見籠統含糊，但頗能顯示勝論之真意。其次的不和合因是以和合因為前提，於其依存之實體令生別種之德與業。此關係到實體與德、業無和合句義之作用，故名為「非和合因之因」，亦即不和合因。萬有狀態的變化運動等現象皆因於此因。只立此二因之本典與《十句義論》等認為此中含質料因以外的一切作用。此有四種情況：（一）依德生德，例如我與意之結合（合德）為因，於我生覺、樂、苦、欲等德。（二）以德為因而生業，例如某物體之重量為因，生起墜落之運動。（三）以業為因而生德，

1. Tarka saṅgraha. 35.

例如由於取業、捨業令某物體與其他物體或合或離。（四）以業為因而生業，亦即由於能動而起反動，前者名為不和合因。要言之，就於同一對象中行動而言，不和合因同於和合因，但不只是概念上的區別，也表現在事實上，更且就因果異時而言，亦異於和合因。

最後來談助因。前述二因主要是在對象本身之內作用之因，事實上，某物變化或新生時，除了本身，更須不少外助。此等外助可總括名為助因。《達卡參古拉哈》〈三五〉將前述二因以外的間接因都攝於其中。茲以較容易了解之例說明之，例如某人怒而舉手，此運動之和合因是手，我與勤勇之結合（合德）是不和合因。心若不起欲打之執意，就不會舉手。此時，令此人下如此決心之他人及其瞋情，相對於此運動應屬何因？當然不是和合因，既然已有一不和合因，就不能以此為不和合。此即助因。若只說二因時，此等當然都攝於不和合因中。

勝論立種種因，作為其當然之結論，一物之成立必相待諸因。從而可知「質料因中已具將生之果的因中有果論（Satkārya-vāda）」並不符合真理。此乃因於其他諸因，同一質料也有種種所致。此稱因果差別論（Kāraṇa-kārya-bheda）或因中無果論（Asatkārya-vāda），相對於數論與吠檀多，此係勝論哲學之特質。本典第九卷第一日課藉由對於無（abhāva）的研究而予以論證，後世的註釋者更盛加論之，主要是用於與數論派對抗。但本典及《十句義論》並無組織性的論述，茲權宜揭出羅摩笯闍在《梵經》〈二，一，一五〉所提出的七個理由，作為本派對此所持之意見。

（一）因與果是不同的觀念。豈能將土塊當作瓶，將絹絲當作絹布？

（二）因與果的名稱不同。不可能將土塊稱為瓶，將瓶稱為土塊。觀念以外，以名稱之差別作為理由之所以，是因為勝論認為物體的名稱在無始以前是神所訂定而不變異的。

（三）由同因產生異果。例如同一土塊可以作瓶，也可以築井。若因中已有果，必然不可能如此。
（四）因與果之間有時間的差異。
（五）因與果之間有形狀的差異。
（六）因與果之間有數的差異。例如以眾多的絹絲織成一匹絹布。
（七）若因果同一，則無須製造材料的作者。以土塊造瓶時，則無須陶器師。
因此，因中已有果是虛妄之說，因中無果才是真理。

要言之，勝論的因中無果說在形而上學中是採取積聚說（Ārambha-vāda），由眾多原理組織而形成萬有，基於此積聚說而有此結論。發展說的數論師為主張其因中有果說而揭舉種種理由，勝論之徒雖揭出諸多理由，但都只是枝末之論，僅只是議論的體裁而已。

第二節　不可見（adṛṣṭa）與神（Īśvara）

勝論所說的三因之中，萬有成立或變化時，其不和合因或助因稱為不可見。不可見者，原是法、非法之別名，相當於他派所說的業。勝論認為有情的命運受它支配，世界的成立也以此為動力因。本典〈四，二，七〉言及極微集合之因，稱為「特種之法」（dharma-viśeṣāt），謂極微最初之運動係依不可見。此因勝論亦將世界視為有情輪廻之舞台，將輪廻之因的業視為世界成立之因。此與同樣是極微論者的有部將世界視為有情共業所感全然相同。雖然如此，但勝論不只是將此不可見視為業，更說此乃一種不可知之勢用。例如本典〈五〉在說明種種運動現象中，提出磁石向北的理由，地震發生的理由通常是由於不可見。

但此時與其說較相近於業，不如說更近似自然力或天意。遭遇不能解釋的事件時，是以「不可見」作為終極解釋。亦即勝論雖立六句義之原理，但對於令彼等發生作用的最後原因，仍然求於有情之業，進而被視為是一種不思議之力。到了後世，勝論所持之有神說實淵源自此一思想。

勝論派有神觀的發展順序不得其詳，但到了八世紀前後，顯然已以唯一神為其宗義。商羯羅在對《梵經》〈二，二，一一〉之解釋中評論勝論之說，謂迦那陀以人格神（Īśvara）為動力因，以極微為材料因而說世界之成立。此恐是基於本典將極微集合之因說是不可見，後世教徒將此「不可見」解為是神，故有此評論。尤其西瓦提多亞（Śivāditya）在《七句義論》（Saptapadārthī）中，立大自在天（Maheśvara）作為唯一普遍常住大我（Paramātman），謂此神用六句義之材料創造及支配萬有。至此，勝論轉化成純然的濕婆主義的二元論。

第三節　世界之成立（sṛṣṭi）與破壞（saṁsāra）

如屢屢之所論述，勝論主要是就已成立者給予分解論的研究，因此在世界觀中，世界是如何成立與破壞，本典及《十句義論》並沒有言及。只能依據普拉夏史多帕達（Praśastapāda）及其註釋者修利達拉阿闍梨（Śrīdhara-ācārya）的濕婆主義性的解釋，以及商羯羅《梵經註》〈二，二，一二〉與中國所傳諸家之說知其概略。杭特於其《吠世師迦哲學》[2]中，基於普拉夏史多帕達及修利達拉阿闍梨所說而論述之，

2. Handt, Vaiśeṣika Philosophie, S. 54~59.

今主要依據其之所說，略作論述如次：

依據修利達拉阿闍梨所說，此世界成立以後，經過「梵的一百年」，即告破壞。「梵的一日」相當於諸神之一萬二千年，換算有情日數，此世界總共存在一千一百二十三億六千三百二十萬年。此間，有情因應其業（不可見）而不斷輪轉諸方，受苦樂之果，但在此之後，是休息之時期。此即世界之破壞，相當所謂的夜（niś）。破壞的順序是地融於水，水融於火，火融於風，其順序正好與集合相反，其極微亦由孫微分為子微，子微分為父母二極微，最後將是一切物質只是極微，散佈於無限空間。《俱舍光記》所載：「彼執劫壞之時，壞麤色事，不壞常微，此常微散在空中各個別住」，即此狀況。梵的一百年過後，活動再啟，即世界再度成立，其順序異於破壞。亦即首先是從來作為可能性而潛伏的不可見之「我」開始活動，因應此活動，先有風極微之運動。父母極微集合而成子微、孫微，遂成一風大，近而更有水極微之集合成河海等水大，其次於水大之上，地極微集合作地大，最後火極微集合作火大，世界至此形成。《俱舍光記》所說「劫將成時，眾生業生，乃至如是展轉，兩兩和合成大地等」，即此。

如是成立的世界因應四大而成四種類。瓦優神（Vāyu）支配風界（Vāyuloka），水神瓦如那（Varuṇa）支配的婆樓那界（Varuṇaloka，龍宮），人與動物所住的地界（pṛthivīloka），神與聖者所住的日界（Ādityaloka）。由於對於其形狀與特質等完全沒有言及，故除了當作神話說以外，不清楚勝論的世界觀具有何等意義？

第四節　有情論

如前所述，有情從其住處作分類時，可分為住於風界、水界、日界、地界等四種類。但若是依據出胎的方法，依據本典〈四，二，五〉所載，可分為胎生（yonija）與非胎生（ayonija），屬於地界者，大抵屬於前者，屬於其他三界者，皆屬後者。本派對有情雖有如此區別，但對於地界之外者，僅只指出以水、火、風為其軀幹，此外別無詳說，故勝論的有情論僅局限於人類。今主要就人類論其組織與作用。

一、生理的組織　人，大體由八種要素構成。主體的我與從屬者的意、身體之支柱的軀幹以及認識機關的五根。除去我與意，一切都是由物質所成，尤其將人的軀幹認為是由地的要素所成，更是勝論的特質。本典〈四，二，二〉駁斥身體由四大或三大、二大所成之說，其文曰：「若是如此，身體必然不能為眼所見，此因能為眼所見者，若與眼不能見的空、風合，其結果應是眼不能見」。乍見之下，雖是不可思議之論，但此一觀點影響到後世之數論，《僧佉耶經》謂身體由地所成，並舉出相同理由。但人的身中有水之要素的血液，火之要素的暖氣，風之要素的呼吸，為解釋其之所以，本典〈四，二，四〉指出此乃水等極微混入身中，並非身體之特質。勝論所說的身（śarīra），可能只是指骨骸、筋肉而已。就附屬此身的五根而言，鼻根（ghrāṇa）由地實所成，鼻端具其作用；舌根（rassanā）由水實所成，舌端具其作用；眼根（cakṣu）由火實所成，瞳端具其作用；皮根（tvac）由風實所成，全身具其作用。若是如此，耳根（śrotra）是由何者所成？本典對此並沒有明確論述，但《十句義論》說是「耳根即空」，《唯識述記疏》（一末，大正四三，頁二五九，上）釋曰：「實句之空取聲時，身起作用，名空耳根」。此與視空為唯一不可割之實體的說法不甚調合，恐是為了對配，才作此不得已的說明。

二、心理觀之一般　有情的組織中，直接與心理有關係的是，我、意、根。我是心（mind），意是神經，根是感覺機關。根與意的關係只是於同質者之間有認識作用，異質之間不感應，此即其規則。例如地實所成鼻根是嗅地特有之德的香，不取水特有之德的味，反之，由水實所成之舌是取味不感香。

如前所述，此類似希臘安佩多庫雷斯的見解。

勝論揭出覺、樂、苦、欲、瞋、勤勇、法、非法、行等九種，作為我之德，若再加上根與意，作適當的安排處理，可以形成類似現今所說普通心理學的組織。亦即根與意是感覺論的題目，覺是知識論的題目，此間更含知覺作用與推理作用，苦與樂相當於一般的感情，欲與瞋是於特殊感情中，尤其動機為主而作出的觀察，勤勇相當於正確的意志，法、非法與行相當於習慣、記憶與本能等部門，勝論並非一開始就具有如此的組織，其之所論雖有缺陷，但組織的方向可說是正確的。此中，最為必要的是知識論，故對此稍作考察。

三、知識論

覺（知識作用）有二種。即：現量智與比量智。現量智是指直覺的知識，比量智是指根據推理的知識。對此，勝論的意見與諸派沒有些許差異，只是對於現量、比量的產生方式，其所作的分類，頗能顯現出勝論的特色。本典第九卷第一日課舉出現量智生起的種種情況，《十句義論》（大正五四，頁一二六四，下～一二六五，上）予以彙整，歸納成三種狀況。即：四和合生、三和合生、二和合生。四和合生者，是通例之外界認識，根、境、我、意四體是作為共同結果而起的知識。三和合生者，無對象，唯依根、意、我共同而生之知識，《十句義論》所揭認識聲時的例子，在今日而言，並非恰當之解釋。應如幻影（hallucination）之類。二和合生者，只是依我、意之結合而生之知識，猶如苦樂，是純主觀的直接經驗。

其次關於比量智，本典〈九，二，一〉揭出五種情況。亦即（一）依結果推知原因。（二）依原因推知結果。（三）於有結合關係者中，由現知的一為基礎而推知其他。（四）於有矛盾關係者之中，由現知的一而推知其他。（五）於有和合關係者中，由現知的一而推知其他。依據註釋者的解釋，見煙而推知火，是由結果推因；聾者見人打大鼓而知應有音是依因推果。見未知之動物知彼應有觸官，是基於結合關係的比量智；見蛇之騷動推知應有食蛇鼬匿隱，此係基於矛盾關係的推定。前者是基於動物必有觸官結合之事實，後者是基於蛇與食蛇鼬兩不相立的事實而作歸納。最後基於和合關係的推知是指猶如見熱水而推知火，依據勝論所說，是因為水與熱和合而生熱水。要言之，五種中的任何一種，是在密切不離之關係的二種事項中，藉由知其一而推知其他，雖然如此，但推之，其數可增；縮之，其數可減至五種以下。《十句義論》予以彙整，形成簡單的「見同比量」與「不見同比量」。見同比量者，是指在有一致關係者之中，由其一而推知其他；不見同比量者，是指在有矛盾關係者之中，由其一而推知其他。現量與比量的成立條件是印度論理學中第一重大的問題，因此本典的註釋者對此也有種種論述，但予以論究應屬尼夜耶的範圍，故在此暫且擱置。

第五節　實際的方面

勝論對種種問題雖下極其嚴格，幾可說是科學性的考察，然其所期，一如他派，同樣是解脫（mokṣa）。雖然如此，勝論較著重於他派視為低層次升天（abhyudaya），視升天為其目的之一，此乃其異於數論與吠檀多之處，可說彌曼差之原型尚未完全脫離。

從而勝論不只是作哲學性的考察，在實際的方面，亦大為獎勵吠陀業品所規定的婆羅門之行持，認為依此得以達到上天的目的。本典〈六，二，二〉等對此等行持予以彙整而有如次敘述：

abhiṣecana, upavāsa, brahmacarya, gurukulavāsa, vānaprastha, yajña, dāna, prokṣaṇa, dinnakṣatra, mantra, kāla, niyamāśca adṛṣṭāya.（灌頂、斷食、梵行、住於師家、森居、祭祀、布施、奉獻、方、星、咒文、時、持律是得善業之方法。）

依據註釋者所說，灌頂是指國王之即位式；斷食是指祭祀之加行的屏絕食物；梵行是指不婬；住於師家是指為學習吠陀，作為梵志（brahmacārin）而在師家修行；森居是指家長期終了時，隱居於森林修行；祭祀是指行種種祭事；布施是指慈善事業；奉獻是指奉供物予神；方是指進食時朝向東方；星是指配合某星之運行而祭拜祖先；時是指期節祭；持律是指清淨、滿足、苦行、修學、念神等。此等是婆羅門的正統行持，在《天啟經》（Śrauta-sūtra）、《家庭經》（Gṛhya-sūtra）、《法經》（Dharma-sūtra）等皆有所規定[3]。勝論認為依此積善業，可得上天之果報，可以說完全是承自古風之婆羅門教，此顯示出其正是彌曼差派之一支流。

從而勝論的倫理觀大體上與婆羅門《法經》之規定沒有太大差別。其中含有極為有趣的見解。亦即若情非得已而觸犯規則亦不犯罪。對本典〈六，一，一二〉所作的《複註》曰：若有人飢渴所逼，於一週間不得進食時，縱使盜首陀羅族之物亦不成罪。若超過十日，盜吠舍族，十五日盜剎帝利，瀕臨餓死時，盜婆羅門物者不算非法。此如先前業句義中所述，若非完全自發性的意志行為，其行為無須負責任。更令人訝異的是，在此一情況下，無論殺人或自殺均可，亦即有法外之許可。本典〈六，一，一三〉

---

3. 參照《印度哲學宗教史》，第四篇。

一六〉謂人因飢餓所逼，經過規定之日，盜他人之物時，遇到所有主抵抗，若對方是自己以下之階級，可以殺之；若與自己同等者，應選自殺（ātmatyāga）或為他所殺（paratyāga）；若高於自己以上者應取自殺之道。在將盜視為嚴重禁戒的印度，竟然允許偷盜，進而可殺人以求保存自己生命，不得不說是極為大膽的主張。此恐是由於採用有相同極微論的順世派之現實主義所導致！

勝論重視現實，求升天之快樂，但不以此為滿足，就最上界（niḥśreyasa）而言，將解脫視為最後之理想。此係依哲學考察所得之結果，本典〈一，一，四〉明白揭出「依真智而有最上界（tattvajñānan niḥśreyasa）」。作為解脫的實際修行，如同他派，勝論重視禪定的修行，認為依此可達到究竟滅苦之狀態。本典〈五，二，一六〉曰：

於我立意，其無作用時，身體無苦，與實相應（saṁyoga）。

亦即「我」所以有法與非法等業，是因於苦樂等而造種種作業，其因在於「意」與「我」之結合，若依禪定而中止意之活動時，自然滅卻不可見之業力而達到無苦痛。雖然如此，對於解脫的相狀，如同他派，勝論對此並無詳細述說，從其教理推定，應是我（其他八實更無庸贅言）脫離屬性之覺、樂、苦、欲等，我之體完全是處於獨立之境。杭特認為勝論是相當現實的，其解脫之境也是積極的充滿快樂[4]，但就筆者所見，其之所論不當。此因若無業（adṛṣṭa）、無意（manas）、無身時，不可能只有樂。本典〈五，二，一八〉對解脫如是下定義：

4. Handt, Vaiśeṣika Philosophie, S. 18 f.

tad abhāve saṁyoga-abhāvo'prādurbhāvaśca mokṣaḥ.（若無彼，無結合無發現，此即解脫。）

所謂的彼，是指業；結合是指身與我之結合；發現是指苦之顯現，業滅時，我脫離身體之束縛，苦痛永久斷絕。在此意義上，勝論的解脫觀與小乘佛教及尼夜耶等同樣是一種消極主義。但到了後世，立大自在天為大我，認為解脫是此神所攝理，故前述之觀點也有相當變化，亦即以活動的解脫為其理想。

第六篇

正理派 Naiyāyika

第一章　總說

一、地位

正理派（Nyāya 派）是與勝論派具有姐妹關係的學派。二者都將原理稱為句義，都注意到概念的運用，都承認極微，也都主張聲無常論等，故幾可視為同一學派。不同的是，勝論派傾向於萬有的解釋，而本派專門論究知識獲得的方法與推理辯論的方式，較傾向於論理方面。此猶如僧佉耶與瑜伽原是同一潮流，爾後各成一派。以希臘的哲學為例，勝論派猶如亞里斯多德的範疇論與物理派思想的結合，而尼夜耶派相當於受詭辯論激發，由亞里斯多德大成之論理學。然就印度思想史觀之，正理派的地位較勝論派更具意義。欲以物理方式解釋此世界的思想隨處可見，但能夠用有組織的論理方法予以研究的，於此世上，僅見於希臘與印度。此因古時唯有希臘與印度人認為專依純粹的哲學思辯得以實現其人生之一大理想，故論理一科實為哲學國之一大特產。就此一意義而言，此派於印度興起，可以說比起其他五派更應予以注意。印度哲學全體既有如此高的評價，其整個體系必然不劣於希臘哲學，進而吾人也可以認為在哲學思辯上，東洋人不亞於西洋人。況且諸多學者向來企圖證明希臘論理源自於印度，故本派似乎是世界上唯一的論理學之源泉（雖然如此的證明幾乎是絕望的）。總之，對於著眼於人類思想之發展者，本派的研究不得不予以注意。縱使在價值上，尚不及於亞里斯多德，但從人類思想史觀之，本派亦具有重大意義。對於印度哲學的研究者而言，不僅本派本身是一重大論題，本派所發展的論式（五支或三支作法）亦應用於後世種種論書中，故若不瞭解本派，彼等論書所述即難以充分瞭解。例如在閱讀清辯的《大乘掌珍論》，或是以護法為中心所成的《成唯識論》乃至《一切見集》時，若無印度論理的知識則無法瞭解。所幸向來國人對於印度論理中堪稱最為完備的因明（hetu-vidyā）之研究頗為盛行，此一方面的知識普及於諸多佛教學者。但由於對於新因明之依據的古因明，知識頗為薄弱，故筆者在此擬依六派之一的正理派所依本典予以論述。

二、名稱

在√i（行）加上 ni 或 ā 的接頭辭所形成的 nyāya，意為推理或標準，或音譯為尼夜耶，義譯為正理。關於本派以此為派名的理由有二種解釋。其一是依據「闡明推理的學派」或是「論究正理之學」的意義而泛稱為尼夜耶派（Naiyāyaka），其二，本派所說十六句義中，司掌論式的第七句義名為支句義（avayava-padārtha），又名 nyāya 句義，最能表現本派特色，故基於「以尼夜耶句義為主之學派」的意義作為全體之派名。就以推理或論式為主的教派而言，二者在意義上雖然一致，但作為名目之起源，前者的見解似較妥當。此因彌曼差派已將尼夜耶一語當作意指推論之標準，爾後佛教在論及因明時，如同《因明入正理論》（Hetu-vidyā-nyāya-praveśa-śāstra）或《因明正理門論》（Hetu-vidyā-nyāya-dvāra-śāstra），是將論理泛稱為正理，故尼夜耶一語一直都被當作泛稱使用。總之，此語來自於思想之運用，此與希臘的 Logik 來自於意為語言的 logos 稍異其趣（希臘最先使用 Logik 一語的是斯多阿派）。雖然如此，若從內容觀之，二者是以相反的方向進行，印度的尼夜耶主要著重在辯論方面，而希臘的論理卻較注意於思想的運用。此乃兩國的學風使然，正因如此，兩者的論理遂有種種不同的特徵，此即首先必須予以注意的。

三、本派之起源

根據印度一般的傳說，本派開祖名為瞿曇仙人（Gotama）。又名惡叉波陀（Akṣapāda），即足目也，其足有眼，故得此異名，有時又名為目行（Akṣacaraṇa）。故慈恩於《因明大疏》第一卷（大正四四，頁九一，下）曰：「劫初足目創標真似」，亦即此仙人於世界初始奠定論法，是為印度論理之起源。但印度人中，名為瞿曇者不乏其人，故此說不具任何意義，而所謂的劫初亦不具任何意義，足上有眼的解釋也只是基於俗說的字源論而已，總之，如同迦毘羅、迦那陀，足目也只是個名詞，其時處與經歷都不得其詳。因此對於本派的起源，只能循例揭其教理的一般特質，對照一般學界給予大略的判斷。筆者先前業已指出（本書第二篇前彌曼差派）本派主要淵源自彌曼差潮流。今除了用以對照本派特質之外，亦探求彌曼差潮流以外的要素，藉以推定其起源。

筆者認為本派的特質有三點。第一是量論，第二是論式論，第三是人生觀。

首先探究的是量論，如屢屢所述，本派揭出四量。即：現量、比量、聲量、比喻量。今對照一般學風觀之，奧義書已稍觸及認識論的問題，但奧義書主要是就本體論而作探究，對於經驗的知識，尚未多加考慮其起源與發展。從而本派的量論不能說是直接來自奧義書。

到了原始佛教時代，認識論的考察大有進展，十二因緣說可說是從認識論而作推斷的思辨，然而對於經驗的知識尚未建立標準與規範。也可以說在原始佛教時代，印度人尚未確立「量」之思考。時代再推進，幾乎所有學派都立種種的量作為知識的標準與源泉。亦即彌曼差派立現量、比量、聲量、比喻量、義準量、無體量等六量，正理派立前揭四量，數論與瑜伽派立現量、比量、聲量等三量，勝論派立現量與比量等二量，但就承認吠陀之業分而言，也是立三量。依此看來，量說是學派時代之產物，然其完成則是建立在各派成立其哲學性組織時。若是如此，究竟是由哪一派開始立如是之量？此一問題甚難解答，但無須懷疑的，不能將正理派視為元祖。此因量的建立，無論從複雜趨向單純，或是由單純趨向複雜，或是由中間趨向兩方，都看不出正理派為其元祖的理由。無論從單純趨向複雜，或由複雜趨向單純，正理派的四量都位於其中，更且以四量為基本朝向單複兩方分化見之，正理派並非只談四量，依據《尼夜耶經》第二卷所載，當時另有其他四量，是本派故意棄捨的，因此不能認為本派的四量最為原始。在印度論理史上，量的發展不是由單純朝向複雜，而是由種種的量逐漸簡約，此徵於佛教中，龍樹《方便心論》立四量，無著、世親立三量，到了陳那立二量即可知之。故本派之四量並非此派新創，而是將以前的種種量說予以整理而成，在如此意義上，本經第二卷批評其他四量的理由即能瞭解。量論之原初形態不如後世所見之嚴格，只是作為知識獲得的方法，籠統的揭出種種特徵，但隨著認識論的發展與方法論（Methodenlehre）之趨向縝密，遂被包攝於少數原理中，漸減其數。此乃筆者將量數最多的彌曼差派視為本派淵源的一大理由。筆者並非斷定印度的量說起自於彌曼差派，但至少可以認為以含糊籠統形態散見於《彌曼差經》的量，是由尼夜耶派整理成四量的。

其次就位列第二的論式觀之，前述的量，可以說是自悟門，而論式是指將自己意見表達給他人的方式，屬悟他門。就筆者所見，此方面的開拓實是正理派獨立成派的重要原因，也正是本派的主要特徵。茲就此一方面的發展探之，大體上，印度是喜好議論的國度，早在奧義書時代，有名的學者常相往來，眾人齊聚一堂來回議論的風習極為盛行。從而當時的辯術也被極力研究，《旃多古亞奧義書》〈七，一，二〉等揭有辯論學（vākovākya）一科，作為當時的學問之一。到了佛教時代，議論的方法更為巧妙，產生諸如「五問」或「四記答」等等的問答方式。是故概括而言，此等風潮以及因應此風潮而生起的辯術是啟發本派論式的原因。亦即如同希臘的論理學因詭辯論橫行而被激發，印度則是由於種種的論法與詭辯法而產生完整的論式。但並不是說在奧義書時代或佛教初期，本派已制定如此論式，本派的論式特徵是五支或三支，就筆者所知，奧義書固然無庸贅言，即使在原始佛典中，也看不到由五支或三支作法組成的議論。蒲仙（Vidyābhūṣaṇa）於其《印度中世論理史》[1]中指出：《長阿含．梵網經》（Brahma-jāla-

1. Vidyābhūṣana, Mediaeval School of Indian Logic. p. 60.

sutta）中載有「Takkī」（Tarkin）一語，加上本派後來被稱為Tārkika（究理論者），故推測在佛住世時代，本派的辯論法業已存在。但蒲仙的觀點並不正確。此因經中的Takkī，只是詭辯家之意。奧義書與原始佛教時代的辯論法只能視為本派先驅，不能視為已與本派相同。對此，筆者相信本派的成立實承繼彌曼差派匪淺。彌曼差派使用辯證的論究法，以五段的方式論述某一問題，此如前述。本派的論式也是以五支作法經五段順序，完成其斷案。當然，同樣是五段，兩者之間仍有很大差異，但至少在所謂的「五段」之中，應有若干聯絡。更且本派介紹眾多對此論式種種誤用之例，其大半是彌曼差派所主張的聲常住論，是故本派的論式與聲論至少一開始是不能分離的。若是如此，則可以說是為駁斥彌曼差派之聲論，比擬其五段法構成的論法逐漸得其規矩，遂有本派之論式成立。此乃筆者相信本派脫化自彌曼差潮流的第二個理由。從而就論理而言，本派的成立無疑是在彌曼差派以後，如先前所述，彌曼差的成立是在西元前五、六世紀前後，故其成立絕對不能遡及在此之前。其下限則難以確定，恐是大約在西元前三世紀前後。依據蒲仙所說[2]，阿育王時代撰述的《論事》（Kathāvatthu）中有宗（patiññā; skt. pratijñā）、合（upanaya）、墮負（niggaha; skt. nigraha）等本派特有的論理術語，可以說在此一時期，本派的論式已趨圓熟且被採入於佛教中。自此以降，日見發展，西元前後的成立大乘經中，例如《普曜經》（Lalitavistara）的原典等，作為一般學科，已使用hetu-vidyā（因明）一語。

最後就本派的人生觀觀之，本派的特色當然是在論理方面，但即使如此，仍有其不完全卻頗為特別的人生觀。亦即在第二句義的所量諦中所說的有情之組織，以及與命運有關的十二要素之考察。十二要

2. Ibid. p. 61.

素是指我、身、根、境、覺、意、作業、煩惱、彼有、果、苦、解脫等，前六者是組成要素，後六者是命運要素。若予以分析，如後文所述，前六者與勝論所說有聯絡，後六者顯然與佛教的人生觀相關連。若是如此，本派與勝論派、佛教有何等關係？關於勝論與本派孰為先後的問題，學者間有種種看法，總要而言，既是姐妹派，二者的先後大抵不會相差太遠。若從學科的性質觀之，應是勝論派為姐，本派為妹。此因勝論派主要是外部的研究，反之，本派以思想的運用為主，顯示比起前者，本派更為進步。更且實際上就本派所議論的題目見之，勝論派的六句義說皆是其背景，此依《尼夜耶經》第五卷倒難之類例可以知之。從而人生觀的前六種要素可視為勝論見解之略為變形。關於與佛教的前後，無庸贅言，本派成立於佛教以後，故其佛教之要素皆採自於佛教。此因只有勝論教理的六要素，在動的方面猶不完全，故採用佛教的十二因緣觀補其不足。

若依此三種特質尋求本派起源，要言之，如同勝論派，正理派也是集種種潮流而成。亦即西元前三世紀前後，正理派與勝論派都是從彌曼差潮流脫化而出，但本派專向論理方面發展，為形成其獨立教派之體裁，遂採用當時最盛行的佛教組織其哲學，完成其獨立成派之基礎。若足目確實是歷史人物，則此人應該就是於此時代利用此一風潮的學者。雖然如此，但本派具組織性教理的十六諦說並不是學派的成立要件，而是後世整理出的結果。何以作此說？如後文所述，龍樹時代雖有某種尼夜耶經存在，但並無得以證明已彙整成十六句義的痕跡。就筆者所知，印度所出的他派諸論不得見有介紹十六句義者，中國方面，嘉祥作為摩醯首羅天（Maheśvara，濕婆天）所說而予以介紹，恐是基於此因。是故本派的起源雖在西元前三世紀前後，但應是在西元四、五世紀前後始見完備。

四、尼夜耶經

本派以相傳由足目所撰的《尼夜耶經》（Nyāya-sūtra）為其教典。全書五百三十八頌，分成五卷，每卷各分第一日課與第二日課，其組織同於《吠世師迦經》。就其內容觀之，第一卷最具組織性，十六句義全部網羅，並予以概括性的說明，第二卷以下作為補遺，詳述十六句義的主要部分。亦即第二卷闡述第三句義的疑諦（saṁśaya）與第一句義的量諦（pramāṇa），第三卷與第四卷論及第二句義的所量諦（prameya），第五卷詳述第十五句義倒難（jāti）與第十六句義的墮負（nigrahasthāna）。西元第五世紀前後有瓦茲亞亞那（Vātsyāyana）的註釋，故最遲在此時已有前述之體裁。雖然如此，如同他派，此亦經漫長年月才得以完成，此五卷中，哪一部分最為原始？對此，諸多學者認為是第一卷中的第一日課，但筆者寧可相信是第五卷第一日課所說的倒難，亦即詭辯的類例最為原始。此因第一卷是秩序整然的組織性的說明，從本派的起源而論，不可能自始即有如此分類性的說明，起初應是專就詭辯論的論題予以研究，最後才完成有秩序的規則。又依種種證據看來，本派教理之十六句義其完成是在相當遲的時代，據此即能斷定說明全部十六句義的第一卷並不是最古。加之，本派是立於駁斥聲常住論之立場，但第一卷毫無與聲論有關之論法，而第五卷第一日課過半都是在爭論聲常或無常，依此看來，筆者之推定應屬無誤。總而言之，本派的論理先是於特殊題目之論辯中，自然觸及一般規則（如第五卷的倒難所載），最後才完成第一卷所見的秩序，絕非先有第一卷所載規則，而後作為應用才收集第五卷的倒難中的類例。應是在編輯成書時，才將一般的規則置於前而特殊論例置於最後。

若是如此，現今的正理派之教典完成於何時？確實年代固然不明，但多少有些線索。亦即可以用佛教所傳論理書之體裁來作推定。無論如何，佛教的論理是受到本派影響，故某一時代佛教論理的體裁正暗示著本典當時的體裁。佛教中，就筆者所知，最早研究論理事項的人，是龍樹，《迴諍論》（後魏時代漢譯，大正三二冊）與《方便心論》（後魏時代譯，大正三二冊）等是有關此一方面之著作。固然《迴諍論》

是龍樹立於本體論之立場而論述量與所量的不能成立，看不出它與《尼夜耶經》的積極性聯絡，但二者仍有消極性的重大關係，此從該經第二卷第一日課（八之一九）對於懷疑量之成立的某派所提出的抗辯，可以想見即是針對龍樹所用的論法。亦即依此可知《尼夜耶經》是以中觀論法為其對手。反之，龍樹在《方便心論》中恐是依據第二義門而闡述論理法，凡此皆顯示其與本經的聯絡。二者的聯絡頗為密切，某一時期的《尼夜耶經》幾近被完全應用於佛教中。惟恐過於煩瑣，筆者在此無法比較二者內容予以證明，但無論術語、說相、例證等等，二者相符之處不少，故無法否定係改編自《尼夜耶經》。但與現今《尼夜耶經》之體裁相較，其題目有所欠缺，順序亦未整理成現今狀態，依此看來，當時的《尼夜耶經》大抵也是如此。此因當時佛教的田地中尚無特別培養的論理，故此一體裁仍是出自於《尼夜耶經》。此一見解若屬無誤，則西元二、三世紀前後的《尼夜耶經》與現今所見有大部分相近，但未及於十六句義之分類，且第一卷第一日課的九句義也未經整理。《方便心論》中亦不見其形跡。稍晚於此的彌勒《瑜伽師地論》第十五卷（唐譯，大正三〇冊）、無著《阿毘達磨雜集論》第十六卷（唐譯，大正三一冊）等有關因明的說明與本經相較，關係稍薄，故無法藉以瞭解當時的《尼夜耶經》，進而在世親的《如實論》（陳譯，大正三二冊）中，二者關係較為清楚，且有驚人的一致之處。《如實論》大部分皆已散佚，剩下的只是詭辯論的部分，但將此殘餘部分與現今的本經相較，可以看到有幾乎完全相同之處。亦即《如實論・墮負品》之內容與本經第五卷第二日課全然相符，其《道理難品》之內容與本經第五卷第一日課大部分符合。從而筆者可以推定其缺損的部分與本經也是大為相近。此因在世親時代，本經大部分已被編輯成現今之體裁，而世親將本經應用於《如實論》中。

綜合以上諸點而探討本經的成書經過，可作如次論定：發生於西元前三世紀前後的尼夜耶思想逐漸完成其內部性的發展，同時也受到外部思想刺激，逐漸製作出諸多頌文，到了龍樹時代，完成其大部分組織，但還沒有作出十六句義之分類，直到西元四、五世紀前後，才整理成現今體裁。若是如此，瓦茲亞亞那的註釋應是撰於本經完成後不久，或者可以更大膽地想像，瓦茲亞亞那將此派所傳重要頌文或頌文集彙整成現今形態，同時予以註釋的，即是此五卷的《尼夜耶經》。

在本經之諸註釋中，最古的是前揭瓦茲亞亞那（Vātsyāyana），又名巴庫西拉史瓦明（Pakṣilasvāmin）的《尼夜耶註》（Nyāyabhāṣya）。此人是陳那前輩，可能是一位與世親同時代的論理大學者，就其所撰之《註》而言，在尼夜耶派中幾乎地位等同本文。後世所撰的註釋大都以瓦茲亞亞那之《註》為基礎，如六世紀前後，烏提優達卡拉（Uddyotakara）撰“Nyāya-vārttika”，瓦賈斯巴第密修羅以此為基礎撰“Nyāya-vārttika-tātparya-ṭīkā”，其後的烏達耶那阿闍梨（Udayana-ācārya）撰“Nyāya-vārttika-tātparya-pariśuddhi”等，註上加註，頗為煩雜。「印度文庫」等曾出版此等原典，坎卡那達賈（Gaṅgānātha Jhā）有《尼夜耶註》及“Nyāya-vārttika”之英譯[3]。依據傳說，佛教的陳那為反駁瓦茲亞亞那也曾為本經作註釋，七世紀前後的法稱（Dharmakīrti）為了替陳那辯護，駁斥瓦茲亞亞那，也有註釋之撰述，可惜此二書皆不傳。本經的註釋中，迻譯為英文的，尚有十四、五世紀前後，微修瓦那達（Viśva-nātha）的《尼夜耶註》（Nyāya-vṛtti）。此書於西元一八五〇年至一八五四年之間，由勃朗戴（Ballantyne）以“Nyāya Aphorism”之名在印度出版，可惜的是，只進行到第五卷。簡單傳述本派主要意旨的是，毗瑪阿闍梨（Bhīmācārya）的“Nyāya kośa”與安南巴達（Annambhaṭṭa）的“Tarka saṅgraha”，都有英譯本。

3. Gaṅgānātha Jhā, the Nyāyasūtras of Gautama with Vātyāyana's Bhāṣya and Uddyotakara's Vārtika, Allahabad, 1915~19.

關於本篇的叙述方法必須預先說明。他派的後世註釋若與本文無太大差異，將予以自由使用，若屬本派，則有所保留。此因作為六派之一的本派，雖是自我完成，但就印度論理史而論，若將陳那加入考察，本典的地位至少隸屬古因明。烏提優達卡拉以後的註釋書縱使是反對陳那，但由於印度的論理學受過陳那洗禮，對本典的看法已有不同，故若完全應用本典之意義，則陳那的地位恐有不明之虞。因此筆者一方面將本派視為獨立完成之教派，另一方面為保存其古因明派之意義，在註釋方面，僅限於瓦茲亞亞那之註，必要上，在借用後世註釋時，再另作說明。至於印度全體之論理史，非此簡單數紙所能言盡，期待他日得以另作探討。

第二章　教理之概說

第一節　出發點與十六句義之總說

本派也是以離苦得脫為其目的。本典〈一，一，二〉曰：

現世充滿苦難，此因有生（janman）。生之原因由於作業（pravṛtti）。作業以煩惱（doṣa）為基礎，煩惱以無知（mithyājñāna）為根柢。故我人若欲離苦必須滅無知。其時，因果系列滅去遂得解脫（apavarga）。

亦即無明、煩惱、業、生、苦之系列為人生之事實，欲解脫此苦而抵達最上界，必須滅去根本無明，此顯然是出自於佛教的四諦說或十二因緣觀。若是如此，應依何等方法離此無明？本派認為在於師友相會為解脫而互相議論。從中可以窺見本派之特色。〈四，二，四七〉曰：

知識獲得之練習，在於與諸學者共同議論。

就此而言，本派的方法稍稍類似蘇格拉底，其論理性的議論是為獲得正確知識的手段。

基於以上之見地，本派將其研究題目分類為十六句義，此中總括人生觀、知源論及議論的方法等。所謂十六句義，即：量（pramāṇa）、所量（prameya）、疑（saṁśaya）、動機（prayojana）、見邊（dṛṣṭānta）、宗義（siddhānta）、論式（avayava, nyāya）、思擇（tarka）、決了（nirṇaya）、真論議

（vāda）、紛論議（jalpa）、壞義（vitaṇḍā）、似因（hetvābhāsa）、曲解（chala）、倒難（jāti）、墮負（nigrahasthāna）。中國所流傳之中，就筆者所知，嘉祥大師吉藏《百論疏》（上之中，大正四二，頁二四七，下）作為摩醯首羅天所說，所揭出的量諦、所量諦、疑、用、譬喻、悉檀、語言分別、思擇、決、論議、修諸義、壞義、自證、難難、諍論、墮負等十六諦，恐是唯一介紹本派全體的材料。相較於勝論的六句義，此十六句義說其各個句義之地位頗為薄弱，其中甚至含有不知何以獨立成句義者。恐是準於某一教理勉強敷衍而成。就此而言，筆者所意欲探究的，唯僅重要的題目，但作為總說，在此仍將觸及於十六句義全部。雖然如此，凡屬較不重要之句義，僅揭其定義略作說明而已。

一、**量**（pramāṇa），即知源論（後說）。

二、**所量**（prameya），知識的對象。述及本派之人生觀（後說）。

三、**疑**（saṁśaya），對於能見之量與所見之所量二者之間的認識之疑。〈一，一，二三〉舉出三種狀況。（一）因同相、異相共有。（二）因知覺不明瞭。（三）因不知覺，此係將欲決定真相之試驗名為疑。亦即第一是夜間見柱，或覺得似人，或覺得有別於人，二者皆無法決定；第二是對象之知覺不明，故不知真相；第三是不注意或由於其他事情而不認識對象，故不知真相。此時甲乙兩人之間因認定的差異而生起爭辯。此即立疑之句義之所以，亦即由於疑而有爭辯。

四、**動機**（prayojana），兩者心中所生起的疑問越發強烈，希望互相論究以求解決。〈一，一，二四〉雖如是定義「起某種行動的主要目的」，但真意應是指議論之動機。

五、**見邊**（dṛṣṭānta），指萬人共通之真理，此乃議論之大前提。通常譯為譬喻，但此譯語略失其原語之義（後說）。

六、宗義（siddhānta），議論之際所主張題目之種類（後說）。

七、論式（avayava），將宗義組成論式，即所謂的五支作法（後說）。

八、思擇（tarka），本典〈一，一，四〇〉曰：「思擇者，謂於真相不明之事件，基於理由之存在，欲得與此有關真智之計量（ūha）」。對於此句義之解釋雖有種種，但大抵是指斟酌其論式，立者將其主張組成論式，敵者若不能判斷其正不正義，則不能知思擇之地位。

九、決了（nirṇaya），更斟酌論式，作出最後決定。本典〈一，一，四一〉曰：「問題確定名為決了」。

以上的九句義是在第一卷第一日課中予以說明，茲節要如次：（一）首先闡明吾人智識之源泉，（二）審其對象，（三）對於對象起疑，（四）生起意欲決定之希求。（五）以一般普通的經驗為基礎，（六）闡述自己的主張，（七）作成論式。（八）對手審其論式正或不正，（九）最後作決定。此九句義實已囊括本派之主要意旨。雖然如此，實用性的應用將產生種種狀況，故以下七句義係專就此一方面予以論究。

一〇、真論議（vāda），敵我雙方依論式正大光明辯論的辯論法（後說）。

一一、紛論議（jalpa），雖立同樣論式，卻是依狡猾方法的辯論法（後說）。

一二、壞義論（vitaṇḍā），只指出對方缺點而欲得勝利之方法（後說）。

一三、似因（hetvābhāsa），即研究立論之根據的誤謬（後說）。

一四、曲解（chala）曲解對方言辭而辯難的方法（後說）。

一五、倒難（jāti），耍弄詭辯破壞正確論法之論法（後說）。

一六、墮負（nigrahasthāna），議論場中敗北之相狀（後說）。

第二節　人生觀（第二句義）

如前所述，本派的人生觀在於立無明、煩惱、業、生、苦之系列，以滅無明離苦為其最終目的。第二句義所量諦實際上即欲以此說明人生之組織及其命運。從本句義與「疑」與「動機」等細微句義並列看來，此並非唯一之重要教義，但從出發點觀之，亦非偶然的投入。此徵於本典第三卷、第四卷予以詳述之事實，自無可懷疑。雖然如此，歸根究底，就此而言，本派並無任何創見，只是折衷勝論與佛教所說，整理其體裁，作溫和妥協的考察而已。

我人之組成要素總分為六。即：我（ātman）、身（śarīra）、根（indriya）、境（artha）、覺（buddhi）、意（manas）。我者，主體也；覺、意、根是其心理機關；身為維持此等之機關；境者，身體依止所處之世界，以及色、聲、香、味、觸等根之對境。如此之考察是勝論式的人生觀，是靜態的我人成立條件之說明。相對於此，本派更從動態方面以六段說明我人之命運。即：作業（pravṛtti）、煩惱（doṣa）、彼有（pretyabhāva）、果（phala）、苦（duḥkha）與解脫（apavarga）。由於煩惱與業而有輪廻，來自輪廻的果報皆苦，得以脫離者，即是最上界。此與始於無明而終於苦的緣起觀思想幾乎相同，是來自於佛教的考察。今依其頌文，一一說明此十二種要素。

一、**我**（ātman）　本典〈一，一，一〇〉曰：「欲、瞋、勤勇、樂、苦、智為我之特相」。此無異於勝論所論。

二、**身**（śarīra）　本典〈一，一，一一〉曰：「活動、根、感覺之所依處名為身體。」以身體由地大所成之說，同於勝論。

三、根（indriya） 本典〈一，一，一二〉曰：「鼻、舌、眼、皮、耳名為根。此等皆由諸大所成。」亦即鼻根由地大所成，舌根由水大，眼根由火大，皮根由風大，耳根由空大所成，此亦同於勝論。

四、境（artha） 本典〈一，一，一三～一四〉曰：「地、水、火、風、空屬大（bhūtāni，物質），作為其德之香、味、色、觸、聲名為境。」所謂境，應是五大與五境兼具之意。此等物質，空除外，其他皆由極微所成，又關於各大之性質，謂地有五德，水有四德，火有三德，風有二德，空唯有一德，此亦無異於勝論。

五、覺（buddhi） 本典〈一，一，一五〉曰：「覺、知覺（upalabdhi）與智（jñāna）三者非別物。」亦即廣義的全部認識作用總括名為覺。勝論認為此乃我之一德，故不予以獨立處理，但本派認為它在心臟內〈三，一，二二〉，念念生滅，卻如燈火之相續而識別事物之定相〈三，二，四五〉。雖不認為是在我體之外，但仿傚數論等，是予以獨立處理。

六、意（manas） 本典〈一，一，一六〉曰：「不與知識同時俱起為意之特相。」此亦同於勝論所主張的意是我與根之連絡機關。

七、作業（pravṛtti） 本典〈一，一，一七〉曰：「語、覺與身體之營（ārambha）名為作業。」亦即吾人依據身、口、意（覺）之營作名為作業。煩惱為其因。

八、煩惱（doṣa） 本典〈一，一，一八〉曰：「生起作業為起煩惱之特相。」依據〈四，一，三〉所載，主要的煩惱有三，即：貪（rāga）、瞋（dveṣa）、癡（moha）。依據註釋者所說，此三者更可細分，總計為二十種，其說法與分類方式頗類似佛教所說。

九、彼有（pretyabhāva） 本典〈一，一，一九〉曰：「再生（punarutpatti）名為彼有。」此即以煩惱與業為依據的輪廻。

一〇、**果**（phala）　本典〈一，一，二〇〉曰：「依作業與煩惱所生起之境（artha）名為果。」形成輪廻的一定境界。

一一、**苦**（duḥkha）　本典〈一，一，二一〉曰：「苦之特相為障礙（bādhanā）。」此即輪廻境界之狀態，〈四，一，五五～五六〉載曰：有情之生活未必無樂，然於任何狀況都有障礙伴隨，故凡有生必然有苦。將苦定義為障礙，可說是至言。脫離此苦即是解脫。

一二、**解脫**（apavarga）　本典〈一，一，二二〉曰：「從此苦究竟解脫（atyantavimokṣa）名為解脫。」此即出發點，可說是最上界（niḥśreyasa），瓦茲亞亞那認為此即不苦不樂之境。

要言之，依此十二種所成的本派人生觀，就個體而言，其意義尚通，但就全體而論，統一性的連絡稍嫌薄弱，不免令人有東拼西湊之感。

第三節　語言與思想之關係

印度的語言與思想關係論，始自於彌曼差派，及至文典派時，遂形成聲常住論。本派屬論理派，故對此問題相當注意。當然最主要的，是在反對聲常住論，雖未臻於現今論理學中的概念論或名辭論，仍然有其相近之處。

依據本派所論，語言是思想之代表，但其間未必具有先天性的關係。兩者的關係只是基於習慣（sāmayika），未必是一定的。例如所謂的「yava」，在中土（印度內地）是意味著「麥」，在邊土則意指

「稗」，語言與意義（artha）常因習慣而有所差異。從而語言只是基於發音之曲折，其自身是無常的，絕非文典派與彌曼差派等所說因常住之語性（sphoṭa）或聲性（śabdārtha）等而顯現。此即本派主張聲無常論的理由，由於類似本書第二篇前彌曼差派中的前論（pūrvapakṣa）所述，故在此略過。要言之，本派是抽離概念與語言而論。若是如此，語（pada）的意義（artha）究竟何所指？是個物（vyakti）？或是種（jāti）？或是形相（ākṛti）？所謂「個物」是指個個的具體之物，「種」與「形相」分別相當於種概念與類概念。對此，某一派說：語言的內容是個物，不是種也不是類，商羯羅引用於《梵經註》的烏帕夏（Upavarṣa）之觀點即此。另一派認為是種或類而非個物。文典派及彌曼差所見即此。本派意圖調和此二派，認為語言的內容不應局限為個物或種，而是個物、種與形相兼具。亦即若個物說是名目論（nominalism），種說為實在論（realism），本派所論則相當於概念論（conceptualism）。就此而言，雖是同樣的句義（padārtha），但勝論與正理派的用法有別，勝論基於實在論，用之於哲學範疇，本派則立足於概念論而認為是論理名辭。

第三章　論理

第一節　知識論（第一句義）

如前所述，本派對於量的考察屬全體量論發展之中期。從而其考察猶非具有嚴格意義的認識論，亦即尚未及於論究認識之次第發生及其可能與限界等。僅只以經驗為基礎，承認吾人知識之可能，意欲研究其成立之方法與思想運用之順序等，故相當於論理學的方法論。雖然如此，論理派重視此一考察，作為一切思辯與議論之出發點，設第一句義而著手研究，故至少在態度上是值得讚賞的。

本派所立之量，有現量、比量、譬喻量與聲量等四量。在此首先說明量（pramāṇa）的意義，**pramāṇa**（量）是由梵語 **mā**（量）的語根所成，一般意指尺度或標準。例如所謂「卿等為量」（bhavantaḥ pramāṇam），即意指對方是此一方面的權威。是故此語也可用於意指分辨吾人知識真偽之標準，亦即依某種方法所得知識為真，依某種方法所得知識為偽的方法，最後終將吾人認識活動之樣式稱為量。詭辯論者常提出先有量而後產生知識，或者先有知識而後有量之質問，總要而言，量是知識之發生與運用之標準，兩者實質上不可分，只是基於方便而作此區分。茲一一說明此四量：

（一）**現量**（pratyakṣa）　現量者，即依據五感如實認識對象，不添加比較或抽象等的知識作用。本典〈一，一，四〉揭其定義如次：

根境之接觸而生，無法說明（avyapadeśya），離動亂（avyabhicārin），以確定為特質（vyavasāyātmaka）之知識，名為現量。

亦即真現量的條件有三，第一，感官與對象之接觸；第二，如實認識對象（yāvat tāvat）；第三，尚未概念化，故不能移為語言。簡而言之，是指感覺性的直感尚未混入思惟要素的經驗。此係具有嚴格意義的現量之定義，一般是將見、聞、覺、知等實際經驗稱作現量智。因此，《達卡參古拉哈》〈三八〉將現量更分為二類，第一類稱作無思惟的（nirvikalpa），第二類是指有思惟的（savikalpa），廣指一般的經驗智。

（二）**比量**（anumāna）　比量者，是指比知或類推作用，即吾人並無實際的見、聞、覺、知等事件，唯依推定而得的知識作用。吾人依經驗瞭解某事件與某事件間的繼起或共存關係，依據自然法之一致，從某一事件判定未實際見、聞、覺、知其他事件，即是比量成立之條件。

本典〈一，一五〉對於比量之定義，雖只簡單地說為「基於前之現量」，然其真意應是基於前述理由。本派從三方面觀察事件與事件之間的關係，認為比量的成立有三種狀況。即：有前（pūrvavat）、有餘（śeṣavat）與平等比量（sāmānyato dṛṣṭa）〈一，一，五〉，此同於數論所論。依據瓦茲亞亞那的註釋，所謂有前比量，是指依原因而類推結果，例如見烏雲而推知應降雨；所謂有餘比量，此係前述有前比量之相反，即依結果遡因而比知，例如依河水之增加而判定水源降雨。二者都是以因果關係為基礎的推定法。第三種的平等比量，是指依無關前後的既知事件推知具有同樣特徵的其他事件，相當於所謂的類推（analogy）。瓦茲亞亞那舉出依吾人由此處移至彼處是動之結果，推知吾人雖非實際見日月之移動，但依東湧西沒之觀察而知日月之移〈《方便心論》（大正三二，頁二五，中）所引之例亦同〉，《金七十論》

卷上（大正五四，頁一二六四，上）載曰：見巴吒羅國菴羅樹花開而知憍薩羅國亦然。

比量是四量中最為重要之知識作用，哲學的思辨依此得以完成。從而後世給予非常嚴密之探究，但本經所說猶頗為含糊籠統，故比量妥當性之所以的理由不明。例如在〈二，一，三七〉中，某一論者提出疑問，即：降雨之推測通常是依河水增加與螞蟻運卵，以及孔雀之鳴叫作為基礎。但事實上，河水之增加可能是因於潰塘，螞蟻之運卵也未必是洪水之前兆，可能是其巢穴被破壞；孔雀鳴叫有時亦因人引起，依此薄弱之基礎如何下普遍妥當之判斷？此係觸及比量成立之疑問。本經對此僅以如次回答予以會通。

比量之基礎存於部分（河水之增加）、恐怖（如螞蟻運卵）、類似（如孔雀鳴叫）以外，故汝之非難不當〈二，一，三八～三九〉。

然此僅只在說明比量的成立絕非偶然，絲毫沒有積極揭出其充分的根本條件。恐是在此經成立當時，對此一方面的研究猶不充分。對此予以闡明的，是後來發展出的遍通（vyāpti）法則，此將於論式之最後述之。

（三）**譬喻量**（upamāna）　譬喻量是稍稍難解之量。本典〈一，一，六〉曰：

依與既知事件之類似推定欲說明之事件，此名譬喻量。

依據瓦茲亞亞那之例解，未見野牛者聞知彼類似家牛，後於森林中見類似家牛之動物，即確認此為野牛，此名譬喻量。此與平等比量之差異，在於平等比量是依現知的事實推知未證之事實，而譬喻量是確認已知名稱與現知的事實之一致。故本典〈二，一，四八〉稱此為同彼（tathā-iti）的知識作用，例如認定所聽過的野牛「同彼」，《達卡參古拉哈》〈四七〉如是定義：「名稱與實物一致之知識」。實際上，就吾人之知識而言，經此徑路而得者其數甚多，但此量易於比量或現量中攝得，故數論與勝論皆不言之。佛教方面，龍樹的《方便心論》雖曾言及，但無著以後亦予以省略。

（四）**聲量**（śabda）　聲量者，即依權威者之教示所得之知識。〈一，一，七～八〉曰：

> 可信賴者之教示，此有可見（dṛṣṭārtha）與不可見（adṛṣṭārtha）兩種。

聲量又名傳承量（āptavacana）或聖教量（āptaśruti）。「可見」是指與現世經驗可得事件有關的，「不可見」是指與未來或如天國極樂等與超經驗的事件有關的知識。某一方面之權威者的教示在此二方面可成為正智源泉之標準，此即聲量。陳那以後之佛教論理將聲量攝於比量與現量之中，但在本經中，已有提出此一論點之論者。〈二，一，五〇～五一〉云：某一論者謂聲量與比量皆是知未知之事件，故兩者無須予以區別。但本派認為比量的特色在於自我推知，而聲量的特色在於完全信奉可信者所說內容，故應獨立於比量之外〈二，一，五三〉。不只是一切宗教依據此聲量，在學術上，吾人也是完全接受權威者所說，在日常生活上，也是完全採信可信者所言，實際上，吾人是不斷地依據此量奠定吾人之知識。

以上四量是本派公認的知識之標準與知識之源泉，但對於量的探究，並非本派初創，因此在本典成立之間，除了前述四量，猶言及諸多之量。本典〈二，二，一〉除前揭四量以外，又舉四量。即：世傳量（aitihya）、義準量（arthāpatti）、多分量（saṁbhava）、無體量（abhāva）。異於聲量是指權威者所說，「世傳量」只是基於世間評判之知識，「義準量」是指依某一事件之推定而立證其他事件的思想運行，相當於西洋論理中的假言的推理（hypothetical inference）。《因明大疏》（《因明入正理論疏》卷上，大正四四，頁九五，中）舉「若法無我，準知必無常」之例。「多分量」是指所謂的蓋然推理（probable inference），例如以無雲時無雨為基礎，反過來判定因為無雨故天亦無雲。「無體量」是指以無某一特徵為理由而判知其他有無的作用，《因明大疏》（大正四四，頁九五，中）舉「入此室中見主不在，知所往處」之例。此四量實際上有其必要，且學問上多少類似於歸納的研究法，故頗值得注意，但本派認為世傳量可攝於聲量中，其他三量攝於比量中，無須別立，故不承認是獨立之量。此四量中的義準量與無體量乃彌曼差派所立，慈恩將此二量合併前述四量而說為古因明六量，就筆者所知，並無立世傳量與多分量之學派。可能也是彌曼差之所論。

要言之，本派之量論未免過於雜駁，但從中可以充分看出對於思想運用的法則與歸納的經驗法之說明頗為盡力。不幸的是，印度論理因其形式方面的完備，故比較疏忽此自悟門方面，如果多加用心再加上批評性的研究，當可開拓出近世西洋論理所趨之傾向。此乃筆者最深感遺憾的。

第二節　論式論（第五、第六、第七句義）

量論是在述說自身得正確知識之方法，屬於自悟門，若以此知識為基礎，將此授予他人或駁斥與己意見相反的他說，就是悟他門。然此須建立人皆同意之論辯組織。若非如此，則其論脈紊亂，不能獲得正當歸結。此一方式名為立量或論式。西洋論理主要目的是在研究思想之運用，其論式之組織無須敵者，但印度之論式是一種證明法，故必須有敵者存在，此為印度論理之特質。此因西洋論理中置於最後的斷案，在印度的論式中，是置於開頭。故陳那以後將比量（推理）分成為自比量（svārthānumāna）與為他比量（parārthānumāna）二種，而為他比量之職務即是立量。

正理派的論式即是以此目的所構成，故首先以立者（vādin）與敵者（prativādin）共同承認的論證基礎，斟酌考量立者所立性質，最後再依此組織論式。第一是見邊（dṛṣṭānta），此以第五句義說之；第二是宗義（siddhānta），以第六句義說之，第三是論式（avayava），以第七句義說之。以下擬分此三項予以講述。

一、**見邊**（**dṛṣṭānta**）

本典〈一，一，二五〉曰：

> 凡聖見解一致之事件名為見邊。

此處所言之凡聖，大抵是指一般人，即一般人認為無訛之事件或關係。梵語 dṛṣṭānta 就是 dṛṣta-anta，若予以直譯，則意為「所見事物之終盡」，即經驗之終極，從來經驗上任何狀況皆是如此的事件。推定或論證某一事件，必然以任何人均無異論的真理作為基礎，故本派特立此為句義之一。就西洋的三段論法而言，此相當於大前提，只要是有常識的，必然予以承認的。但印度論理在陳那以前並沒有將此當作命題，而是僅以各別事例為主，因此在本典中，它不能表現如西洋論理大前提般的作用，雖然如此，其內在仍含充分的意義。

二、**宗義**（**siddhānta**）

所謂悉檀多，是 siddhānta 的音譯，直譯為極成說。在此是指宗義或主張，故義譯為宗義。論式之主題（宗），從立者方面而言，是已極成之理，但敵者不予承認，故產生論辯，今係對望立者而立此名。依據本典所載，其宗義之立法有四種。即：遍所許宗（sarvatantra-siddhānta）、先承稟宗（pratitantra-siddhānta）、傍準義宗（adhikaraṇa-siddhānta）、不顧論宗（abhyupagama-siddhānta）〈一，一，二七〉。此同於慈恩《因明大疏》（《因明入正理論疏》卷上，大正四四，頁一〇〇，中～下）所介紹之四宗，故借其譯名。茲依本典之頌文說明如次：

（一）**遍所許宗**，顧名思義，此乃普遍允許之宗義，即任何人皆不得違反之主張。本典〈一，一，二八〉曰：

自宗所採用及主張不與一切教派相違反之宗義。

瓦茲亞亞那以鼻根緣香之命題為例。此雖與宗義不相違但作為議論主題幾乎不具任何價值。

（二）**先承稟宗**，某一宗派自古傳承下來之宗義。〈一，一，二九〉曰：

同一學派確定之義，然他派不認可者。

亦即在自派是遍所許宗，但對於他派卻成為辯論題材之主張。

（三）**傍準義宗**，立者的目的不在主題，而是在內在所隱含的意義。〈一，一，三〇〉曰，

依某一事件的證明而意圖證明其他，此名傍準義宗。

依據瓦茲亞亞那所舉之例，此係某人以某物是依視覺或觸覺而被認識，故欲依此證明靈魂（jñātṛ）存在之立論。依視覺或觸覺而被認識，此即顯示視覺或觸覺不是認識之主體，亦即暗示此外另有認識之主體。

《因明大疏》（大正四四，頁一〇〇，下）謂論聲無常而傍證無我。此如同議會中，政府為令其政案通過而保證其信任的作法。

（四）**不顧論宗**，不顧所依經文及宗派意見，直率地提出自身意見。本典〈一，一，三一〉曰：

> 認定可作為權證之經文所不明說之某種事實，藉此論述其事實之特性。

如此的定義稍嫌曖昧，故西洋學者的解釋不一。勃朗戴將此譯為 implied dogma（包含教義），說是經文雖不明示，但可含蓄推知[1]，柁暹譯此為假定名題（Lehrsatz der Annahme），認為相當於亞里斯多德所說的「試驗的斷定」[2]。二者都認為此係最薄弱之主張。但依據瓦茲亞亞那之註「此顯自己意見之殊勝，又為反駁他人意見所立」，應是最為有力之主張。亦即頌文是指以自己意見提出經文或宗派所不說之事件，故應是最能表現個人意見之主張。此乃筆者藉慈恩之語，譯為不顧論宗之所以，符合慈恩所說「隨立者情所樂便立，如佛弟子立佛法義，若善外宗，樂之定立，不須定顧」。龍樹《方便心論》（大正三二，頁二三，下）也說四宗，採用一切同、初同後異、初異後同、一切異之譯名，一切同相當於遍所許宗，則一切異應相當於 abhyupagama-siddhānta，意指不受任何拘束之獨立主張。

三、**論式**（**avayava；nyāya**）

在見邊之處，既已堅固論辯之基礎，在宗義之處，更檢查其主題性質。進而以因（hetu），即媒概念

---

1. Ballantyne ; Nyāya Aph. vol. 1. p. 30.
2. Deussen ; Allg. Ges. d. Ph. S. 379.

連結二者，立證自己主張的方式就是論式。換言之，此即依據見邊證明四種宗義之任一的方式。正理派以宗、因、喻、合、結等五支予以組織的，即五支作法。首先舉普通所用的二例見之：

宗（pratijñā）　彼山有火，
因（hetu）　有煙故。
喻（udāharaṇa）　如竈，竈見煙與火。
合（upanaya）　如彼山有煙，
結（nigamana）　故彼山有火。

喻有同喻（anvaya-udāharaṇa）與異喻（vyatireky-udāharaṇa）二種情形。同喻是立證宗義之積極基礎，異喻是指其內在的消極基礎。前揭之例是使用同喻之論式，若用異喻則稍異其趣。

宗　彼山有火，
因　有煙故。
喻（異）如湖水，湖水不見火與煙。
合　非如是，彼山有煙。
結　故彼山有火。

證明聲無常之例：

宗　聲無常。
因　所作性故（因緣生故）。
喻　同　如瓶等。於瓶見所作性與無常。
　　異　如虛空。於虛空見常住與非所作性。
合　如聲為所作性（同喻）。
　　不如是，聲為所作性（異喻）。
結　故聲無常。

茲依頌文一一探明各文。

（一）**宗**（pratijñā）　本典〈一，一，三三〉曰：「所立（sādhya）之發言名宗」。所立也可譯成所證或所成，意指立敵之間立證議論之主題。此又名主張或意見（pakṣa）。宗義，亦即極成說（sidhānta）是論式之一支，先前是就立者心意而名為「極成說」，今依議論主題之見地而說為所立之發言。例如「聲無常」之宗，就正理派而言，是已確定的，但對於彌曼差派則有必要予以證明，故成為所立。宗常以命題之形表現，係由主辭與賓辭二個名辭構成。此主辭即稱「有法」（dharmin），亦即有屬性者，賓辭稱為「法」（dharma），是主辭之性質。以「聲無常」為例，聲是主體概念之有法，無常是屬性概念之法。宗相當於形式論理之斷案，故有法相當於小辭（minor term），法相當於大辭（major term）。但本派對於連辭（copula）不大注意，通常將此當作大辭的性質看待，因此無論是聲無常或聲常住，其處理方式無太大區別。印度論理對於質（quality）的探討不能明確發展的原因即此。關於量（quantity），正理派的論式其組成大抵以全稱的事項為主，幾乎不得見特稱事項之論究。此亦異於西洋論理探究全稱與特稱之區別，也是印度論理於精密度上輸西洋一籌的原因之一。亦即至少在正理派之命題中，A（聲無常）、E（聲非無常）、I（或聲無常）、O（或聲非無常）的形式區別未被明確地意識（對此，中國的慈恩稍有觸及）。

關於宗之定義應予以注意的是，本派業已稱宗為所立（sādhya），相對於此，稱因為能立（sādhana）。佛教新因明家非難古因明師總稱宗、因、喻等論式全體為能立，亦即視為證明某一問題之手段，將應予以證明的所立之問題置於論式之外，可以說是不知本經定義的毫無實據的批評。

（二）**因**（hetu）　本典〈一，一，三四〉曰：「所立依與同喻同相之理由，又依與異喻異相之理由而成立所立者稱為因。」因的目的在立證所立之宗，故又名能立（sādhana）。亦即基於宗的有法（前陳）

的性質類似一般所說的積極例證，以及不相似消極的類例之理由，論證以宗所主張之命題的，就稱為因。例如為證明聲無常，用所作性（kṛtakatva）之因得以奏能立之效之所以，是基於經驗，凡所作性者，例如瓶是無常，聲與瓶於所作性上相類似，故聲無常自能推定，反之，聲之所作性異於虛空常住之非所作性，故能判定聲是無常。亦即因的目的是司掌自己主張與一般認定的真理之間的連絡，相當於形式論理學之媒辭（middle term），在論式中，擔任最重要之任務。從而本典最重視對此之研究，故於第十三句義中，特別揭出因之誤謬（hetvābhāsa），只是本典尚未及於嚴密論理學的考察，從後世之見地而言，不免有不完全之感。

（三）**喻**（udāharaṇa）　喻是指立者敵者共同承認為真理之事，是立論基礎之大前提。亦即見邊成為論式之一支時的名稱。如前所述，喻有同喻（anvaya-udāharaṇa）與異喻（vyatireky-uda.）之別。首先就同喻說之，本典〈一，一，三六〉曰：

> 與所立（有法）同相故，有其法（tad-dharma，宗法）之見邊（dṛṣṭānta）名同喻。

就「聲無常，所作性故」之例觀之，具有與宗之有法的聲同一性質，亦即所作性之性質，從而具有宗之法的無常性質，是敵我雙方都認同的，此名同喻。換言之，由於兼具因之性質與宗的法之性質，故聲無常之例說是「如瓶」。瓶是因緣性的，從而是無常的，此乃任何人都承認的，以此例推知聲是所作性，故自然也是無常，故所立之宗決定。僅只以瓶之一例其基礎頗為薄弱，但此乃代表見邊亦即經驗之終極的一例，就經驗所及，凡所作性者皆無常，聲也不例外，有此堅定信念於其背後。其次關於異喻，本典〈一，一，三七〉曰：

與彼（宗之法）矛盾故，將（與因）矛盾者名為異喻。

例如將具有與宗之法的無常矛盾的常住之性質，從而具有與有法之性質的所作性矛盾的非所作性之性質的虛空名為異喻。亦即連結常住義與非所作義而立敵雙方共許的事件，已在同喻之中。此異喻與同喻同是立證宗之大前提之所以，是因為以命題表現，不外是同喻的換質換位。「凡所作性者皆無常」＝「凡非無常者皆非所作性」，本質上二者無絲毫區別。爾後佛教的陳那論師將同喻與異喻併入於同一論式中敘述，但實際言之，此舉並無用處，倒是本派將同喻與異喻各自獨立，視為具有立證之力的見解較為合理。但在陳那以命題之形（此名喻體）表現喻之前，一直未能使喻明確充分發揮作為大前提之意義，只是隨便列舉各別事例，濫用同喻與異喻，導致令人生起詭辯之感，此乃必須予以注意的。

（四）**合**（upanaya）　作為形式論理，宗、因、喻三支已足，但在實際的辯論法上，只說到喻還是有所不足。尤其不以命題之形表現喻的，情形更為嚴重。故為明確論式中喻的意義，連絡宗與因而設第四的合。本典〈一，一，三八〉曰：

與喻關聯，以「如是」（tathā）或「不如是」（na tathā）之言攝合所立（有法）於因，此名合。

以聲無常之例解之，提出同喻之瓶時，以「如是，聲亦所作性」連絡宗與因；在提出異喻之虛空時，以「不如是，聲為所作性」連絡。爾後陳那作為因的條件之一，提出遍是宗法性（因必須具有與宗的有法全部有關之性質，亦即凡是聲必具備所作性之條件），此一條件即相當於五支中的合。

（五）**結**（nigamana）　承前述之合，再反覆前述之宗，最後下斷案的，就是結。故本典〈一，一，三九〉曰：

依所揭理由再言宗者，名結。

亦即敘述「是故」（tasmāt）之理由重複宗義，藉此更確定自己的主張。

其次略探此五支的論理意義，名義上雖是五支，但合與結只是因與宗之再陳，故實際上只是三支。亦即應是宗、因、喻三支或喻、合、結三支。就宗、因、喻三支而言：

宗　聲無常，
因　所作性故，
喻　所作性者無常，如瓶等，
（異喻　常住者非所作性，如虛空等。）

亦即成為西洋論理之逆形式，陳那作為唯一方式而採用之。若取喻、合、結之形式：

喻　所作性者無常，如瓶等………常住者非所作性，如虛空等。
合　聲是所作性………………聲是所作性。
結　故聲無常……………………故聲常住。

大體上，形式與西洋之論理方式相同，本派經常便宜採用（請參見下一章，倒難部分的異法相似之例）。無論是前三支或後三支，本派的五支作法其本質完全無異於西洋的三段論法（syllogism）。探究其格時，採取同喻是第一格，取異喻是第二格。此因取同喻時，媒辭（因）成為大前提（喻）之主部與小前提（以因為命題）的賓部，取異喻時，媒辭成為大小兩前提之賓部，且其斷案為否定。茲以西洋之論式予以檢查：

（同喻）　　　　　　　　　（異喻）

大前提　所作性者無常　　　非無常者非所作性
小前提　聲是所作性　　　　聲是所作性
斷　案　故聲無常　　　　　故聲必然無常（無常）

亦即同喻時，所作性之媒辭成為大前提之主部與小前提之賓部，滿足第一格之條件；取異喻時，所作性之媒辭成為大前提及小前提之賓部，斷案以否定之形表示，故合乎第二格之條件。如前所述，本派不處理特稱，故幾乎不見有第三格的情形。本經尚未以命題之形表示喻，勉強以命題之形與西洋三段論法作比較雖稍嫌失當，但若注意到在言及喻時，註解為「於瓶見所作性與無常」，至少前舉之命題並不超出本經之精神。本經論式的根本缺點在於以喻為大前提思想之代表，隨便列舉的各別事例未能明確發揮其精神。換言之，喻的範圍曖昧，不能表明因與喻之間必有不離之關係。就其例而言，立證聲無常之宗義時，以所作性之因，所作性故無常之瓶等為喻，但凡所作性者皆無常不能確定，其宗不能獲得確實證明。此因或許存在著所作性而非無常者。今仿傚大西氏所提之例，亦即若遭逢如次論式，就本經而言，形式上不能視為是不正確的。

棲於水中者為冷血動物，例如鮫等
鯨棲於水中
故鯨為冷血動物

若依本經之論式規則判定此一論式，全無不當之處，但事實上，鯨魚是溫血動物，故不能說是正當的立論。此因「棲於水中者」的概念不確定所致，若是意指一切棲於水中者，棲於水中者為冷血動物之大前提若是確立，則鯨是冷血動物的斷案就具有必然的普遍的論理的妥當性。但此處僅只以鮫或鮭等各別事例附以大致方向的大前提，故無法說明諸如鯨之類的例外。故本派之論式只是一種比論法，不具有普遍的必然的演繹推理之資格。必須注意的是，不能只從西洋演繹推理之見地批判本派論式而否定其價值。就筆者所見，西洋的演繹法與正理派之推論法（證明法）之間，不只是適用，連組織的精神也有幾分歧異。在演繹法中，大前提是被給予的，斷案已含於其中，只是沒有明白意識，是經由小前提之媒介而得以瞭解；而正理派的推論法是以一般經驗為基礎，歸納性的導出一個新的斷案。例如立如次之三段論法：

凡是人皆當死

孔子是人

故孔子必死

今依演繹法予以觀察，在「凡是人」的概念中已包含了孔子。只是尚未意識到孔子是死者，今依論式之力得以明白。故其斷案是只要其大前提之真理具有必然的妥當性，不破壞思想法則，終究是不能否定的。若依正理派之見地，小前提中的孔子必須立於大前提的「凡是人」之外。此因正理派認為所取之喻，具有除去宗等等的資格。依據正理派所說，雖說「凡是人」皆當死，但孔子死或不死是個問題，孔子會死不是必然的。所以有「孔子是人」「故孔子必死」之斷案，是經驗上所有的人必死，不曾有例外，只要孔子是人，即無例外。此乃正理派認為必須有類推之基礎的具體例證，將此名為見邊（經驗之至極）之所以，更且對於喻，沒有附上「一切」或「種種」等總括性的形容語之所以。在大前提中附上諸如「一切」

或「種種」之語，表示其中已有結論，對於有常識的人而言，其論式不具多大效果。要言之，正理派的論式其形式雖是演繹的，但精神上卻是歸納的。作為論理的妥當性，雖不及於演繹法，但以經驗為基礎令新知識增加而言，倒是優於演繹法。

進而言之，正理派論式之目的，終究不是為獲得新知識，而是藉此確實貫徹自己的主張。從而比起歸納的類推法，依據演繹之必然法所作的論證較為有利且確實。但如此一來，務必擴張喻之意義，以西洋論理全稱命題之形態而進至大前提之位。亦即在喻的命題上，加上「種種」或「一切」之語，以求所謂媒辭的周到（distribute）。否則常犯媒辭不周到之過（Fallacy of undistributed middle），即使是妥當的論法，至少形式上是不完備的，動輒形成鯨是冷血動物的證明。

除去此缺點作成演繹之論式的，是佛教中的陳那，而受其影響，本派後世註解者盛加說明的是，所謂遍通（vyāpti）之說。下一節將就此述之。

第三節　遍通（vyāpti）

遍通是指因與喻之間必須具有必然不離之關係的法則。詳言之，同喻時，有因之處，宗之法（賓部）不得不從；異喻時，無宗之法之處，與因必無關係。前者是積極的遍通（anvaya-vyāpti），後者是消極的遍通（vyatireka-vyāpti）。為令容易瞭解，茲以例說明之。

吾人以所作性之因，證明或推知聲無常。此時，作為證明之基礎的，是所作性的因，以術語言之，即相（liṅga）也。此為推定或論證之線索。相對於此，被證明的聲無常名為有相（liṅgin），意為具有相的。

吾人以相的所作性為線索，得以推定將有相的聲之性質判為無常之所以，是因為經驗上，凡具所作性之性質者悉皆無常。亦即所作性與無常之間有必然不離之關係。此一關係名為遍通或積極的遍通（又名不相離性，avinābhāva）。所謂遍通，是指有相的無常遍滿通徹於相之所作性的全部範圍，此如圖所示：

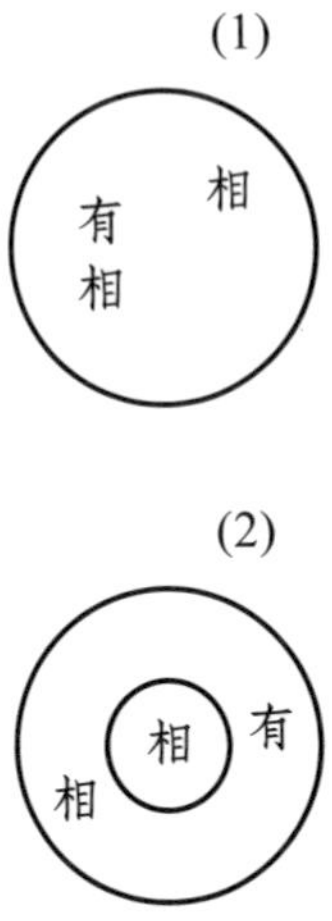

(1) 相與有相同延時
(2) 有相廣於相時

亦即在任何狀況下，相都納入於有相之中，有相包含相而且周遍。反之，相不必遍滿有相（此如(2)的狀況），故不能由此來解釋遍通的遍。在此意義之下，相又名「所遍」（vyāpya），有相又名「能遍」（vyāpaka）。此因無常（有相）遍所作性（相）全部，但所作性未必遍滿無常之全部，不是所作性的，也是有無常的。換言之，此一法則是在說相（因）的全範圍必須都與有相有關係。若藉用西洋論理之用語，就是媒辭必須周到（distribute）。茲以命題表示：

凡所作性者皆無常

若用西洋論理用語表示，就是積極的遍通法則是指全稱肯定命題之大前提的主辭與賓辭之關係，依主辭與賓辭所表現之事件是萬人共同承認，更且其作為媒辭之主辭必須周到。亦即從來是各別事例的喻，實際上，是作為揭示此遍通關係之一例，只是幫助對方了解的手段，故重點移至命題。

其次，消極的遍通（vyatireka-vyāpti）是積極遍通的相反定理，在非無常者（常住之物）的範圍絕無所作性之關係。此如次圖所示：

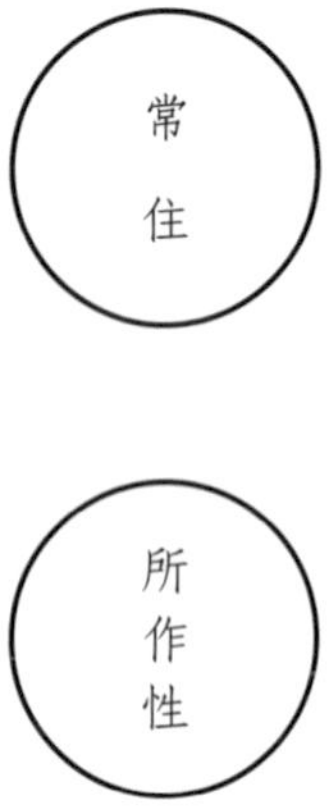

聲無常之宗用所作性之因，以虛空作為異喻，其得以奏能立之功之所以，在於虛空是常住非所作性，與如瓶等所作性而無常者全然相反，反之，聲若是所作性，必與常住無關，亦即必是無常。若常住物中有絲毫是所作性者，縱使說聲是所作性，卻不能說定是無常。先前所述消極的遍通是積極的遍通命題的換質換位，茲以命題表示：

凡非無常者皆非所作性

在此一方面，如虛空等事例已非重要，其意義移至命題。

此遍通之研究，到了後世，不只是論理派，僧佉耶及吠世師迦亦盛談之，但起初完全是與佛教新因明派之考究有關。可以說陳那的九句因，主要是在審查此積極的遍通與消極的遍通之正與不正，始於世親，直至陳那而完成的因三相之考察亦不外於是此一問題之探究。因三相中，第一相的遍是宗法性（一切聲是所作性）是宗與因之關係，後二相的同品定有性與遍品遍無性正是積極的遍通與消極的遍通之規定。亦即同品定有性是指因必定具有與宗之後陳（無常）同樣的性質，若以命題表示，則是「凡所作性皆無常」。亦即異品遍無性是指與宗之後陳（無常）相反性質者，因完全不具有，即「凡常住者皆非所作性」。而九句因是徵於事實而探究此二法則是真之所以（相傳九句因為足目所說，但此說毫無證據，視為陳那新說才是正當）。

與遍通有關連者甚多，惟恐煩瑣，在此略過，僅就所遍（vyāpya）與能遍（vyāpaka）推理上之關係述之。亦即就「凡所作性者（所遍）皆無常（能遍）」之命題的主辭與賓辭之論理關係見之，就所作性之特徵（相）而言，有此特徵者，即能判定有相之無常。反之，無常的未必是所作性。此以「凡東京人皆日本人」的命題來看最為清楚。事實上，東京人雖皆是日本人，但日本人未必是東京人。何故產生如此關係？用西洋論理的說法，此係概念外延廣狹之結果，亦即所遍常是周到，反之，能遍未必周到。正理派對此有稍稍不同的說明，所遍是於能遍加制限（upādhi）所成，例如加東京人（所遍）是日本人（能遍）住於首府等條件。從而由於肯定能遍而直接肯定所遍的是，以無條件者為基礎而加上條件，就無視於條件而言，此即是誤謬的。此如同西洋論理中，改全稱肯定命題時，於原賓辭不加制限則成誤謬（所謂於原賓辭加制限，例如「凡東京人皆日本人」之命題改成「某日本人是東京人」之類）。

第四節　論議法之種類（第十、第十一、第十二句義）

如前所述，正理派的論式著重在構成完全的論議法。論議的第一目的雖在於探究真理，但偶爾也會不擇手段，只要能使對方屈服即可。議論法遂因此產生種種區別，本派的第十句義至第十二句義的真論議、紛論議、壞義論等三個題目所言即此。

（一）**真論議**（vāda）　本典〈一，二，一〉舉真論議之定義如次：

以量、思擇、能立（因喻）、非難，且不違背宗義，立敵共以論式而作的立論或駁論之處理，名真論議。

立者與敵者共同遵奉一定之宗義，用正當手段，相互以正式之論式論議。此係為探究真理而行，主要進行於師弟之間或同一派內。相當於陳那所說的真能立與真能破。慈恩認為陳那以前之古師不說立量破（以論式駁他）（《大疏》卷一，大正四四，頁九四，中），但若依前揭定義，可知本派已有立量破。

（二）**紛論議**（jalpa）　本典〈一，二，二〉曰：

如前述，以曲解、倒難、墮負等作為證明手段的議論，名為紛議論。

如同真論議，立敵共奉一定之宗義，以一定之論式論議，但如後文的誤謬論中所述，此係以不正手段立論或駁論。亦即僅以獲得勝利為目的而論議，是陳那所說的似能立與似能破。

（三）**壞義論**（vitaṇḍā）　本典〈一，二，三〉下定義如次：

性質同前，唯不提出駁論，名壞義論。

同於前述，採用不正之手段，不同的是，自己不立論，只想破壞對方之立論。可視為《因明大疏》所說顯過破之濫用。

此三種議論法中，應該採用的是第一的真論議，但本派認為紛論議與壞義論未必捨之，有時也有應用之必要。〈四，二，五〇〉曰：

如為保護芽之發生而用刺籬，為防護真理而用紛論議、壞義論。

面對外道或敵黨時，為防護自派，有時須使用此等狡猾手段。前述三種論法雖然應用狀況不同，但正理派學徒都應詳加研究。

第四章　誤謬論

誤謬論者，第十三句義至第十六句義之總稱也，其中包含因之誤謬、錯誤之駁論及墮負等。

第一節　因之誤謬（hetvābhāsa，第十三句義）

陳那與天主等在說明論式之誤謬時，提出由宗、因、喻等所成的三十三過。但本經尚未及於宗與喻，僅就因過下特殊考察。此因作為論式主要部分的因，若有過失，其他無論如何完備，終究不能奏能立之效。本經〈一，二，四〉所舉不正因有五類。即：不定因（savyabhicāra）、相違因（viruddha）、問題相似因（prakaraṇasama）、所立似因（sādhyasama）與過時因（kālātītā）。

（一）**不定因**（savyabhicāra）　將不一定（anaikāntika）之因稱為不定〈一，二，五〉。

例如「聲無常」之因，說是「無對觸故（asparśatvāt）」。無對觸之「因」亦通於常住之虛空，亦通於無常之心象等，包含同喻與異喻兩者，無常與常住不能決定。其「因」過於寬廣，不能導出一定之結論，此稱不一定。

（二）**相違因**（viruddha）　與自身所採用宗義相矛盾之因，名相違因〈一，二，六〉。

例如「聲常住」之因，說是「所作性故」。所作性之因與全部異品之無常有關，卻與同品之常住物無絲毫關係，此「因」反而證明與自己主張相反的聲無常。

（三）**問題相似**（prakaraṇasama） 本典〈一，二，七〉曰：

yasmāt prakaraṇacintā sa nirṇayārtham apadiṣṭaḥ prakaraṇasamaḥ.（為出發點的問題之考察為如彼決了而提出，此即問題相似）。

對於此一定義有必要稍加解釋，故揭其原文。從本頌之字面觀之，似乎是指如同需要證明的，卻作為證明之基礎而提出的因，此類似所謂循環論法（tautology; circulus in demonstrando）。向來的學者滿足於如此之說明。但就筆者所見，如此之解釋不僅與「所立相似」無區別，且與瓦茲亞亞那之註釋不符。瓦茲亞亞那曰：

不能決了之立論與反論名為「問題」。在決了之前嘗試作議論等名為「考察」，為予以確定之研究心名為「為決了」。提出的兩宗理由同等，不出其所提問題者，即是問題相似，不能決了（一，二，七註之直譯）。

依據此一解釋，所謂問題相似，應是指對於某一事件，立者與敵者意見歧異而意欲決定，但二者各述其理，終致難以決定，不能超越其出發點。筆者認為如此之解釋甚為至當。不僅可以與「所立相似」明白區別，也可與《達卡參古拉哈》及陳那的因之誤謬論相連絡。亦即《達卡參古拉哈》〈四九〉中有自宗他宗同力因（satpratipakṣa）之說，陳那有稱為相違決定（viruddhāvyabhicāri）之說。立敵之「因」難以兩立，兩者皆有相當之價值，但二者皆屬不決定之因。問題相似實為其先驅。嚴格而言，對同一問題同時下矛盾之判定，必破拒中之法則（law of excluded middle），但以實際論辯為主的本派，允許依不同立足點對於同一問題下不同判定，並承認其斷定之相反（不矛盾）具有同等價值。村上博士於《因明學全書》中揭示相違決定之例的論法：

	（立論）	（敵論）
宗	殷湯周武是亂臣賊子。	殷湯周武是明君。
因	弒主君故。	治國平天下之功大故。
喻	譬如王莽。	譬如堯舜。

立者立於弒主君之觀點，敵者立於治國平天下之觀點，二者所論完全不同，此視為亂臣賊子，彼卻視為明君，其結論不能兩立，兩者同等，不能達到議論之目的，故為誤謬。第十五句義倒難中也有問題相似（prakaraṇasama）之名目，此係與喻相關連，同是立敵兩宗之難，足供參考。

（四）**所立相似**（sādhyasama）　與所立相同，都需要立證，故名所立相似〈一，二，八〉。

此係循環論法或論點竊取（petitio principii）之誤謬，如同對方之需要證明，本身亦須加以證明。

（五）**過時因**（kalātīta）　時過才揭示之因，名過時因〈一，二，九〉。

瓦茲亞亞那以如次之立量為例：

（宗）聲常住。（因）依結合而發顯故。（喻）如色法，於色法見恒存結合。（合）如是聲與鼓、擊結合而顯。（結）故聲常住。

如同瓶等色法本已存在，與太陽光結合而得見之；聲本恆存，與鼓、擊結合而得聞之，絕非與鼓、擊結合而新生。依據瓦茲亞亞那之釋，瓶等之可見性，在吾人見瓶之前業已存在，此乃隨時得以證明；而鼓之可聞性是敲擊後才發生，無法證明其先前既已存在。從而就無視於前後之時而言，依「結合而發顯故」的「因」是誤謬因。雖然如此，就筆者所見，此一解釋不僅不符「時過而示之因」之頌文，且僅限於聲論的誤謬亦屬不妥。龍樹《方便心論》（〈明造論品〉第一，大正三二，頁二六，上）中，有似因之一的過時似因一條，依龍樹所說，此意指應述其理由時，不肯述之，直至敵者詰問才予以敘述。亦即是就議論程序有誤而被視為誤謬，比起前揭頌文，龍樹此釋似較為正當。今暫存疑。

關於本經對於似因之說明應予以注意的是，其分類法無一定標準。陳那因應因三相論而說不成（asiddha）、不定（savyabhicāra）與相違（viruddha）三類，但本經尚未有如此組織性的分類。此一事實正反映從來傳說九句因為足目所說之訛謬。如先前所述，九句因是在嚴格探究因與同喻、異喻間的關係，藉此判其正或不正，九句因若是足目所說，至少其不正之部分應在此似因中表現出來。

第二節　不正之駁論（第十四，第十五句義）

對於正當的立量，要弄種種詭辯予以反駁者，名為不正駁論。此即陳那所說的似能破。本經對此作二種分類。亦即基於所用語言以及基於因喻之性質而作的分類。前者稱為曲解（chala），後者稱為倒難（jāti）。

一、曲解（chala，第十四句義）

本典〈一，二，一〇〉為曲解下如次定義：

依意義分別（vikalpa）之可能性而破壞對手言論，此名曲解。

亦即利用發言者所說之語有二種解釋，故意曲解其義而作辯駁。此有三類，（一）語句之曲解（vākchala），（二）不當擴張之曲解（sāmānyachala），（三）文辭之曲解（upacārachala）。

（一）**語句之曲解**　對方所說意義不定時，故意曲解成與其意見相左之語句，此名語句曲解〈一，二，一二〉。

依據瓦茲亞亞那所舉之例，若有人說「navakambalo'yam māṇavakaḥ」（此青年穿著新上衣）時，因梵語的 nava 意味著新，但意為「九」的 navan 形成合成語時，二者同形，故意曲解為「九」，故駁曰：「著一上衣，何故曰九？」《方便心論》（大正三二，頁二五，下）所揭的隨其言而生為過之例，其文曰：「我所服者是那婆衣。難曰：今汝所著唯是一衣，云何言九」，此與瓦茲亞亞那之例相同，值得予以注意。

（二）**不當擴張之曲解**　將正當之意義予以不當擴張而成不正當，此為不當擴張之曲解〈一，二，一三〉。

例如有人說「婆羅門知識德行具備」時，說者是就大致上而言，但難者故意擴張為婆羅門族全體，而非難說「某婆羅門無學悖德」等等。

（三）**文辭之曲解**　對方以具有雙重意義之文辭而述說時，故意否定說者之意義，此名否定文辭之曲解〈一，二，一四〉。

依據瓦茲亞亞那所揭之例，若有人說「mañcāḥ krośanti（滿座喝采）」時，故意非難說「應是滿座之客喝采，座位那能喝采？」此與前述語句之曲解的區別是，前者是依單語而後者是依複合語。故本經也揭出有人主張二者的區別應予以撤除〈一，二，一四～一七〉。《方便心論》舉出隨言而為生過之另外一例，「如說燒山，難曰：實焚草木，云何燒山」（參照大正三二，頁二五，下）。

二、倒難（jāti，第十五句義）

本典〈一，二，一八〉為倒難下如次定義：

依單純的同相（sādharmya）、異相（vaidharmya）而立反論（pratyavasthāna），此名倒難。

因與喻所以有能立之力，是基於同相與異相之關係，但此並非隨隨便便的，而是限於具有所謂遍通之關係。否則全天下沒有完全的同相也無完全的異相。此因所以提出瓶作為聲無常之同喻，是在於所作性，無常，但就單純意義而論同相與異相，瓶的可見與有對觸，相對於聲的不可見與無對觸點是異喻，反之，其異喻的虛空就其不可見無對觸而言，反而是聲的同喻。此處所說的倒難是指實非遍通，僅拘泥於事例，以部分的同相或異相作為擋箭牌而對抗立者正當之論。本經第一卷沒有另舉類例，但在第五卷的第一日課揭舉二十四種類例分別予以說明。如筆者先前所說，此係令本派逐漸提出論理規則之原動力。

茲揭示其二十四種如次：

（一）同法相似（sādharmya sama）
（二）異法相似（vaidharmya sama）
（三）增多相似（utkarṣa s.）
（四）損減相似（apakarṣa s.）
（五）要證相似（varṇya s.）

（六）不要證相似（avarṇya s.）
（七）分別相似（vikalpa s.）
（八）所立相似（sādhya s.）
（九）到相似（prāpti s.）
（一〇）不到相似（aprāpti s.）
（一一）無窮相似（prasaṅga s.）
（一二）反喻相似（pratidṛṣṭānta s.）
（一三）無生相似（anutpatti s.）
（一四）疑相似（saṁśaya s.）
（一五）問題相似（prakaraṇa s.）
（一六）無因相似（ahetu s.）
（一七）義準相似（arthāpatti s.）
（一八）無異相似（aviśeṣa s.）
（一九）可能相似（upapatti s.）
（二〇）可得相似（upalabdhi s.）
（二一）不可得相似（anupalabdhi s.）
（二二）無常相似（anitya s.）
（二三）常住相似（nitya s.）

（二四）果相似（kārya s.）

所以稱為相似（sama），乃因自認為其論法與立者正論對抗具有同等之力。

注意一　將此種詭辯的倒難稱為 jāti（生）的理由，柁暹認為正與歐洲稱此為素樸（Naivetät）的觀念相同，亦即初生的，未經精練的幼稚論辯（Allg. Ges. d. Ph. 1. 3. S. 387）。《方便心論》（大正三二，頁二五，下）說明「於同異而為生過」之「生」，意指因中已生果之論法。若是如此，本派是依因中無果論之立場而將因中有果論名為生論。視此為詭辯之代表，遂將一般的詭辯論總名生論。又從《方便心論》將相當先前曲解之過論皆名生過，可知龍樹當時將曲解也當作 jāti 論之一部分。

注意二　此倒難與如次之墮負的詳細說明，載於第五卷，今有前述甘卡難陀夏之英譯。但稿成之際，其譯本尚未出版，此二門乃瞭解印度論理之發展的重要材料，在高楠教授的指導下，以及配合瓦茲亞亞那之註釋，筆者嘗試譯出其全文，用以作為自用之備忘錄。今雖無法全部予以介紹，仍揭示其若干重要之本頌於後。

注意三　此倒難之類例，與佛教所傳《方便心論》、《如實論》、《因明正理門論》等一致之處甚多，在作說明時，將略作比較與對配，故在此預先揭舉三論之相當名稱如次。

壹、《方便心論》〈相應品〉（大正三二，頁二七，下—二八，上）舉出二十種，皆以同異為基礎。

一、增多。二、損減。三、說同異。四、問多答少。五、答多問少。六、因同。七、果同。八、遍同。九、不遍同。一〇、時同。一一、不到。一二、到。一三、相違。一四、不違。一五、疑。一六、不疑。一七、喻破。一八、聞同。一九、聞異。二〇、不生。

貳、《如實論》將倒難作三種分類。即：顛倒難、不實義難、相違難。顛倒難有十，不實義難與相違難各三。十顛倒難：一、同相難。二、異相難。三、長相難。四、無異難。五、至不至難。六、無因難。七、顯別因難。八、疑難。九、未說難。一〇、事異難（大正三二，頁三〇，中，下）。三不實義難：一、顯不許義難。二、顯義至難。三、顯對譬義難（大正三二，頁三三，上）。三相違難：一、未生難。二、常難。三、自義相違難（大正三二，頁三三，下）。

參、《因明正理門論》（參照大正三二，頁九，中——一一，上）作為足目所說，說明十四過，更出七過之名目。一、同法相似。二、異法相似。三、分別相似。四、無異相似。五、可得相似。六、猶豫相似。七、義准相似。八、至不至相似。九、無因相似。一〇、無說相似。一一、無生相似。一二、所作相似。一三、生過相似。一四、常住相似。一五、增益相似。一六、損減相似。一七、有顯相似。一八、無顯相似。一九、生理相似。二〇、別喻相似。二一、品類相似。

從以上所揭名目觀之，可知此三書所說大部分與本經之倒難有密切關係。此三書之原典皆已佚失，故無從得知其原語。其譯名相異，說明之例證亦有別，故難以作正確比較，今僅就彼此之一致較明顯者予以對配。

茲就頌文述其二十四相似如次：

（一）～（二）**同法相似**（sādharmya-sama）**異法相似**（vaidharmya-sama）　立者依同法或異法立量時，敵者亦依同法或異法立證與立者主張相反之法，此名同法相似或異法相似〈五，一，二〉，依瓦茲亞亞那所舉之例，所謂同法相似者，例如立者依勝論宗義欲證我之有功用（sakriyā，有執受）而立量曰：

宗　我有功用（kriyāvān ātmā）。

因　一實，與功用因之德和合故（dravyasya kriyāhetuguṇayogāt）。

喻　如與功用因之德和合之實體土塊有功用（dravyaṁ loṣṭaḥ kriyāhetuguṇayuktaḥ kriyāvān）（略去合結）

勝論認為我是實體，與覺、樂、苦、欲、瞋、勤、勇等德和合而活動，此恰如土塊與色、味、香、觸、合、離和合而有種種功用，此如前篇所述。故依據勝論宗義，此立量無可厚非。然其反對論者依相同之同喻立證其無功用之所以，曰：

宗　我無功用

因　遍在之實無功用故

喻　譬如遍在之虛空無功用

此係利用勝論認為如同時、方、虛空，「我」是遍在性的，然時、方、虛空也是無活動體（niṣkriyā）的。亦即若立者就「我」與活動的德和合而說與土塊相似，同樣的，「我」也與無活動體的虛空等相似，據此立證「我」為無活動體。採用與立者相同的同喻，但立證相反之義，此即名為同法相似之所以。但實際上勝論不說「一切遍在無功用」，藉用陳那之語，敵者所立量之「因」已犯隨一不成（立者不共許）之誤謬，故不具有對抗立者之力。本經〈五，一，二〉對此判曰：立者所用之同法非任意就部分而定，是依據決定法（dharma-viśeṣa），故為真實，而敵者只是任意掌握部分類似，故其立論不成立。如此之答辯可謂已隱含遍通之思想。《如實論》的同相難與《因明正理門論》的同法相似與此相當，在《方便心論》中，是二十種之根柢的模範詭辯論。

其次的異法相似，正與前述相反，敵者將立者的同喻轉換為異喻而提出與立者相反之論。例如立者揭出前揭立量時，敵者駁曰（此例是本派有採用後三支之證據）：

喻　與功用因之德和合之土塊是可見且可分析的。

合　我不如是。

結　故我不如土塊之有功用。

立者作為同喻的土塊可見可分割，此異於「我」之不可見不可分割，從而「我」無土塊般的有功用。此乃忽略與功用因之德合而有功用之例的土塊之意義，只拘泥於土塊本身而作的立論。與功用因之德和合者皆可見可析之定理並不存在，故敵者之論不正。此相當於《如實論》所說的異相難、《因明正理門論》之異法相似。

其次本典以一頌說明第三的增益相似至第八的所立相似。頌曰：

所立（宗）與喻之法（性質）有區別故，又二者皆須證明故，其所作非難有：增多相似、損減相似、要證相似、不要證相似、分別相似、所立相似〈五，一，四〉。

亦即抓住宗與喻性質不全然相同的方面，認為喻亦須證明而予以非難的論法，此六種相似彼此略同。其一一之說明如次：

（三）**增多相似**（utkarṣa-sama）　比較所立與喻之性質，依所立而附加喻之性質，但實際上不應如此立論。例如立者欲說「我」之有功用，以土塊喻之時，敵者非難曰：若「我」如土塊之有功用，「我」

應與土塊同樣有對觸。然「我」為無對觸，故「我」與土塊相反，是無功用。此與前述異法相似頗為相似，但異法相似是依不同見地，就同一喻可為同喻可為異喻而立論，而增多相似是立於宗與喻全然同一的立場。再者，異法相似與同法相似成一對，而增多相似與其次之損減相似亦成一對，此亦不同點之一。《方便心論》的增多以及《因明正理門論》的增益相似與此相當。

（四）**損減相似**（apakarṣa-sama）　與前述相反，此係依所立而減損喻的性質。前揭之例亦適用於此。要言之，增多相似與損減相似都忘記喻只是一般原理之代表，本典〈五，一，六〉以「喻之特質是比示（atideśa）所立，故汝難不成立」答辯之。

（五）**要證相似**（varṇya-sama）　瓦茲亞亞那只說是應說明者（khyāpanīya），若依據毗修瓦難陀所說，此一論法是指由於宗與喻同一性質，若宗是依喻而被證明，則如同宗需要證明，喻也需要證明。

（六）**不要證相似**（avarṇya-sama）　此係與前述要證相似成對之論法。亦即在前難中，如果喻不須證明，則由於宗與喻性質相同，故宗亦無須證明。用喻來證明宗之無意義，是不要證相似的主要意旨，形成一種兩刀斷法。此係忘記喻是立敵共許之真理，據此而推定宗義之立論。《如實論》與《因明正理門論》中無與此二種論法相當之論法。《方便心論》〈相應品第七〉（大正三二，頁二七，下）的同異論法與此相似。

（七）**分別相似**（vikalpa-sama）　因的性質（sādhanadharma）應用於喻時，非難其喻有種種性質，故所立不成立。例如說「我有功用，與功用因之德和合故」時，敵者見與功用因之德和合者，某物如土塊之重，或某物如風之輕。故非難於與功用因之德和合者中，某物或如土塊之有功用，某物或如「我」之無功用。此係忘記功用因之德是意指「令其實體成為活動性的」而作的非難。《如實論》之長相難、《因明正理門論》之分別相似與此相當。

（八）**所立相似**（sādhya-sama）　如所立之宗需要證明，其喻也需要證明之立論。例如以土塊證明「我」之有功用時，敵者非難曰：「我」之有功用與否需要證明，同樣的，土塊之有功用與否亦須證明，否則只是一種循環論法。此一論法與第五的要證相似極為相似，其差別在於要證相似是與不要證相似成對，而所立相似是單獨的，再者要證相似是含有因之性質的非難，而所立相似是專就喻與宗之關係的非難。《方便心論》等無與此相當之論法。

（九）～（一〇）**到相似**（prāpti-sama）**不到相似**（aprāpti-sama）　「因」是立證所立，而所立達或不達不出二途。若達者，應與所立無區別，若不達者，則無能立之力〈五，一，七〉。此非難同於前述要證相似不要證相似的兩刀斷法。其主要意旨是「因」在立證宗時，「因」與宗法（賓辭）之關係不出於同一或各別。若是同一，被證明者與證明者相同，故無證明之力；若是各別，二者既無關係，即無證明之力。例如說「我有功用，與功用因之德和合故」時，作為其「因」的「功用因之德和合故」同於宗之法的有功用，是同義異語，故不能證明，若是各別，則不能說與功用因之德和合而有功用。但此「因」所以有能證之力，是因為以「凡與功用因之德和合者有功用」為前提，此若能確立，即無此非難。《方便心論》的到不到與《如實論》的至不至難、《因明正理門論》的至不至相似與此相當。

（一一）**無窮相似**（prasaṅga-sama）　對於見邊，以「其因不揭示故」非難之，此為無窮相似〈五，一，九前半〉。

此即忘記立論之大前提的見邊（dṛṣṭānta）是萬人共同認定之事實，卻就其不述所以然的理由而非難之。但若給予以證明，為了立論，則更須提出他喻，遂將導致無窮無盡，故名無窮相似。本經〈五，一，一〇〉對此是以「舉燈火照物時，為照其燈火，無須其他燈火，同樣的，喻本身就是自明之理」答辯。《如實論》顯不許義難、《因明正理門論》生過相似與此相當。

（一二）**反喻相似**（pratidṛṣṭānta-sama）　依反喻而立駁論，此名反喻相似〈五，一，九後半〉。

例如說「我有功用，與功用因之德和合故，如土塊」時，敵者提出「與功用因之德和合的虛空無功用」相反之喻非難。由於勝論認為虛空與功用因之德和合，無功用，故此一非難可說至當，但敵者若只是任意，對勝論宗義則成過誤。《方便心論》的喻破、《如實論》的顯對譬義難、《因明正理門論》的別喻與此相當。

（一三）**無生相似**（anutpatti-sama）　以聲未發生以前，無立者所取之因非難之，此為無生相似〈五，一，一二〉。

此係僅限於立聲無常之量之過難。立者說「聲無常，勤勇無間性故（prayatnāntarīyakatvāt，意志生）」時，敵者非難曰：未發生以前之聲，不應有勤勇無間性之因。從而由於無勤勇無間之因，其聲必然常住。既是常住，必非發生而有，故聲只是發顯而有，此名無生相似。此係混淆理由（reason）與原因（cause）之非難。《如實論》之未生難、《因明正理門論》之無生相似與此相當。

（一四）**疑相似**（saṁśaya-sama）　就都是根所執性（aindriyakatva）而言，有性（sāmānya）與喻二者同等，從而以「常與無常共相，故有疑不決」非難，此名疑相似〈五，一，一四〉。

此主要是對於聲論的詭辯。依據頌意，勝論認為常住的第四句義之有性，就吾人知覺而言，同於無常之瓶。若是如此，由於與無常性之瓶相同的聲是勤勇無間性（意志性），故不能決定是否常住。此因常住者與無常者若具有相同性質，則將生起「同此」之疑。雖然「一切知覺性的事物皆無常」不是一般共同承認之真理，但「意志生的，亦即人為的事物皆無常」則是眾所承認的，由於忽略此一方面，故有此非難。《方便心論》之疑、《如實論》之疑難、《因明正理門論》之猶豫相似與此相當。

應予以注意的是，《因明正理門論》、《如實論》之猶豫相似與疑難等只是名稱一致，其說明與類例略有差異。從《如實論》及《因明正理門論》的說明見之，是指「立聲無常時，說勤勇無間性，作為勤勇無間之結果而聲新生，或是隱者顯現」之疑。今有性與瓶同一根執之難，《如實論》却以顯對比義難，亦即與本經所揭反喻相似相當之例說明，再者《如實論》、《因明正理門論》之疑難的聲生、聲顯之區別，本經則作為第二十之可得相似。此恐是依據所傳，對於同樣的詭辯給予略為不同的說明所致。

（一五）**問題相似**（prakaraṇa-sama）　常與無常兩者同樣，故問題不成而非難之，此名問題相似。〈五，一，一六〉

此係延續前述關係而作之非難，就常住之有性與無常之瓶是根執而言，若是同相，則勤勇無間性之性質必須也通於常與無常兩方面。今立者只依此立聲無常，卻忽略另一方面的聲常住，從而依勤勇無間性之因而論證的問題終將無止無盡。亦即敵者依勤勇無間之因而有聲無常之立量或聲常住之立量，因而判定兩者有同等價值，此乃因的問題相似（相違決定）也適用於喻之立論。《因明正理門論》之品類相似似與此相當，惜無說明，故無法確定。

（一六）**無因相似**（ahetu-sama）　於三時因不成就故，此名無因相似〈五，一，一八〉。

因是宗之能立。就其時之關係而言，因是在宗之前，或之後，或同時？若是之前，則無可證之宗，亦無因之效用；若是之後，則宗依何所立；若是同時，則能立、所立各自獨立，應無能所之區別。於三時之任一，皆不能求出其因。此係將理由與原因相混淆之詭辯，龍樹於《迴諍論》（大正三二，頁二〇，中）於否定能量、所量時，即是採用此一論法，可知此一論法相當盛行。《方便心論》的時同、《如實論》

之無因難、《因明正理門論》之無因相似與此相當。

（一七）**義準相似**（arthāpatti-sama）　準知相反之宗亦可成立，故予以非難，此名義準相似〈五，一，二一〉。

例如立者作「聲無常，勤勇無間性故，如瓶」之立量時，敵者難曰：若就與勤勇性之瓶的無常相同相而說聲無常，準此，可就聲無對觸與虛空同相而斷定聲常住。此亦屬於不遍通，只是就部分之同相而立論。《因明正理門論》之義准相似與此相當。

（一八）**無異相似**（aviśeṣa-sama）　一法無區別而適用於聲與瓶，則一切皆無差別。此因存在（sadbhāva）之性質適用於一切，如此之非難名無異相似〈五，一，二三〉。

此亦屬義準相似之一類。就勤勇無間性而言，瓶與聲都適用，故如同瓶，聲也是無常，若是如此，對於萬有也可以下同一斷定，此因就萬有都是存在而言，是同一的。若此為不合理，則就勤勇無間性，聲與瓶相似而論證聲無常亦屬不合理。此係忽略瓶只是勤勇性而無常，不見二者間的差別，即依不當擴張而作之詭辯。《因明正理門論》的無異相似與此相當。

（一九）**可能相似**（upapatti-sama）　依兩種因都有可能而立反論，此為可能相似〈五，一，二五〉。

依據瓦茲亞亞那之註釋，此係指若聲有所作性之無常因，而得以主張無常，則由於無對觸之常住因亦得以主張此為常住。《如實論》的顯別因難、《因明正理門論》的可得相似與此相當，然其解釋稍異瓦茲亞亞那。依據二者之解釋，證明聲無常時，可能是所作性之因，亦可能是勤勇無間性之因，何者真實不得而知，此係反對聲無常說者所作之立論。就筆者所見，瓦茲亞亞那之釋與前揭義準相似沒有太大差異，故世親與陳那之解釋較恰當。

（二〇）**可得相似**（upalabdhi-sama）　無立者所揭示之因時，也可知其宗義的非難，名可得相似〈五，一，二七〉。

立者為證聲無常而立勤勇無間性之因，敵者非難曰：無勤勇無間性之因的聲，亦即風聲、剝裂聲也是無常，此乃人盡皆知之事實。怎可用勤勇無間性作為聲無常之正因？其目的原在於據此論證勤勇無間性為聲無常之正因，但反而證明常住之聲是藉喉舌之緣而發顯的聲顯之論。《如實論》之顯別因難與《因明正理門論》之可得相似表面上與此相當，不同的是，沒有預想到聲顯論，從而不能與其次的不可得相似成對。《因明正理門論》的有顯相似恐與此相當。

（二一）**不可得相似**（anupalabdhi-sama）　其隱蔽物之不可知亦不可知，故其不可知之不存在確定，反之，可知成為可能，此名不可得相似〈五，一，二九〉。

此係承繼前述可能相似的聲顯論者的詭辯，頌文是第二卷第二日課第十九頌之重複。其意甚深，首先聲顯論者說聲性本來常住，由於某隱蔽物（āvaraṇa）所致，故吾人不能常聞。相對於此，本派反駁曰：其隱蔽物吾人不能認知，故其說不成立。對此，聲顯派認為此不能認知之事實亦不可得，雙重否定之結果，隱蔽物之存在遂成可能，故聲常住論得以成立，此係頌文之大要。此相似與其說是論式，不如說是內容方面的詭辯。《因明正理門論》的無顯相似與此相當。

（二二）**無常相似**（anitya-sama）　同相故，等法（tulya dharma）成為可能，故一切無差別，此一非難名無常相似〈五，一，三二〉。

若與無常之瓶同相而說聲無常，則一切法（例如存在）皆有與瓶共通之性質，故虛空與我必可斷定為無常。此係與前述無異相似大同小異之詭辯。本典〈五，一，三四〉答曰：「因有二重意義。一示與喻同相，另一示其異相，故汝難不成立。」即暗示積極的遍通與消極的遍通之答辯。

（二三）**常住相似**（nitya-sama）　常存在於無常，故於無常性可得常性，此一非難名常住相似〈五，一，三五〉。

聲無常之主張若是真實，則聲必是常（nityam）中之無常。所說的常是常住之異名，故有此屬性之聲必是常住，此乃極其有趣之詭辯。《如實論》之常難、《因明正理門論》之常住相似與此相當。

（二四）**果相似**（kārya-sama）　勤勇無間性之果不一，此一非難名果相似〈五，一，三七〉。

立聲無常時，雖用勤勇無間性之因，但此並非安全之論法。此「因」同樣是依人之意志力，但有如瓶般的新生，也有從來是隱伏者而發顯，其結果不一。亦即不知聲屬於何者，故勤勇性未必無常，此係聲顯派之立論。《方便心論》因同果同之論法、《如實論》事異難、《因明正理門論》所作相似與此相當。《因明正理門論》所作相似之解釋稍異瓦茲亞亞那，亦即同樣的所作性，但瓶的所作性異於聲的所作性，瓶是無常，但聲未必如此。恐是對於同一術語，既成論法之適用法不同所致。

以上是對二十四種倒難略作說明，要言之，主要是我論與聲論有關之詭辯類例。其分類甚為雜駁，某些分類幾近不能區別，從中可看出形式論理與辯證法未分化以前的痕跡。與《方便心論》、《如實論》、《因明正理門論》等相較，大體上一致者不少，其中亦有名目相同而說明相異，或類例相同而名目不同的，由此可知此種詭辯的論法數量相當多。故在《因明正理門論》一書中，陳那在說明十四過之後（大正三二，頁一一，上），有如次之敘述：

> 即此過類但由少分方便異故，建立無邊差別過類，是故不說云云。

如前所述，此詭辯論在印度論理史之研究上，頗具史料價值，是不能予以忽視的。若如筆者之所推定，本派是由彌曼差派脫化，故前揭兩者之相似，至少其中與聲論有關部分是於脫化途中所生起之辯難。其與佛教所傳論理典籍有密切交涉，此乃此詭辯類例所具之史料價值，若適當地予以利用，則《尼夜耶經》成立之經過及佛教論理之發展更能明之。

第三節　關於議論之敗相（第十六句義）

不正因、曲解、倒難等只是不正，論辯場中，未必依此而得決定勝敗。但若某一方誤解對方論意，放棄自己之主張時，即明示其敗北。第十六句義的墮負即說此敗北之條件。其定義如次：

誤解（vipratipatti）或不了解（apratipatti），稱為墮負〈一，二，一九〉。

誤解及不了解是所有失敗之最，故用以作為代表。第五卷第二日課揭舉二十二種之墮負。

注意一　《如實論》〈墮負處品第三〉（大正三二，頁三四，中，下）說二十二種負論。其名稱與本經所載一致，故筆者借用於此。就直譯而言，其譯略欠妥當，但就義譯而言，卻非常適宜，更且其原語之結構頗為複雜，新的適譯亦難以求得。《方便心論》〈明負處品第二〉（大正三二，頁二六，中～二七，上）所說與本經頗多一致，故不另外揭之。僅於解釋本文時附之。《因明正理門論》（大正三二，頁一一，上），對於負論，如是載曰：「如詭語之類，故此不錄。」《瑜伽師地論》所載七因明中之第十五（大正三〇，頁三五九，下）所說論墮負中亦有一致者，惟其順序類例稍異，亦不作對配。

注意二　論辯時，必須有立者（vādin）、敵者（prativādin）與證義者（sabhya，審判者），此即無著等所說論辯場裏的規則。本經對此沒有另外言及，但從言及聽眾看來，亦可視為是證義者。

（一）**壞自立義**（pratijñāhāni）　自喻中認可反喻性質者，此稱壞自立義〈五，二，二〉。

立者所引之喻稱為自喻（svadṛṣṭānta），為駁立者所說，敵者所引之喻名為反喻（pratidṛṣṭānta）。例如立者以瓶作為聲無常之喻，敵者用有性（sāmānya）作為反喻駁之，亦即敵者以由於有性與瓶都是根執（知覺性的），故猶如有性，瓶亦常住反駁，立者遂肯定瓶之常住所犯過誤。其結果是放棄自己所主張的聲無常，故名壞自立義或宗棄。《方便心論》的捨本宗與此相當，《如實論》之釋意亦同。

（二）**取異義**（pratijñāntara）　所立之宗的意義被非難時，回答自喻與反喻之性質相異，故自喻是其宗義之證明，此為取異義〈五，二，三〉。

例如立聲無常之量時，以瓶作為同喻，敵者以有性作為反喻駁之。此時立者答說有性是普遍的，但瓶並非普遍的，故為無常。同樣的，聲也是非遍在，故為無常，此係欲維持其宗義之論法。立者原先意欲立證聲無常，結果變成是在論證非遍在，形成宗義有二頭，移至先前的論點之外，亦即另取異義，故為敗北。《如實論》之釋意完全相同。

（三）**因與立義相違**（pratijñāvirodha）　宗與因之矛盾，故曰因與立義相違〈五，二，四〉。

例如勝論之徒為顯示實與德之區別，而說：「實與德異，色等以外者不可得」。實與德相異，故德句義所攝色味以外，至少有實存在。然而又說德以外者不可得，此因即與立者自己之主張相矛盾，故論辯敗北亦為自然之數。《如實論》之釋意同此。

（四）**捨自立義**（pratijñāsannyāsa）　自己的意見（pakṣa）被非難時，捨棄己見，名捨自立義〈五，二，五〉。

被敵者非難時，辯說：「我不作此說。」《如實論》之釋意同此。

（五）**立異因義**（hetvantara）　所述無區別之因被非難時，意欲予以區別，故生立異因義之墮負〈五，二，六〉。

先前敘述理由時，不另附條件，及至被非難，才附種種條件。《如實論》說是提出與前因完全不同的。

（六）**異義**（arthāntara）　解釋與原意不相應之意義，此名異義〈五，二，七〉。

例如立者以俗語敘述，敵者誤為雅語之意，即因誤解而產生之墮負。

（七）**無義**（nirarthaka）　只有文字之對配，實無意義，此名無義〈五，二，八〉。

不知是何意義之語。如此下所揭之例。

宗　nityaḥ śabdaḥ　（聲常）

因　kacaṭatapāḥ javagaḍadaśatvāt　（婆婆故）「無義」

喻　jhabhaiṅghaḍhadhaṣavat　（如和和）「無義」

《方便心論》稱此為無義語。

（八）**有義不可解**（avijñātārtha）　經過三次說明，聽眾與敵者仍不能瞭解，此名有義不可解〈五，二，九〉。

論辯場中，相同事理可有三次述說，若經三度敘述，其對手及旁聽者仍不能解其全意，立者即告敗北。《如實論》之釋意同此，《方便心論》亦有此說。

（九）**無道理義**（apārthaka）　無前後關係之連絡，不具統一之意義，此名無道理義〈五，二，一〇〉。例如列出十個石榴、六片餅、瓶、牝羊、勝者等，但彼此不具任何統一意義，故立者敗北。應注意的是，《如實論》之釋同此，且所引之例亦同於瓦茲亞亞那所舉。《方便心論》亦有此說。

（一〇）**不至時**（aprāptakāla）　顛倒支之言，名為不至時〈五，二，一一〉。顛倒宗、因、喻、合、結之順序，不作適當配列之論法。應立言時不言，紊亂其前後序列，故無立量之力。《如實論》之釋意同此，《方便論》記為非時語（參照似因之過時因）。

（一一）**不具足分**（nyūna）　欠缺支，故名不具足分〈五，二，一二〉。此為五支不完備之論法，即所謂無體欠。《方便心論》稱此為語少。《如實論》之釋同此。

（一二）**長分**（adhika）　立多餘之因喻，此名長分〈五，二，一三〉。與前過相反，此係立多餘之支。《方便心論》之語多與此相當。應以各一之因、喻立宗義，若立多餘，將成異義，遂致敗北。《如實論》之釋意同此。

（一三）**重說**（punarukta）　發聲及同意義之再陳，此為追說，故名重說〈五，二，一四〉。相同事理重複述之，相同意義重複述之。《方便心論》〈明造品〉所說的言失與此相當。《如實論》將此三分為重聲（再陳相同事理）、重義（反覆相同之意義）、重義至（以不同之語表現相同道理）。

（一四）**不能誦**（ananubhāṣaṇa）　不能誦持經過三次述說而聽眾業已了解之事件，此稱不能誦〈五，二，一七〉。

立者應敵者質問，三度反覆述其主張，聽眾已得以瞭解，但質問者卻不能暗誦。由於不能成為論辯之題，故質問者（敵者）敗北。《如實論》之釋同此，《方便心論》特加警告此為論辯之深患。

（一五）**不解義**（ajñāna）　不能知曉，此名不解義〈五，二，一八〉。

較前述更進一步，不能了解對手之主張。但須具經過三次述說，且聽眾亦得以了解等條件。《如實論》之釋同此。

（一六）**不能難**（apratibha）　不能對他辯難，此稱不能難〈五，二，一九〉。

不能非難他人意見時，自成敗北。《如實論》謂不能破他如理之立義，《方便心論》謂對他正義致非難，故成敗北。但應如瓦茲亞亞那所說，只是指對方的意見。

（一七）**立方便避難**（vikṣepā）　藉口有事而中止辯論〈五，二，二〇〉。

論辯未終，見形勢不利，找藉口中止論辯，中止者敗北。《如實論》之釋意同此。

（一八）**信許他難**（matānujñā）　承認己之意見有失，但辯稱他人之意見亦有過難，此稱信許他難〈五，二，二一〉。

自己的主張被非難時，不能予以抗辯，卻辯解說你的意見也有同樣過失。世間常見此例，由於已承認自己有過，故為墮負。《方便心論》〈辯正不品第三〉言及此過，《如實論》之釋同於本經。

（一九）**於墮負處不顯墮負**（paryanuyojya upêkṣaṇa）　已達墮負卻視為未墮負，此稱墮負處不顯墮負〈五，二，二二〉。

梵語 **paryanuyojya**，意為論辯中墮負應予非難，**upekṣaṇa** 意為與它無關。故譯為「於墮負處不顯墮負」。意指對手已具墮負條件，卻視為未墮負而繼續辯論，結果自己反成墮負。此因不知對手敗北，則論辯永無終止之期，故成為自己敗北。《如實論》解曰：對已墮負者，繼續辯難無益，就辯難不成而言，自己反成墮負。

（二〇）**非處說墮負**（niranuyojyānuyoga） 於不墮負處適用墮負，此為非處說墮負〈五，二，二三〉。

與前述相反，對手未陷墮負，卻告知對方：你已墮負，就不通論辯規則而言，自己反成敗北。《如實論》所載敵者雖墮負，但指責其墮負之相不當，亦屬此規則。

（二一）**為悉檀多所違**（apasiddhānta，離宗） 主張某一宗義，卻採用與彼不相應之言論，此稱為悉檀多所違〈五，二，二四〉。

受他非難欲救釋，卻作與宗義不合之辯解，因放棄原來之主張，故成敗北。《方便心論》所說的捨本宗與此相當。

（二二）**似因**（hetvābhāsa） 似因如前所說〈五，二，二五〉。

採用第十三句義所說五種似因之一，故於論場中成為敗者。《如實論》三分此過為不成就（asiddha）、不定（savyabhicāra）、相違（viruddha），此係依《如實論》所說因三相推論而成。

相較於先前之倒難，此等墮負之種類稍具一般的規則相狀。更且注意到微細之處，作為實際的論議規則，此乃應予以相當注意的。就論理而言，論辯失敗主要是牴觸論理規則而起，故於論述時，亦應基於前述十五句義之規則而作分類。但通覽此二十二種，除了不具足分、長分與第七句義（論式）有關，為悉檀多所違與第六句義（宗義）有關，似因與第十三句義有關之外，並不是適切預想前十五句義之理論。而是同於前述之倒難，主要蒐集實際論辯時所發生實例，予以規則性的列出而已。此乃陳那評曰：「又於負處，舊因明師諸有所說，或有墮在能破中攝，或有極粗，或有非理，故此不錄」之所以。

第五章　餘說、雜觀

一、以上四章是組織性的略觀《尼夜耶經》之內容。實際上可以再簡潔一些，但為了方便作根本研究者，故一一引用本頌於行文中，遂產生冗長之感。其論理意義雖意欲略加論述，但如先前所述，印度之論理並非完成於此。要言之，此完全是印度論理史之初期思想，猶未超脫辯證法之領域，故尚祈讀者見諒。正理派亦自許為宗教之一員，以祭祀及禪修作為其實際之修行，偶爾亦觸及神與勝天解脫之問題，關於其與他派之衡量，置於最後述之，最為適當，然而先前在「人生觀」之章節中，對此已有所說明，故不擬重複述之。可以說此一方面大抵與勝論派所說無太大差別。希望日後隨同瓦茲亞亞那之註，得以將本典全部譯出。此一希望若得以實現，更冀望能以另一種方式整理其內容。在此僅就其若干問題略作補說而已。

二、尼夜耶之調查研究中，必須探討的是，本派的論理與亞里斯多德兩者的關係。如先前所述，兩者都是將論理學予以組織化之鼻祖，且其間有不少共通點。從學者的態度見之，或認為只是偶然的相符，也有少數人認為是希臘的影響及於印度，但大多數是認為希臘之論理受印度影響而大成。日本的學者之中，今福學士對此問題頗加注意，其所撰述的《最新論理學要義》（增訂五六〇～五七一頁）中列舉兩者類似之處有九條，在加以整理之後，於哲學雜誌中發表，他認為兩者的類似究竟不能僅以偶然的相符解之，應是希臘受正理派影響，且可推及至亞里斯多德。剋實而言，筆者對亞里斯多德未作特別研究，對希臘與印度交通史之研究亦未特別嘗試，對此問題實無發言權。但從概括的見地論之，兩者之交涉實相當可疑。試簡單述其理由如次。第一，從來或有視足目較早於亞里斯多德者，但依據筆者之研究，正理派之興起與亞里斯多德幾乎同時，未必印度較古，希臘較新。從而亞里斯多德受足目影響之說，其年代論之根據頗為薄弱。第二，兩者之間若有影響，應是以亞歷山大入侵印度為媒介。究竟是亞歷山大從印度帶回去的思想令亞里斯多德產生論理之組織？或是相反的，隨從亞歷山大的希臘學者將聞自亞里斯多德之論理傳播於印度？此二種情形的發生縱使不無可能，但可說是相當超乎事實之想像。論理的學科於兵馬倥傯之間，並不是如此單純就得以傳授。第三，舉凡一個國家初從他國輸入一種從來沒有的物品或學問，多少會保存其原語，此乃史學研究法所教予吾人的。亞里斯多德的論理與正理派之間幾乎見不到任一共通的術語。梵語與希臘語同屬雅利安語系，某些語言可能相似，但若無希臘語化的梵語或梵語化的希臘語被明顯的當作論理術語，就不能如久雷（Görres）所說於希臘論理中發見梵語術語。第四，亞里斯多德的論理或正理派的論理並不是突然發生的，就亞里斯多德而言，以詭辯論者為首，有蘇格拉底、柏拉圖等作為先驅；就正理派而言，有奧義書的辯論學（Vakovākya）及彌曼差的論究法等作為先驅，在構成論理思想之前，都有相當長久的歷史背景。若此方是受彼方影響，則兩者的先驅思想將作何解？若堅持是一方受另一方影響，將使此一問題越發迷離，永不得解。第五，不只如此，印度思想與希臘思想之類似，不僅限於論理之部門，若舉其數，將不勝枚舉。但至今毫無得以釐清其歷史關係者。若意欲在論理一科附上連絡，則亦能於其他類似點上附上連絡。直至今日，此仍是不可能之事。基於以上理由，縱使亞里斯多德的論理與正理派之間有頗多類似，筆者認為除了自然符合之外，並無實際上的歷史關係。倒是由於兩者的類似，更得以確信人心的作用乃舉世皆然，亦即「真理只有一種」的感覺越發強烈。

三、此正理派的辯證的論理如何啟發印度的一般論理，是全印度論理史之題目。從而此乃六派以外之課題，在此不擬予以說明，但為作為進一步研究者之線索，特別揭示與佛教論理之相關如次：

佛教的教理遍及各方面，係汲取他派之說而完成其偉大之發展，此一事實亦見於其論理部門。首先在原始佛教時代，尚未有組織性的論理思想，此如前述，但正理思想萌起不久，佛教即受其影響，尤其在包括性的大乘佛教中特受重視。經由龍樹、無著、世親等人，一直與漸次趨向組織性的《尼夜耶經》保持接觸，遂逐漸發揮佛教論理本身之特色，終於在西元五世紀前後，陳那（Diṅnāga，大域龍）大成新因明，於印度論理史上寫下嶄新的一頁。不僅佛教論理獨立開來，甚至其組織於此時已呈完備的《尼夜耶經》以及爾後的註釋都受到明顯影響，從來無組織性論理書的耆那教也因此而盛行研究等等。陳那以後的佛教論理學者，有陳那弟子之商羯羅主（Śaṅkara-svāmin，天主），七世紀時，有名的法稱（Dharmakīrti）繼陳那之後，大馳英名，九世紀又有法上（Dharmottara），諸人皆整合陳那之說，戮力於斯學，極度發揮佛教論理之特色。從來傳於中國及日本者，主要是陳那《因明正理論》（Hetu-vidyā-nyāya-dvāra-śāstra）及天主《因明入正理論》（Hetu-vidyā-nyāya-prveśa-śāstra），從來的中國及日本佛教學者藉此二書而瞭解因明學。尤其天主的《入正理論》組織簡明，甚受珍視，玄奘的弟子慈恩大師窺基撰述有名的《因明入正理論疏》（略稱大疏），陳那的論理思想藉此得以流行於世。茲揭舉研究此等的重要資料如次：

古因明

龍樹　《迴諍論》及其註釋　後魏毘目智仙與瞿曇流支共譯（大正三二，頁一三～）。

龍樹　《方便心論》，後魏吉迦夜譯（同前，頁二三～）。

彌勒　《瑜伽師地論》第十五卷，唐・玄奘譯（大正三〇，頁三五六～）。

無著～安慧《阿毘達磨雜集論》第十六卷　同前（大正三一，頁六九四～）。

無著《顯揚聖教論》，同前（大正三一，頁四八〇～）。

世親《如實論》，陳真諦譯（大正三二，頁二八～）。

（世親有《論軌》、《論式》、《論心》等三部著作，惜已不傳。）

新因明

陳那《因明正理門論本》，唐・玄奘譯（大正三二，頁一～）（可依法雲註的《新疏》四卷本）。

陳那《因明正理門論》，唐・義淨譯（大正三二，頁六～）（可依據恢嶺之科註）。

（陳那此外還有諸多著作，相傳其《因明集量論》（Pramāṇa-samuccaya）（曾有漢譯，然今已不傳。但藏譯有五、六部之論理書流傳）。

商羯羅主《因明入正理論》唐・玄奘譯（大正三二，頁一一～一二）（可依恢嶺科註之一卷本）。

窺基《因明入正理論疏》六卷（大正四四，頁九一～）（可依晃耀本）。

（慧沼，智周二師亦有與此有關之註疏。彙集中國及日本註釋家所成的鳳譚《瑞源記》六卷，是《大疏》的重要參考書）

法稱 Nyāyabindu
法上 Nyāyabinduṭīkā } edited by Peterson（Bibliotheca Indica）

此外梵文佛教論理書其數甚多，但大多散佚不傳。近年來尼泊爾有值得注意的佛教論理六書。亦即寶稱（Ratnakīrti）的 Apohasiddhi, Kṣaṇabhaṅgasiddhi, Vicitrā-dvaitasiddhi，無憂論師（Paṇḍita Aśoka）的 Sāmānya-dūṣaṇa-dik-prasāritā, Avayavi nirākaraṇa，寶作靜論師（Ratnākara śānti）的 Antaryāpti-samarthana。高楠教授

所攜回的梵本也有此類書籍，Hariprasād Şāstri 作為印度文庫之一篇，以“Şix Buddhist Nyāya Tracts”之名出版。此等雖非純論理書，卻都是欲以論理學之辯證佛教教義，所以是瞭解教義及論理應用法的必要資料。

參考書

村上博士　《因明學全書》

杉浦氏　Hindu Logic, 1900, Philadelphia.

香村學士　《東洋論理學史》

Vidyābhūṣaṇa, History of the Mediaeval School of Indian Logic, Calcutta, 1907.

今福學士　《最新論理學要義》（附錄）

宇井博士　《參考論理學》（第二部）

四、關於陳那改革正理派論理之要點，已散見於前章，在此僅簡單略作整理。

（一）正理派的四量經由無著與世親而逐漸縮減，到了陳那，認為只有現量及比量才是真正之知源。此因譬喻量其性質屬於現量，聲量屬於現量或比量，並無獨立處理之必要。

（二）對於宗之構成，從來並無明確觀念，雖說「彼山有火」，然其論題究竟是火或是山，並不清楚。《尼夜耶經》稱宗之全體為所立（sādhya），但有時僅指前陳之山，有時僅指後陳之火，對於命題未有明確的意識。直至陳那才明確制定，認為能成為宗的，不是主辭，也不是賓辭，而是在於組合兩者所成之命題。亦即說「彼山有火」時，其所立既不是火也不是山，而是在於彼山是否有火。在新因明之規則中，稱此為「宗依應極成，宗體不可極成」。亦即前陳與後陳之名辭（此稱宗依）是立敵共許，而由此組成的命題（宗體）必須一許一不許。

（三）陳那最大的功績在於訂定因三相（trirūpa, liṅga）之規則。因三相之名稱已見於世親《如實論》中，但予以綿密考察及大力唱說的，完全是陳那其人，他在因明史上的地位亦由此奠定，新因明與古因明的區分即在於此。所謂的因三相，第一，遍是宗法性（pakṣadharmatva）；第二，同品定有性（sapakṣa eva sattva）；第三，異品遍無性（vipakṣe asattva）。第一的遍是宗法性是指因之性質必遍滿於宗之有法（一切之聲皆所作性）。第二同品定有性是指因必定具有後陳（賓辭）之性質（凡所作性皆無常）。第三的異品遍無性是指因完全不具有與宗之後陳相矛盾之性質（凡常住者皆非所作性）。亦即第二與第三分別是前述積極的遍通與消極的遍通之法則，如此的因才具備充分理由之資格。從來的因明史家認為九句因是足目所說，但如前文所述，《尼夜耶經》不載，《大疏》亦無此說。加之，西藏譯中有稱為陳那《因輪論》（Hetu-cakraḍamaru）的九句因之專著，故視為陳那之創見才是至當。此係在闡明因三相中後二相所依之淵源，恐是陳那承受世親因三相之觀念後更深入探討而成。所謂九句因，是指從有（全部關係）、非有（全無關係）、有非有（一部分有關係一部分無關係）等三種立場觀察因與同品（同喻）與異品（異喻）的關係，更參照同品異品之相互關係得出九種狀況，依其一一實例，判定正或不正之方法。茲試舉其名稱與實例如次：

同品有，異品有（不定）

宗	聲無常
因	所量性故
同喻	如瓶
異喻	如虛空

（因太廣，故定為不定）

同品有，異品非有（正）

宗	聲無常
因	所作性故
同	如瓶
異	如虛空

（正當）

同品有，異品有非有（不定）

宗	聲為勤勇無間所發性
因	無常故
同	如瓶
異	如虛空

（非勤勇性者亦有無常，故為不正）

同品非有，異品有（相違）

宗	聲常住
因	所作性故
同	如虛空
異	如瓶

（因與同喻無關，卻與異品的瓶有關，故為不正）

同品非有，異品非有（不定）

宗	聲常住
因	所聞性故
同	無
異	無

（因太狹，故聲是無常或常住不定）

同品非有，異品有非有（相違）

宗	聲常住
因	勤勇無間所發性故
同	如虛空
異	如瓶及電

（因與同喻無關，卻與異品的瓶有關，故為不正）

同品有非有，異品有（不定）

宗	聲為勤勇無間所發性
因	無常故
同	如電，如虛空
異	如瓶

（無常之因與異品之瓶全部有關，但與同喻的電部分關係，故為不正）

同品有非有，異品非有（正）

宗	聲無常
因	勤勇無間所發性故
同	如瓶，如電
異	如虛空

（正當）

同品有非有，異品有非有（不定）

宗　聲常住
因　無對觸故
同　如虛空，如極微
異　如心識，如瓶

（無對觸之因跨越同喻的虛空與異喻之心識，故為不正）

（四）喻的角色與西洋論理的大前提相當，但從來的規定不完全，很容易就形成詭辯，此如前文所述。陳那依因之三相論而予以規定，同喻必須具備因同品（所作性）與宗同品（無常）二個條件，異喻必須具備宗異品（常住）與因異品（非所作）二個條件，並且立喻體（命題）與喻依（事例）之區別，揭舉事例之前，必須以命題發表其意。從前是將同喻與異喻各別使用，陳那合併之，於一論式內使用二喻。此乃因之三相論所帶來的必然結果，但不免有冗長之感。

（五）從來的五支作法中，合與結只是宗與因之反覆，故論式僅限於上三支，此係新因明之特質，而且是由陳那才予以意識性的提倡。舉例如次：

宗　聲無常
因　所作性故
喻　同　諸所作性者見為無常，如瓶等
　　異　諸常住者見為非所作性，如虛空等

（六）從來的誤謬論並無定準，可說只是羅列實際經驗而已，陳那定宗、因、喻之規則，凡與此規則抵觸者，皆為不正，並揭其準據。

爾後發展的法稱論師及法上論師雖或是反對陳那所說，或是對陳那所說更加詳述，但大體上還是承繼陳那之精神，故無需另作說明。

第七篇

吠檀多派

Vedānta

第一章　總說

一、地位

所謂吠檀多派，是指依奧義書組織其宗義，發揮婆羅門哲學之精髓，綜合種種思潮而開展出偉大哲學潮流之學派。此一學派所以名為吠檀多，乃因作為其教材的奧義書，一名吠檀多（Vedānta），即「基於奧義書而成立者」之意。

是故若欲論述此派，在順序上，首先須就奧義書之性質論之。然在《印度哲學宗教史》一書中，筆者對於此一問題所述已頗為詳盡，故在此僅簡略述之。所謂奧義書，就文書而言，乃梵書之一部分，通常是指附於梵書最後之附篇。但就思想而論，其與梵書絕然不同，是反對梵書之過於重視形式，專就哲理之考究而萌起之思想結晶。所以稱此為吠檀多（Vedānta）者，亦即所以稱為吠陀（veda）之終結（anta）者，即因於作為成書，此係吠陀習學之最後，進而在哲學上，此含有「吠陀之極意」之義。奧義書的種類繁多，是數十百位思想家累經數代思索所成，大體上思想雖有共通，但嚴格說來，相互間不免有若干矛盾存在。甚至於同一聖典中，因難以調和，故諸說並載的情形也不少。因此到了學派時代，各家思想之系統逐漸成立，自然產生排除矛盾，並予以組織性整理的企圖。尤其當各個學派逐漸興起，意欲一窺奧義書法城，或任意予以利用者層出不窮，基於自衛，奧義書教徒亦有必要予以組織，以發揮其真意。另一方面，婆羅門學者也認為有必要對奧義書加以整理，遂產生依種種方法組織其教義之風潮。廣義而言，凡有如此企圖者，都可稱為吠檀多派。

但並非所有名為奧義書的，都是吠檀多派研究的對象。奧義書的種類形形色色，是吠檀多（吠陀之極意）與否，將依組織者的不同而有差異。大抵而言，奧義書有新古二類。古奧義書是指三吠陀派所傳持者，新奧義書是指阿闥婆派所屬者。古奧義書現存有十一種。

（所屬本典）		（奧義書）	（所屬枝派）
梨俱吠陀（二）		一、愛達雷亞 (Aitareya)(Ait. ār. bk. 3~4)	愛達雷亞派
		二、卡烏西達其 (Kauṣītaki)(Kauṣ. ār. bk. 3)	卡烏西達其派
沙磨吠陀（二）		一、旃多古亞 (Chāndogya)(Chānd. br. bk. 3~10)	丹提派
		二、克那 (Kena, Talavakāra)(Tala. br. bk. 9)	闍彌尼派
夜柔吠陀	黑夜柔吠陀（五）	一、泰提利亞 (Taittirīya)(Tait. ār. bk. 7~9)	泰提利亞派
		二、摩訶笯拉亞那 (Mahānārāyaṇa)(Tait. ār. bk. 10)	
		三、卡達卡 (Kāṭhaka)	卡達卡派
		四、修威達修瓦達拉 (Śvetāśvatara)	缺
		五、邁伊多拉亞那 (Maitrāyaṇa)	
	白夜柔吠陀（二）	一、普利哈多阿拉笯亞卡 (Bṛhadāraṇyaka)(Śatapat. br. bk. 14. 4~9)	瓦希亞撒笯亞派
		二、伊夏 (Īśā, Vājasaneya samhitā)(Vaj. s. bk. 40)	

柁暹稽查此等內容，定其新古年代順序如次：

奧義書	
普利哈多阿拉笯亞卡奧義書（白夜）	散文
旃多古亞奧義書（沙吠）	
泰提利亞奧義書（黑夜）	
愛達雷亞奧義書（梨吠）	
卡烏西達其奧義書（梨吠）	

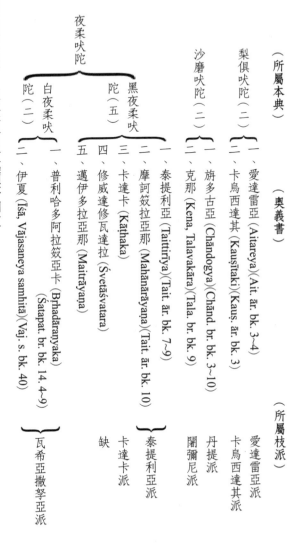

克那奧義書（沙吠）
卡達卡奧義書（黑夜）
伊夏奧義書（白夜）
修威達修瓦達拉奧義書（黑夜）
摩訶笯拉亞那奧義書（黑夜）｝韻文
邁伊多拉亞那奧義書（黑夜）　散文

此上所揭，除《邁伊多拉亞那奧義書》尚有疑點之外，其餘皆承自於梵書，年代約在佛教之前。從而吠檀多教徒信之為天啟，係真正能揭示吠陀極意者。總而言之，吠檀多派其目的在於組織性的研究諸奧義書。反之，屬阿闥婆派之新奧義書大抵為後世擬作，其數超過數百種，其中甚有屬於近代者。篇幅極短，學派色彩濃厚為其特色。從而吠檀多教徒對此之觀點亦無一定。例如《普拉修那》（Praśna）、《孟達卡》（Muṇḍaka）、《夏巴拉》（Jābāla）、《曼多佉耶》（Māṇḍūkya）等除外，商羯羅（Śaṅkara）不揭其他名稱。雖然如此，及至後世，大以利用者日見增多。此因在諸多新奧義書中，思想卓絕而組織完整者亦不少，吠檀多教徒在組織古奧義書教理或持一定見解欲作解釋時，經常是以適合自己所持立場之範圍內而使用之。簡而言之，新奧義書中，是吠檀多與否，全依有力的吠檀多教徒之意見而定。

二、吠檀多之成立及其種類

作為學派的吠檀多潮流興起於何時?此乃頗為難以決定的問題。若吠檀多派的特質在於組織奧義書思想，則奧義書中已有其傾向。古奧義書中，《卡達卡》、《修威達修瓦達拉》、《邁伊多拉亞那》等已充分表現出其傾向。尤其是新奧義書之形跡益顯。杝暹將此等奧義書稱為純吠檀多主義（Reine Vedānta），此等皆能簡單發揮古奧義書中最為純粹的《旃多古亞》、《普利哈多阿拉笯亞卡》等書之精髓。若吠檀多派的特質是在奧義書以外，是意欲作統一性的研究，且有一定之聖典，則其成立，於諸派中應是最遲。恐是始興於西元五、六世紀。此因就筆者所知，在此之前，吠檀多的聖典其存在徵跡不得見。在此意義上，可以說吠檀多派的興起是受其他學流之成立所激發的。

如是興起之吠檀多，其組織傾向可分二途。其一是採用奧義書之中樞思想，予以論理性的組織，藉以發揮奧義書真髓。如嘎烏達帕達（Gauḍapāda）之《曼多佉耶頌》（Māṇḍūkya-kārikā）及薩達難陀（Sadānanda）的《吠檀多精要》（Vedānta-sāra）等皆依此方法。另一是較公平對諸奧義書的共通思想作比較研究，至少是以古奧義書全體為其組織方針，帕達拉亞那（Bādarāyaṇa）的《梵經》（Brahma sūtra）正是代表性的產物。此二種方法未必相反，但前者義理容易透徹，唯其對象非奧義書全體，故有欠公平；後者雖是公平待之，但義理方面較缺。無論如何，吠檀多派之思想並非單一之系統，而是遍地花開，由個人或團體各呈己見所成。

此中，帕達拉亞那的《吠檀多經》其質或量都最為卓越，幾可說是各吠檀多派之基礎聖典，至今亦被視為奧義書之研究指南。通常提到吠檀多派，即是指信奉此經之學派，尤其作為六派之一，是指商羯羅為此作註之宗義。此經之文義多有不明之處，其中含有令諸註釋家產生諸多異論之素質，甚而亦有持異見者附上己見而宣稱是帕達拉亞那之思想者。同一聖典卻產生如此諸多派別。其中較顯著的是，西元八世紀的商羯羅為代表的一元主義（Advaita）、十一、二世紀羅摩笯闍為代表的局限一元主義（Viśiṣṭa-advaita）、十二世紀摩陀筏（Madhva）的二元主義（Dvaita）。現今印度教諸派在談論哲理時，大抵亦以此聖典為根柢，林林總總，實不勝枚舉。

三、吠檀多派之主要論題　吠檀多派中有種種流派，但只要是基於同一奧義書者，大抵是處理相同的問題。無庸贅言，其主題是「梵我論」，亦即如何看待作為宇宙之原理的梵（Brahman）？如何看待梵、世界及個人的關係？此乃各派共通的根本論題。新奧義書中，有所謂的《一切奧義書精要》（Sarva-upaniṣat-sāra），書中一共揭出二十餘項問題，並予以簡單解答，發揮諸奧義書之精要。其解答雖無太大價值，然其論題中含有可作為吠檀多派此一問題之代表者，今試揭之如次。

何謂繫縛？

何謂解脫？

何謂無明？

何謂明（真智）？

何謂我之四位？（所謂我之四位，是指醒位、夢位、熟眠位、第四位）

何謂我之五藏（pañcakośa）？（所謂五藏，是指食味所成身、生氣所成身、意所成身、識所成身、妙樂所成身）

何謂作者（kartṛ），命者（jīva），靈魂（kṣetrajña），觀者（sākṣin），神（kūṭastha），內導者（antaryāmin）？各我（pratyayātman）、最高我（paramātman）、我（ātman）？

何謂幻（māyā）？

問題的提出頗為雜亂，其中甚而有異名同義者，但吠檀多派的目的大抵是就此等論題予以組織性的論究。故後文將就此詳論之。

四、本篇之方針　六派之一的吠檀多派，無庸贅言，當然是指帕達拉亞那、商羯羅之思想。但如前所述，所謂的吠檀多潮流，其中有種種思想，故不能將透過商羯羅而見的帕達拉亞那之思想視為吠檀多派全體。筆者在此篇將以主要的吠檀多思想作為全部考察對象，藉以觀察其間變化發展軌跡。依此見地，首先須闡明帕達拉亞那之立場，其次及於與帕達拉亞那立場稍異的《曼多佉耶頌》，進而是總合兩者的商羯羅，其次是作為商羯羅派反對者的羅摩筴闍，最後依《吠檀多精要》作總結。當然僅依此上所揭，其全貌未必得以獲得，但約略可知吠檀多潮流是如何開展。此外必須預先說明的是，對於奧義書教理的說明，筆者已在《印度哲學宗教史》第三篇揭之，故除非必要，將不再觸及。有意於此者，可先一讀彼文，而後再讀此篇，相信必有所獲。

第二章　帕達拉亞那之吠檀多經

第一節　概觀

本經有種種名稱。如吠檀多經（Vedānta-sūtra）、後彌曼差經（Uttaramīmāṁsā- sūtra）、梵經（Brahma sūtra）、根本思惟經（Śārīraka-mīmāṁsā-sūtra）等。著者帕達拉亞那（Bādarāyaṇa），一名毘耶舍（Vyāsa）。通常視他為吠陀、摩訶婆羅多之編纂者，然此應是無謂之臆測。Vyāsa 原意為整理者，所有聖典編纂者皆可名之，古聖之中，《往世書》之作者、《瑜伽經》之註釋家皆稱此名，近似於普通名詞。稱帕達拉亞那為《吠檀多經》之 Vyāsa，亦即編輯者，亦基於此意，故將他視為是吠陀之毘耶舍，非常不妥。進而關於帕達拉亞那果真是本經之編輯者與否，就本經見之，其中採錄諸多學者意見，例如：闍彌尼（Jaimini）十一次、巴達利（Bādari）四次、阿烏都羅彌（Auḍulomi）三次、阿修瑪拉提亞（Āśmarathya）二次、卡夏庫利茲那（Kāśakṛtsna）一次、卡魯西那及尼（Kārṣṇājini）一次、阿都雷亞（Ātreya）一次、帕達拉亞那九次。亦即帕達拉亞那似乎是以第三者自居，在經中引用己名九次。固然印度人有在自己著作中揭出己名之風習，但如此過分的引用，實難令人認為是成於己手。是故筆者認為本經應是帕達拉亞那之門徒以其師所說為中心，更集錄吠檀多學者意見而成。

本經編纂於何時亦不得而知，但筆者相信是在五世紀至八世紀間。所持理由是，本經所非難之種種學派中，佛教方面有毘婆沙派（Vaibhāṣika）、中觀派（Mādhyamika）、瑜伽派（Yaugācāra，亦即唯識派）（本經二，二，一八以下）。毘婆沙派與中觀派之成立較古，而唯識成為部派是在無著、世親以後，恐是世親門弟時最為昌盛。世親的年代雖有種種異論，但大致是在四、五世紀間，本經既有非難之舉，則此一部分至少是唯識成立以後才存在。又從八世紀之商羯羅有此經之註釋看來，此經成書不能在商羯羅之後，從而二者之間為本經成書時期之見解是最為妥當。在此意義上，柁暹基於毘耶沙（Vyāsa）→修卡（Śuka）→嘎烏達帕達（Gauḍapāda）→高溫達（Govinda）→商羯羅（Śaṅkara）之傳統說，定本經之成時期是在八世紀的商羯羅二百年以前[1]，固然其推定程序不夠完全，然就結果言之，可謂得其正鵠。如同他派聖典，本經亦經數代才告完成，固然不能將全書都視為是四、五世紀以後之產物，但至少是在四、五世紀以後整理成現今之形。

本書之編輯體裁，可分為章（adhyāya）、節（pāda）、題目（adhikaraṇa）等，全書由四章十六節（各章四節）所成，依據商羯羅所說，計分一百九十二個題目。一個題目有一頌乃至數頌，整體為五百五十五頌，但依據羅摩笈闍所說則是五百四十五頌（羅摩笈闍是將商羯羅視為二頌的，視為一頌，其實內容無異）。一一頌文頗為簡單，但若無註釋，頗多文句難解其意。所以如此，乃因作者為方便背誦，故將充分探究之教理彙整成簡單言句。據此看來，此經應是為師資相傳而撰，並非其義不完全。從而相較於其他學派，此書之註釋更具價值。本經之註釋頗多，僅依柯爾布魯庫所說，即有十數家[2]，艾多瓦多霍爾所發見者也有十四種。其中最根本的是巴烏達亞那（Baudhāyana），可惜今僅傳其名，其書早已散佚。其次是商羯羅，其《根本思惟經註》（Śārīraka-mīmāṁsā-sūtra-bhāṣya）幾被視為吠檀多之權證。與商羯羅立場稍異

1. Deussen ; Das System des Vedānta, S. 26.
2. Colebrooke ; Miscellaneous Essays, Vol i. pp. 357~362.

的是，十二世紀羅摩笯闍（Rāmānuja）的《聖註》（Śrībhāṣya），此書主要是立於毘紐笯派之立場。稍遲於此，同樣立於毘紐笯派立場，作二元論解釋的摩陀筏（Madhva），亦即阿難陀提盧達（Ānandatīrtha）之註。與羅摩笯闍見解稍似，但添加快樂說而作註解的是，十五、六世紀瓦拉巴（Vallabha）的《梵經註》（Brahma-sūtra-bhāṣya）。此四種註釋代表吠檀多派四種潮流，現今商羯羅之《註》主要流行於北印度，羅摩笯闍之說流行於南印度，摩陀筏以南方瑪都拉斯附近為中心而散見於全印度，瓦拉巴盛行於賈夏拉特[3]。剋實言之，商羯羅及羅摩笯闍以外，筆者並無一覽其他註釋之機會，故在此擬省略摩陀筏與瓦拉巴之說。欲知雜糅此四派之說之解釋者，請參閱 "Ṣaḍdarśana-cintanikā"。從《一切見集》（Sarvadarśana-saṅgraha），亦可略見摩陀筏之所見。

其次關於本書的一般內容，依據註釋家所作相同處理，可知其四章十六節係處理如次論題：第一章論述大原理之梵（Brahman），初揭梵之定義，其次解釋諸奧義書中有關大原理之異說，意欲發揮其正意。本經若是累經數代才告完成，則此章恐是最初部分。第二章第一節主要在會通數論之問難，闡述梵為大原理之理由，第二節是與數論、勝論、佛教、耆那教、獸主派（Paśupata）、薄迦梵派（Bhāgavata，毘紐笯派之一）等之辯難，指出真理唯在吠檀多派；第三節及第四節回歸自說，揭示由梵至器世間及有情成立之次第。第三章是輪迴論與解脫論，第一節敘述輪迴之相狀，第二節說我之四位，第三節揭示梵之觀念法（upāsana；dhyāna），第四節論述梵智與祭祀之關係。第四章正說解脫論，第一節敘述作為修行之果的善惡業之滅盡，第二節以下論述解脫之歷程及相狀等。

3. Studies in Indian Philosophy；Vedānta and Yoga, p. 1.

如前所述，註釋者所見不一，故何者所論才契合本經立場，亦不得而知。嚴格說來，若脫離註釋家之意見，幾乎無法瞭解本經之立場。雖然如此，印度的註釋家於註釋其聖典時，通常多少是以所謂相傳的說明為其基礎，而後才加上自說，因此從歧異的註釋中，仍可窺出若干共通之處。故若就諸人共通之處著手，相信將與本經的立場相去不遠。依此見地，筆者曾以商羯羅之《註》與羅摩笈闍之《註》作比較，進而參照揭示四家意見的 "Ṣaḍdarśana-cintanikā"，除去各個註釋的特有意見，並模仿齊伯教授（Prof. Thibaut）將其一致部分表列之〔此之比較載於《東方聖書》（S.B.E.）卷三四之序文〕。如此一來，雖不是很完全，且常有難以決定之情況，但想必不添加註釋家特有意見之思想，多少能予以掌握。此對照表非常蕪雜，故在此予以省略，以下所述僅只是其成果。

第二節　出發點與知源論

彌曼差派的重點在於祭祀之研究，吠檀多派則著重於研究大原理之梵。《吠檀多經》〈一，一，一〉曰：

Athāto brahmajijñāsā.（今欲從梵之思索開始。）

可說是與《彌曼差經》之「今欲從法學（dharmajijñāsā）開始」相對之宣告。依據註釋家所說，彌曼差派所說的「今從」，是指吠陀背誦的研究已畢，而本經的「今從」是指已完成吠陀的宗教方面，故進而移至內祕的哲學方面。亦即彌曼差派的研究已終，故欲更進而究其極義。此中暗示著本派包含彌曼差的訓練，且更超越之。

與此相關的，本經亦規定有志於梵學者之資格。亦即四姓中之前三姓（首陀羅無此資格）應完成吠陀集錄及梵書等之研究，原則上，婆羅門四時期（āśrama）中，經過梵行期（brahmacārin）與家居期（gṛhastha），而進而進入森居期（vānaprastha）及遊行期（sannyāsin）者，是梵學研究之適任者（Adhikārin）〈一，一，一及三，四，三六～四三〉。故帕達拉亞那極重視此四期之修行，更極力非難祭祀主義者的闍彌尼不重視森居期與遊行期〈三，四，一八～二〇〉。梵行期完成吠陀背誦的研究，家居期進行實際的祭祀，森居期及遊行期專注於哲學的思惟，此乃古來婆羅門之通規，若不恪守此制度，其哲學只是空理。本經規定諸神亦有研究吠檀多之義務，亦即諸神之位尚屬輪迴，欲得究竟，必須修學梵學〈一，三，二六～三三〉。此固然是在闡述奧義書精神，但其實暗地裏是在對抗彌曼差以生天到達神位為究竟目的之思想。要言之，本經與《前彌曼差經》的成立時期幾乎同時，但思想上，本經常以前彌曼差派為其對手，自始至終意欲超越之，二者的關係就如同梵書之於奧義書。

本派的知源說與前彌曼差派之間有極為有趣的對比。前後彌曼差派都將廣義的吠陀（《劫波經》除外）視為天啟（Śruti），但前彌曼差派認為吠陀的本意在於祭祀，反之，本派認為在於闡說臻於解脫之哲理。換言之，彌曼差派認為述說梵的奧義書是說明祭祀之另一方式，而本派則認為闡述祭祀之梵書係哲學之某一條件。亦即同樣以吠陀作為權證，但彌曼差派以梵書為中心，而本派卻以奧義書為中心的原因在此。本經奧義書觀之特色在於若一切奧義書都是天啟，則所述皆同一真理，其間無絲毫矛盾〈一，一，四〉。乍見之下，彼此之間似有矛盾，但此僅只是說明不同，精神上其實調和一致〈一，四，一四～一五〉。故只要是正確的瞭解奧義書，其所述當是無可懷疑的真理，此同於常識上吾人的見、聞、覺、知之不可疑，本典特將此名為現量（pratyakṣa）。雖然如此，奧義書實際上含有種種思想，故欲予以救釋，令無矛盾之虞，則須輔以其他。對此，本經是從傳承（Smṛti）中求之，將《摩笯法典》與《薄伽梵歌》等視為第二知源。雖然如此，亦限制於不違反奧義書之精神的真智，此恰如吾人所作推理不應違反事實，據此，本經將此名為比量（anumāna）。現量、比量之語，撰述者或許只是當作一般論理用語，但從所有註釋者皆作此解，以及從吠檀多派之性質考之，此變形的用語應是撰述者之真意。要言之，本派的知源是以奧義書為主，其他婆羅門主義的哲學聖典位列第二，完全不顧及經驗的事實與推理，此係本派異於他派之處。也異於同樣以天啟及傳承為主，卻建立他量的彌曼差派。

第三節　梵論（第一章之要旨）

一、梵之定義

就奧義書以梵為萬有之原理而言，二者頗為一致，但看法未必相同。本經〈一，一，二〉為梵下定義如次：

Janmādi asya yata.（由此而彼有生等。）

依據註釋者所述，「彼」是指全宇宙（Sarvam idam），「生等」意指生、住、滅等，其頌文之意是說萬有生、住、滅之根本為梵。亦即基於《泰提利亞》〈三，一〉所載而定義：

實際上，依彼而生萬有，生者依此而住，死者歸入之所，此即是梵。

雖然如此，若僅以此作為梵之定義，則與數論之自性無異，故本經〈一，一，五～一一〉更作附加，認為此之所述，是指意思（ikṣati）。詳而言之，梵為動力因（nimitta），具有意志的人格之方面，同時，作為質料因（prakṛti），是自我之進步發展（ātmakṛteḥ pariṇāmāt），故具有成為萬有的質料之方面〈一，四，二三～二七〉。譬如於一身兼具木工與材料，故有別於數論之自性，並不是無知之物質因，亦非濕婆派大自在天（Maheśvara）般的質料因以外之人格，而是兩者兼具的實在。故本經對於梵之定義，即如次所揭：

是精神的實在，是萬有生、住、滅之計畫者，同時也是材料。

將實在如此視之，始於梨俱吠陀時代（《印度哲學宗教史》第一篇第四章第二節），經由梵書，到奧義書時代已成共通思想。就此意義，不得不說本經之此一定義代表吠陀以來吠檀多一貫之真意。從而至少就當前而言，本經的梵觀是實在論的，超越個人精神，超越萬有要素之物質，是總而括之的大實在。進一步言之，將實在如此視之，又將如何與視此為唯一不二之統一體調和？尤其是奧義書以來所力說的「梵我同一說」應如何看待？現象界的罪惡、流轉、窘迫與梵自體的純淨、妙樂、自由的概念其連絡與差別是如何？如是的問題若不借助註釋家所述，僅依據本經不能知其徹底之意。故在此筆者暫將此規定視為本經之立場。

梵是唯一不二之實在，縱使開展世界與有情，然其自體並無絲毫分裂。萬有之生滅僅只是梵的統一性的一種展現。其自體是永恆之妙樂體（ānandamaya），是絕體自由（atyantamukta）之實在，縱使現象界有種種窘迫、罪惡，然此與其本身無任何關係。窘迫、罪惡乃吾人自己之迷果，就梵自身而言，此僅只是一味平等實在界之一波瀾。此梵之真境界必須是吾人照見一己之真我時，才得以到達，「梵我同一論」於焉成立。

二、**通難**　依據前揭梵之定義，諸奧義書對梵雖無明言，但只要是言及萬有支配及生滅等原理者，皆可解為是有關梵之說明。此因奧義書是梵學之泉源，故其間並無矛盾。本經依此見地，於其第一章所揭，全都是諸奧義書中的原理，且就立場稍異於前揭之定義者加以解說。其所擇者，可大別為三類。即：易解為宇宙原理即物質原理者，易解為物質以外之人格神者，易解為個人精神者。雖略嫌煩瑣，茲列舉其主要者如次：

（一）易解為物質以外之人格神者

（奧義書）	（問題）	（本經之章節）
《卡達卡》〈二，二五〉	將宇宙原理視為婆羅門與剎帝利之食者（Attṛ）	〈一，二，九～一〇〉
同上〈三，一〉	二人入穴之說，易解為一人為人格神，一人為個人我	〈一，二，一一～一二〉
《旃多古亞》〈一，六，六〉	太陽之內的金人與眼中之主同一之說，易解為人格神或個人精神	〈一，一，二〇～二一〉
《普利哈多阿拉笈亞卡》〈三，七，一～〉	萬有以外別有內導者（Antaryāmin）之說	〈一，二，一八～二〇〉
《旃多古亞》〈五，一一～二四〉	立毘濕瓦那拉（Vaisvānsra）為宇宙大人格神	〈一，二，二四～三二〉
《卡烏西達其》〈四，一九〉	彼乃一切生物之作者（Kartṛ）之說，易將作者一語當作人格使用	〈一，四，一六～一八〉
《普拉修那》〈五，五〉	梵界城中人之說，定其住所，故似為人格神	〈一，三，一三〉

（二）易解為個人我者

《泰提利亞》〈二，五〉	我之五藏中之妙樂所成我（Ānandamaya）之說，在身體之最深處	〈一，一，一二～一九〉
《卡烏西達其》〈三，二〉	生氣（prāṇa）與識我（Prajñātman）為原理之說	〈一，一，二八～三一〉
《旃多古亞》〈四，一五，一〉	彼為眼中之主	〈一，二，一三～一七〉
《旃多古亞》〈八，一，一〉	胸中小腔（dahara）之人為萬有之主	〈一，三，一四～二二〉
《卡達卡》〈四，一二〉	心臟內指頭大小（anguṣṭhamātra）之人為過去未來之主	〈一，三，二四～二五〉
《普利哈多阿拉篏亞卡》〈四，三，七〉	於生氣內識所成之說	〈一，三，四二～四三〉
《普利哈多阿拉篏亞卡》〈四，五，六〉	ātman 之說	〈一，四，一九～二二〉

（三）易解為物質性原理者

《旃多古亞》〈一，九，一〉	虛空為世界之原理	〈一，一，二二〉
《旃多古亞》〈一，一一，五〉	生氣為世界之原理	〈一，一，二三〉
《旃多古亞》〈三，一三，七～八〉	光明（jyotis）為世界之原理	〈一，一，二四～二七〉
《孟達卡》〈一，一，六〉	宇宙原理名為不壞（akṣara）之說，不壞之意通於梵及物質的大原理	〈一，二，二一～二三〉

《孟達卡》（二，二，五）	天、空、地之依處（āyatana）名為不死橋，依處之名稱，梵或物質性的原理皆適合	（一，三，一～七）
《普利哈多阿拉笈亞卡》（三，八，八）	虛空之本源名為不壞	（一，三，一〇～一二）
《旃多古亞》（八，一四，一）	光明（jyotis）為世界之原理	（一，三，四一）
《卡達卡》（三，一一）	非變異（avyakta）之說。恐被解為數論之自性	（一，四，一～七）
《修威達修瓦達拉》（四，五）	**ajā**（不死，牝羊）與赤、白、黑之說，易被解為數論之自性與三德	（一，四，八～一〇）
《普利哈多阿拉笈亞卡》（四，四，一七）	五之五人（pañcapañcajanāḥ）之說，易被解為數論之二十五諦	（一，四，一一～一三）

此上三類係筆者權宜所作之分類，實際上亦有不知其歸屬者，又有同一問題而作各方面論究者。此處僅暫依名目、性質以及本經對此的主要態度，將較主要者作此分類。本經在處理此等問題時，首先是揭出敵者意見，亦即就視之為人格神，或視為物質性之原理，或視為個人精神者，皆予以會通。對於解為人格神者，是就梵之造化萬有而予以支配，或破壞之作用，特強調其動力因；對於解為物質性者，則強調梵之萬有質料因方面，或為令容易瞭解而暫借用擬說；對於視為個人原理者，則強調梵顯現為個人我，為以此為表號而念梵。諸多學者注意及此，認為本經藉此網羅奧義書中有關梵的代表性說明，從四方八面說明梵之性質。杝暹的《吠檀多之組織》（Das System des Vedānta），也是依此見地而完成。雖然如此，但本經用意在於通難，故不應視此為本經積極之梵觀，此依如次理由可知：（一）解說之順序相當雜亂，（二）二十有餘之文句中，無一明白言及梵者，（三）不見諸如 **Tat tvam asi; Ahaṁ brahma asmi; Ekam eva advitīyam** 等闡述梵之性質之不可缺文句，（四）對於諸如非變異（avyakta）、五

之五人（pañcapañcajanāḥ）等與梵無直接關係者也予以解說，（五）虛空（ākāśa）、不壞（akṣara）、生氣（prāṇa）等因典據不同，而有二次性之述說。若本經意在將此等採入其積極之梵觀，至少應加以彙整。恐是當時諸如大自在天派主張神乃物質以外之原理；或如立物質的原理一如數論；或如佛教唯識派唱個人的唯心論，為防止彼等利用奧義書，故專就容易產生誤解者述之。然而基於此等而組織的梵觀，反而脫離本經主旨，害其真意。其實本經的梵觀依前揭定義即可盡之。

雖然如此，必須切記的是，由於本經作如此解說，遂導致諸註釋家對本經真意產生種種見解。

第四節　宇宙論（第二章之要旨）

如前所述，梵是宇宙之太原，是其動力因，同時也是質料因，故此宇宙亦不能脫離梵。本經認為此即是梵之自我發展〈一，四，二三～二五〉，其變作世界如乳變成酪〈二，一，二四～二五〉。其發展非自然發生，而是有計劃性的，故此萬有是梵之一大構思。簡而言之，此萬有從質料而言，是梵的一部分（aṁśa）；從結果而論，是梵的發展。

如果梵是宇宙之質料因，是構思者，將有二個問題產生。從質料因方面而言，此形成因中有果論，此世界必然類似於所謂梵的精神性之存在。但何以實際上的器物世界無知覺？依據本經所說，此係數論師所提出之問難，本經對此亦給予種種問答，最後是以比喻解決。亦即如無生物的蜜生出生物之小蟲，從生物之身體長出無生物之爪髮，從精神性實在的梵發展出無知的器物世界，故毫無論理上的矛盾〈二，一，四～一一〉。亦即以原因是知覺性的，其結果卻未必也是知覺性的予以會通。但如此比喻性的解釋猶不徹底，故爾後的註釋者對此提出種種意見，因而成為吠檀多教理的一大難點。其次就構思者言之，梵既是自足完了之實在，又是基於何等動機而開展宇宙？本經對此，仍予以比喻性的解釋，譬如說是「僅基於嬉戲」（līlakaivalyam）。依據註釋者所說，此恰如毫無不足之感的國王，其之狩獵僅只是基於嬉戲〈二，一，三二～三三〉。此係基於《奧義書》所載「初有梵一人欲增殖而創造世界」之思想而作解答，其回答可謂相當果斷明確。此因全智全能之神創造世界之所以，除了嬉戲，找不到其他合理之目的。但進而言之，如同他派，本經亦主張世界之苦，故此嬉戲目的論終非圓滿。此因就有情論而言，梵與命我同一，梵豈能自陷於不利；若梵與個人我有別，則梵對於個人我則無慈悲。如此之非難無法避免。故本經更予以會通，謂梵與個人我有別，故能免前難；有情的此世界所以是苦，係己業所致，非梵使然，故無後難〈二，一，二一～二三；二，一，三四～三六〉。職是之故，就有情觀而言，因於嬉戲所創造出的世界，只是完成其業果之舞台。

經由此宇宙實體論（Kosmologie）之考究，本經遂進至開闢論（Kosmogonie）。此一方面之論述較簡，僅基於《泰提利亞奧義書》〈二，一〉而述其發展次第。亦即首先由梵生空（ākāśa），由空生風（vāyu），由風生火（tejas），由火生水（ap），由水生地（pṛthivī），由此五種要素形成客觀界之萬象〈二，三，一～一二〉。劫滅時，梵將之迴收於自體，其消融順序恰好相反，亦即形成地→水→火→風→空→梵〈二，三，一四〉之順序。雖然如此，本經對於依此等要素而形成的世界其形體種類，亦即宇宙形體論（Kosmographie）之問題毫無觸及。恐是「往世書」等的宇宙形體論在當時已行於世。

要言之，本經以梵為宇宙之原理而作考察，其宇宙論完全是實在論的，就筆者所見，絲毫不得見所謂幻影說之形跡。

第五節　有情論（從第二章第三節至第三章第二節）

此部門中最大的問題是有情本質的精神，以術語言之，是「知我」（prajña）、「生活我」（jīva）與「梵」的本體論之關係。事實上，此一問題乃奧義書之中心問題，也是吠檀多諸派之分歧點。

奧義書在論述我與梵二者之關係時，其思想若臻於頂點，必將二者等同視之，以為生活體之原理其本性與大宇宙原理無異。以術語言之，此名「梵我一如」（Brahma-ātma-aikya）。但就另一方面言之，梵是唯一不二，而生活我卻是雜多之現象。梵是自由靈妙，但生活我則是不自由、不淨。何以唯一、自由、靈妙的梵卻成為雜多、不自由、不淨的生活我？僅以同一說作解釋，是難以滿足的。為予以解決，同樣祖述奧義書的吠檀多派遂產生諸多流派。

註釋者對於本經此一論點看法並不一致，依筆者所見，此乃全體與部分之別。亦即梵為全體，個人我是部分，在述說梵與我同一之時，也是主張二者有別。就頌文觀之，本經第一章第四節第二十頌至第二十二頌之間的三頌，提出三位論師對此的意見。阿修馬拉提亞論師（Āśmarathya）曰：「個人我包含於梵之中」。阿烏都羅彌論師（Auḍulomi）曰：「個人我脫離其身體時，歸入於梵」。卡夏庫利茲那論師（Kāśakṛtsna）簡單的說是「立（avasthiti）」。本經的要旨即在於此「立」。所說的「立」其意義不明，商羯羅註釋為「梵完完全全作為個人我而立」，羅摩笈闍說是「梵作為個人我之保護者而立」。另就其他頌文觀之，本經〈一，四，一六～一八〉言及梵是個人我之作者（Kartṛ），〈二，一，二一～二三〉謂梵與個人我之間有區別（bheda）。由此可知，作為通義，本經承認梵我一致，但在某種意義上，二者有別，梵是本體，個人我是其樣式之一或一部分。從而先前所揭頌文之意，羅摩笈闍所說似乎較商羯羅更為恰當。尤其〈二，三，四三〉明白的如次述說：

Aṁśo nānāvyapadeśād anyathā cāpi dāśakitava-āditvam adhīyata eke（部分也，為示區別故。某一派謂演藝者、漁夫等亦然）

註釋者如次之解釋應是妥當的。其文云：

個人我為梵之一部分。此因奧義書言及個人我與梵有別。某一派基於奧義書言及諸如演藝者、漁夫等卑賤者亦有梵性，而主張梵我同一。

亦即雖採用部分說，但對於主張一致者，亦表敬意。〈二，三，四五〉依據傳承（Smṛte）而如次說道：

Api ca smaryate.（傳承亦言之。）

商羯羅與羅摩笈闍所說的傳承是指《薄伽梵歌》，亦即該書所說的「余常住之一部分為有情界之生活我（jīva）」。亦即本經欲依傳承而予以證明，但對於部分說亦不表懷疑。綜合此等頌意而觀之，本經要旨可歸為如次四點：

（一）梵是全體，生活我是其一部分或樣式之一。

（二）全體與部分非一，故其間有別。

（三）脫離全體的部分不能獨立，故梵是作者、保護者，個人我是被作者、被保護者。

（四）部分是全體的一部分，故個人我亦具備梵性，就此而說本性同一。

徵之於奧義書，《孟達卡》（Muṇḍaka-up.）〈二，一，一〉：「如能燃之火產生無數同性火花，從常住不壞者（梵）出生無數有情而再歸之。」本經恐是立基於此。如是之結論，若僅以商羯羅為主，差異甚鉅；若以頌文為主，又對照其本體觀之實在論，所論可說相當合理。

就基此立場而立的本經的個人我論見之，如同數論，本經將知（jña，亦即認識）視為本質，破斥勝論的屬性說〈二，三，一八〉。但又如勝論將此視為作者（Kartṛ），亦即善惡業之主體，異於數論的將此視為無作之非作者（Akartṛ）〈二，三，三三～三九〉。依據註釋者所說，此係以《普利哈多阿拉筑亞卡奧義書》〈四，三，一二〉所載「彼乃不死，投於其所好」為其權證。此物頗為微小（aṇu），常住於心臟，能速知覺全身，如栴檀一片能令全身充滿香味〈二，三，一九～三二〉，其自體為梵之一部分，但無物質之生滅、變化，雖輪廻於諸境，卻是同一不變之主體〈二，三，一七〉。故依本質而言，各我皆悉同性，但至少於輪廻期間各有其性，且受無始以來之業繫負擔種種不同之命運。

此個人我成為現實的有情時，必與機關結合。機關中有生理機關與心理機關之別。生理機關總名為首風（mukhya-prāṇa）。其體雖一，然依作用可分五類。即：出風（prāṇa）、入風（apāna）、介風（vyāna）、等風（samāna）、上風（udāna）〈二，四，八～一三〉。本經不言其一一作用，但應同於數論，依此總括全部的生理活動。心理機關有十一種，即：眼、耳、鼻、舌、皮等五知根與手、足、舌、生殖器、排泄器等五作根，加上總括彼等的意（manas）〈二，四，五～六〉。此等與數論所說並無太大差別，故無須贅述。作為此等機關之材料，本經係基於《旃多古亞奧義書》（Chāndogya-up.）〈六，三，二～三〉所揭地、水、火之三分說（Trivṛt）。亦即地之三分是糞、肉、意，水之三分是尿、血、呼吸，火之三分是骨、髓、語。立此說之真意恐是本經欲依此令空、風、火、水、地等五要素各個的三分之中，細者成為細身

（sūkṣma-śarīra）之要素，中者成為粗身（sthūla-śarīra），粗者成為營養物排泄物，而生理機關或心理機關不外是物質性五大之分化（參照《印度哲學宗教史》第三篇第三章第六節），總而言之，有情機關之起源是梵，其最終之支配權亦屬梵，故有情雖有己身，卻不得自在〈二，四，一～四〉。

個人我得此身體成為現實的有情時，於此營作種種活動，終其一生，除去夢位（saṃdhya，中間位）、熟眠位、悶絕位（mugdha），其作業未曾休止。無論善或惡，都將薰習細身，植下支配未來命運之原動力。有情的本性雖具備梵性，然所以昧其真相而輪轉於種種境界者，亦依此力。

一生終了而將死時，首先是十根停止活動，入於生氣，最後連生氣也停止活動，歸入於個人我。此即死位（mṛta），此時個人我為細身所覆，成為所謂的靈魂而脫離其粗身〈三，一，一～七；四，二，一～二一〉。

靈魂所趣之道有三類。即：天道（devayāna）、祖道（pitṛyāna）、第三道（tritīya）。生前習學哲學而具有梵智者趨於天道，作善事行祭祀者趨於祖道，作不善行者趣於第三道。趣於天道者，將於後文述之，此處僅就其他二道稍作說明。祖道正是以人類為主之輪廻觀，其說明特詳。趣向祖道的歷程有種種階段。首先靈魂脫離身體時，由心臟之端發光照射，趣向煙界。由此進入夜界，更進入後半月界，進而進入後半年界，最後入於祖界。此一歷程是一種境界，且依其代表之神而得名。靈魂由諸神引導漸次往上。稱之為祖道，乍見之下，似乎是靈魂將止於祖界，但本經認為猶可進入更高境界，即由空界至月界，至此始得安住地，與諸神共樂。此係將諸奧義書所說神話歷程予以組織而成，其間免不了不調和。此月界之境亦屬業果之處，其果報若盡亦須退轉。其退轉順序與往道相反，本經係依據《旃多古亞奧義書》〈五，一〇，五～六〉所載空→風→煙→塵→雲之順序。靈魂來至雲後與雨共降於地上，宿於植物，植物被有情噉食進入男體中成為精液，最後進入母體，再成為現世之一有情而降生（以上是〈三，一，八～一七〉之要旨）。此上所說看似兒戲，實是基於《旃多古亞》〈五，三〉之「五火教」（Pañcāgnividyā）。亦即天降甘露成為天空之雨，雨降下成為食物，食物成為男精，男精入婦胎成為身體，此係註釋者所說。月界所降下之靈魂所以來至此世又形成種種，是因為在月界前世善果雖盡，但無始以來業之餘習（anuśaya）猶存，故依其性質而再受種種命運，亦即以三世因果思想解決。現世有情之命運依其生存方式而有四種區分。即：母生（mātṛja）之人與獸類、卵生（aṇḍaja）之鳥與蟲類、濕生（svedaja）之水蟲類、種生（bījaja）之草木類。

其次的第三道為地獄（naraka）義，惡人死後立即墜落受極苦之處。地獄有七，皆由閻魔（Yama）統治之。此地獄之果業也有終盡，本經對於其後靈魂之命運有種種論議，似無一定結論。恐是生為前揭種生、濕生、卵生等下等動物。

要言之，本經人生觀之要點，在於有情雖分種種，然其本性同一，都是無限絕對宇宙我之分身。此與大乘佛教同屬印度思想中最高見地。

第六節　修行解脫論（第三章第三節至第四章全部）

依據本經所說，修行分為預修與本修等二種。所謂預修，是指發生真智之助因（sahakārin），即履行吠陀《業品》所說之義務（dharma）。亦即祭祀、布施、苦行、履行四姓之義務等婆羅門之行持。雖不同於前彌曼差派認為此等行持具有究竟價值，但本經仍當作入正修之門而重視之。所謂正修，是指正入解脫之要道，本經同於他派，認為需要瑜伽（亦即禪定）之修行。〈三，二，二一～三〇〉於述說梵之言詮思慮所不及之旨後，曰：

雖然如此，依寂靜心可得。此係現量（天啟）、比量（傳承）之所教〈三，二，二四〉。

所謂寂靜心，是指以禪定方式修練之心，梵的真相唯依禪之修練可得。雖然如此，本經主要的說明並不在於禪定的實際修行法，而是其觀念法，以瑜伽術語言之，是「智慧瑜伽」（jñānayoga）或「王瑜伽」（rājayoga）的方面。依據本經所述，奧義書以種種名稱呼梵，又以種種事物假托，不外於是在揭示觀法的某種方式。本經將此稱為公案（vidyā），種種公案之選擇與調和之法即是修行論之所整理者。此等公案中或有直接言及梵的，或有托事的，從而有普遍適用的，或限定其時處的。例如《泰提利亞奧義書》〈二，一〉謂梵為實有（satya）、智（jñāna）、無終（ananta），此皆屬於述說梵的性質，故於思念梵之際，觀為實在、智、無終皆無不可。《普利哈多阿拉笈亞卡奧義書》〈五，五〉謂梵是住於太陽之內者、住於人之右眼者，梵有 ahar（日）及 aham（余）二種祕名，此即以托事觀言之，且限定其時處。亦即將梵觀念為 ahar 時，aham 就不適用；觀念為 aham 時，ahar 就不適用。本經依此等事例，就諸公案中，相輔的、獨立的、相互矛盾的、共通的等十數項述之。要言之，本修是指依某公案而一心思念梵，其中又將念祕音「唵」（om）當作捷徑。雖然如此，應予以注意的是，托事觀中，提出以意（manas）、名（nāman）為梵，且應念之，此並非將梵降為「意」或「名」，而是提升名與意為梵而觀。故本經屢屢告誡觀法時不應執著其標號（pratīka）。如此行之，無論依任何公案，其結果同一，都能得真智，得解脫〈三，三，五八～五九〉。

依據以上所述念念不止而修行，終得以發生梵智，降伏過去業力，未來行動亦不出生新業。依據註釋者所說，此名「現身解脫」（jīvanmukti）。待因緣成熟，酬報過去業之現身滅盡時，正捨一切業果，歸入於梵，此名「最終解脫」（atyanta-mukti）。《旃多古亞奧義書》〈八，一三，一〉云：「如馬震其毛，一切罪惡振落，如月免羅睺鬼（Rāhu）之口，余亦振落現身趣向梵界」，《孟達卡奧義書》〈三，一，三〉所說「爾時智者振落善惡，離穢而趣向最高」亦然。

關於歸入此解脫我之梵的歷程，《旃多古亞》〈四，一五〉、《卡烏西達其》〈一，三〉、《普利哈多阿拉笈亞卡》〈六，二，一五〉等所載不一，本經予以總合而定之如次：（一）煙（Arcis），（二）晝日（Ahar），（三）前半月，（四）前半年，（五）年（Saṁvatsara），（六）風（Vāyu），（七）太陽（Āditya），（八）月（Candra），（九）電（Vidyut），（十）婆樓那世界（Varuṇaloka），（十一）因陀羅界（Indraloka），（十二）生主界（Prajāpatiloka），（十三）梵界（Brahmaloka）（參照〈四，三，一～一六〉）。異於祖道，此係由支配此等之神作為其引導者（Ātivāhika）。諸論師對此頗有異論〈四，三，七～一四〉。巴達利論師（Bādari）曰：「諸神引導所達之梵界非最高之梵，而是初生梵之梵天，此因梵遍一切處，無經歷旅程之必要。」對此，闍彌尼論師曰：「任何人皆不以初生之梵為究竟而念之，故聖者所達之梵界必是最高梵」（依其所念而開展境界）。帕達拉亞那論師試作如次調和：

引導不執表號者。兩者皆無過失故〈四，三，一五〉。

依據帕達拉亞那所說，不執著表號而念梵者是由諸神引導進入梵界，如此觀者，是為真理，然巴達利與闍彌尼將初生梵與最高梵區分而論亦無過失。總之，依前揭頌文所述，帕達拉亞那所說「得真智者由諸神導入梵界」是無可懷疑的。

最後就抵達梵界之解脫我其當體觀之，對此之記載曖昧不明。一方面，細身固然無庸贅論，個人我與梵是融合無別（avibhāga）〈四，二，一五～一六；四，四，三〉，另一方面，對於解脫我有否身體，論師之間亦屢生異論〈四，四，一〇～二二〉。巴達利論師認為解脫我有意無身，闍彌尼論師認為身體亦備，帕達拉亞那論師認為無身有欲，進而說解脫我其身依神通力而有分身。但對於解脫後個性之持續，三位論師的看法一致。對於解脫之本性，闍彌尼認為是梵性（brāhma），阿烏多羅彌認為只有心（cititen-mātra），帕達拉亞那認為兩者兼具〈四，四，五～七〉。亦即解脫我與梵同性，是純淨無垢的精神性的實在。就此看來，本經旨在貫徹其全體與部分之說，先前所說的無差別（avibhāga），是個人我發揮其本性而與梵同性，其個性融合於全體之梵，但作為部分，具有獨立性。對於解脫我之當體，本經之見地如次：

就發揮梵的部分真性而自由靈妙言之，此與梵無異，脫離物質繫縛而僅存心性，但有欲則能現身顯現神通妙用。換言之，所謂解脫，是指於有限中感得無限，於小我實現大我之活動的絕對自由之精神生活。

第七節　批評，以及本經與數論之思想

以上所揭係筆者擷取諸註書相符與不相符之處，依照頌文前後論勢，嘗試探索《吠檀多經》之精神。固然在種種方面猶嫌不徹底，但大致上，相信應無矛盾或特別無理之情形，且能掌握其全體意義。非常不可思議的，相較於吠檀多派重要人物的商羯羅，羅摩笈闍的見解倒是較近似。亦即商羯羅的「純粹一元論」（Advaita），就真諦而言，除了我（ātman）以外，既無神，亦無世界，亦無他人，視之為「有」，是無明使然；羅摩笈闍的「局限一元論」是以梵作為唯一太原，作為其屬性的物質或個人我皆有其實在性，故能擷得本經精神。商羯羅認為此係第二義門說，非本經之真精神，但事實上，本經並沒有作真諦

門、俗諦門等之區分，商羯羅所說的幻（māyā）或無明（avidyā）之語也不大使用，更且也有不少註釋者否定作如此區分，故其所謂的第二義門之說才代表本經真意。齊伯教授（Prof. Thibaut）於《東方聖書》第三十四卷序文中詳論及此，筆者亦擬於後文（第四章商羯羅之吠檀多觀）予以述之，故在此不再多談，總之，本經的精神有別於商羯羅之註釋，是相當實在論的，此乃不爭之事實。

成為問題的是，如此觀點是否能得奧義書真意？能否獲得戮力於解說的《普利哈多阿拉筮亞卡奧義書》及《旃多古亞奧義書》之中樞思想？對此，齊伯亦未予以遽然斷定。但就《普利哈多阿拉筮亞卡奧義書》的耶修尼瓦魯庫亞論師及《旃多古亞》的烏達拉卡論師（Uddalaka）等人的說法見之，若達其頂點，是相當徹底的觀念論，幾近於「唯我論」（solipsism）之思想。吠檀多的大格語（mahāvākya）的「汝者彼也」（Tat tvam asi），「余乃梵也」（Ahaṁ Brahma-asmi），不外於是此思想之結晶。此思想若徹底予以推進，則成純粹一元論，將形成純一無雜、不壞常住之我外，一切皆迷妄所生，種種無非是「幻」（māyā）之結論。亦即就此而言，商羯羅是掌握住奧義書之大精神。但本經對此不加多顧，而是盡可能立於實在論之見地，故終究無法大膽地組織出奧義書最高點之見地。本經通難之章節中，其所擇之句內含觀念論思想者不少，但就筆者所見，本經實欲令此等與實在論的梵之定義相合，而非只是奧義書字面上之所呈現。因此，可以說本經之中心思想完全是奧義書中常見的實在論之見地。

更成為問題的是，本經何以採取如此態度？此中當然有種種原因，就筆者所見，與數論之接觸為其最大原因。對此且稍作論述。就本經成立當時考之，重要之諸派大抵已然成立，此依其第二章的退治邪執所說即可知之。本經是於其時才告完成，故編輯本經之部分動機是欲就此異端發揮奧義書正統思想。如此之對外關係亦容易想像。再就它對諸派之抨擊觀之，大抵是載於第二章，唯獨有關數論者，幾遍及於全篇。於其梵論中，作為梵之定義而稱之為「意思」（īkṣati），依據註釋者所說，是為了有別於數論之自性。在通難中，揭出諸多易解為物質性原理之文句，大抵是為防止數論用以裝飾自說。尤其對於與原理無直接關係的「五之五人」（pañcapañcajanāḥ）之解說，實是用以表示此非數論之二十五諦說。在世界觀中，述及梵與世界之關係，其問答頗為冗長，但主要是預想與數論之辯難；在有情論中，所以稱我為作者，也是為與數論的「非作者」（akartṛ）之說對抗；在修行論中，揭出《卡達卡奧義書》〈三，一〇〉的「根以上有境云云」之句而解說之，同樣是在教誡不可作數論性的觀念。亦即本經不僅將數論視為諸派之一，恐是亦將之視為強敵。所以如此，是因為當時的數論派勢力強大，彼等利用夙昔從奧義書湧出之因緣，欲將奧義書全視為己物。若本經真是對外的產物，則可以斷言在諸派之中，主要是在對抗數論派。若是如此，本經在教理組織上，常慮及於數論，亦不足為奇。此因強大之敵手可能於任何一點都有勝己之處。數論的特徵是實在論的，且其組織整然，如同大原理，對於現象界也有適當的說明。而奧義書之組織雜亂，其最頂點之思想既然是不否定現象界，則欲得其整然組織亦難。在與數論派對抗上，此對吠檀多派相當不利。故立於吠檀多之立腳地，且欲超乎數論，當以併吞之，最為上策。本經的組織實出於此。對梵下定義時，不是從奧義書的觀念論，而是從宇宙論的原理方面，且將此稱為「物質」（prakṛti）與「個人我」（jīva）之主體，其物質方面發展成器物世界，似將數論二元論完全回歸於梵之一元。如此之思想於奧義書或《摩訶婆羅多》中業已具備，故未必得以視為取自數論派之思想，但就本經對數論派的態度見之，進而思及奧義書中的其他說法，為併吞數論，故本經採用實在論，才是歷史真實。此後，在吠檀多思想發展時期，數論常被視為吠檀多派強大的敵手，且漸次被類化，實始自於此。

第三章　曼多佉耶頌（Māṇḍūkya-kārikā）

第一節　概觀

如前章所述，帕達拉亞那的《吠檀多經》承自於數論，是頗為實在論的，且與奧義書的頂點思想差距甚遠。受此缺點激發，或作為獨立之潮流，意欲借用大乘佛教教理，發揮奧義書觀念論之精神的，是嘎烏達帕達的《曼多佉耶頌》。如其名所示，此書原是用於解說阿闥婆派所屬《曼多佉耶奧義書》（Māṇḍūkya-up.）之思想，全書由四章所成，但與本書有關的只是其第一章，其後三章是在闡述獨立的思想。其主要部分在後三章，故將此視為純然一家的吠檀多主義之作亦無不可。或謂此書一名「阿含論」（Āgama-śāstra），一般是與奧義書等同視之，幾被視為天啟。尤其對於《曼多佉耶奧義書》，商羯羅不甚重視之，但對此書則非常重視，為之作註，並引用於《吠檀多經註》中，盛加推舉。更進一步言之，商羯羅係依此頌文而得其根本思想，並應用於《吠檀多經》中，成為有名的註釋。在如此意義上，此頌雖極其簡單，但在吠檀多史上，占有極重要地位。

此頌之作者嘎烏達帕達（Gauḍapāda），通常被視為即是《僧佉耶頌》註者的嘎烏達帕達，亦即商羯羅之師高溫達（Govinda）之師。雖然如此，柁暹教授對於與《僧佉耶頌》之註釋者同一之說是持疑的[1]，近

---

1. Deussen, Sechzig Up, S. 574.

年更有馬克斯瓦勒（Max Walleser）訂正從來之推定。依彼所說：就引用此頌的印度撰述之著作見之，其大部分不僅不將嘎烏達帕達視作人名，更屢屢略去「帕達」一語而單稱「嘎烏達」，有時又有如「嘎烏達諸阿闍梨」（ācāryāḥ）之稱者，是當作複數使用，故不能將此視為是單一的專有名詞。嘎烏達應是北印度嘎烏達地區中吠檀多派的一個支派，「帕達」（pāda，句）一語意指本派聖典的「本頌」[2]。總之，本頌非成於一時及一人之手，而是逐漸增廣整理所成。從而其製作年代，先前認為嘎烏達帕達早商羯羅二代，定為七世紀前後，若依瓦勒的此一觀點，此一假定必須放棄。就此而言，瓦勒的卓越研究成果不容忽視。依據瓦勒所說，從西藏所傳藏經見之，五世紀前所製作之經論在與他派論辯時，與吠檀多思想對抗者未得見之，從而與本頌之交涉亦不得見，故大體上，此頌文似乎是成於五世紀以後。但從五世紀半清辯（Bhāvaviveka, Bhavya）的著作中，可以推見本頌的存在。例如《般若燈論》（Prajñāpravīpa）中作為一類外道之異見，曰：「大我如大虛空，小我如瓶中虛空」，或謂我之本性無縛無脫，此正與本頌第三章第三頌與第七頌相應，特別是《辯焰論》（Tarkajvālā）第八章其全章都是在駁斥吠檀多，顯示其與本頌已有接觸。由此看來，本頌大概成書於第五世紀至六世紀後半之間[3]。對此，吾人並無特殊研究，而在漢譯藏經所收清辯之著作中，僅只在《般若燈論》第一卷（大正三0，頁五四，上）得以能找出與本頌類似之說，《大乘掌珍論》（大正三0，頁二六八～二七八）則無對應吠檀多之說，《辯焰論》無漢譯，故瓦勒之說無法獲得確認，然若依其精細的比較觀之，相信其所作之結論應是妥當的。

2. Max Walleser, Der ältere Vedānta, S. 1~14.
3. Max Walleser, ibid., S. 14~18.

關於本頌與《吠檀多經》在年代上之先後，瓦勒認為本頌成書較早，此亦無任何明確佐證。但《吠檀多經》中，並無可推見本頌之處，反之，本頌〈一，七～九〉在駁斥諸派之世界觀中，曾破斥神以嬉戲（krīḍa）之目的而創造此世界之見，此似在暗評《吠檀多經》的創造世界之動機只是基於「戲」（līlakaivalyam）。總之，在年代上，兩者之間相距應不太遠。

本頌的原文及其註釋作為「印度文庫」之一篇，已於加爾各答出版。諸譯本中，以柁暹在《六十奧義書》中，作為《曼多佉耶奧義書》之附屬的德譯本最為完全。作為附錄，筆者所譯係於《和融誌》第十六卷刊出一年[4]。而予以組織性研究的，是馬克斯瓦勒的《古代吠檀多》（Der ältere Vedanta；Heidelberg.1910.）一卷。

第二節　教理

一、大綱　首先略述本頌之組織，全篇由二百十五頌所成，分為四章。第一章敷衍《曼多佉耶奧義書》之思想，並無新說，將我之四位與唵（om）解剖為 a+u+m，念唵時，達第四位之大覺位。此說爾後對薩達難陀《吠檀多精要》（Vedānta-sāra）的組織頗有影響，故有予以注意之價值。第二章以後是獨立之見解，第二章（三八頌）的題目稱為「非真理」（Vaitathya），視現象界之雜多與變化等同夢幻，駁斥執其實有之諸派，依真諦門言之，無生無滅，只有本來恒有之唯一的我。第三章（四八頌）用「不二論」

4. 予以訂正，收於《奧義書全書》第二卷（追記）。

（Advaita）之題目，指出大我如大虛空，小我如瓶中虛空，二者本質上無異，故主張梵我不二，進而修「無觸瑜伽」（asparśayoga）時，能達此妙諦。第四章（一〇〇頌）用「靜旋火輪」（Alātaśānti）之題目，指出他派所論因果概念之矛盾，證其無有變化，現象界如旋火輪（alāta），非實有，唯因心識動搖而假現，心性清淨，無暗無妄無生死，本覺本靜。後三章雖以各別的題目名之，然其內容大致相同，只是依種種立場述之，其間既無系統亦無順序。故後三章雖合計百八十六頌，但比起他派聖典，內容較貧乏，其中任何一章大體之意旨已盡。

二、本體觀

奧義書觀念論的根本教條包含於「汝者彼也」（Tat tvam asi）、「我乃梵也」（Ahaṁ Brahma asmi）的大格語中。本頌推此思想至於極致，大膽地提出一元的觀念論。謂曰：真正之實在唯僅吾人心性不變常恒之我，世界或他人只是其表象之非實幻影。本頌從各方面予以證明，在言及大我與小我同一時，是採用瓶與虛空之妙喻。亦即大我如虛空，小我如瓶中之空。詳言之，如同瓶中之空非由大虛空所發生，非其樣式，然本質相同；小我非由大我發生，亦非其樣式，然本質相同。瓶中之空是暫由瓶「制限」（upādhi），故似乎異於大虛空，相同理由，小我是因身體之制限而異於大我。瓶壞時，瓶中之空與大虛空融合，同樣的，無身體之制限時，小我融於大我（三，三～一二）。所謂大我，是就本體論而見吾人本性，若現象化見之，則名為小我，然其本質全然同一。乍見之下，似與《吠檀多經》中的帕達拉亞那將小我視為大我之一部分，或巴達利以為小我脫離身體成為大我的思想無太大差異，但本頌進而指出其身體的制限也是似有非有之幻影，亦即強調小我與大我無別是其「不二論」（Advaita）之特色。

若是如此，作為當然的結論，人人之本性悉是本淨、恒存、不動、絕對之實在，本來不涉生死或迷悟之靈體。表面上，雖有我他、彼此之別，但根柢上，都是普遍同一之我。

無生，無滅，無繫縛，無方便，無解脫欲，亦無解脫者。此實是依真諦（paramārthatā）所見〈二，三二〉。

諸法（各自之心性）如虛空本來無始。任何處所或任何意義，亦無雜多〈四，九一〉。

諸法本來寂靜，不生，妙靜，永恒，平等，純妙，同等不壞〈四，九三〉。

類此文句，不勝枚舉。要言之，以種種方式闡述我人本性乃超越時間、空間與因果之靈體。

實在之相狀如前文所揭，但就如實之意義而言，此世未必是雜多（dvaya；nānātva）或變化（jāti）。此因若有雜多，則我非唯一；若有變化，則非不動。簡而言之，從真諦門而言，差別流轉之現象界皆非實有。予以力說乃本頌特色之一，或駁數論之因中有果論，或駁勝論之因中無果論，皆是論證因果之不可得。尤其屢屢使用犀利論法的夢醒同一之認識論，論述差別相等於夢幻。謂吾人夢中所經驗事項，無非是心識作用，不具客觀的妥當性，若是如此，同是心識作用，不出於觀念以外的醒時經驗，如何能說是客觀的實性？夢之現象既然非實，則日常的經驗亦然〈二，一～一五〉。通常此係主觀之觀念論者所用論據，但本頌進而用以論證一切現象夢幻虛假。其否定雜多與變化之處類似艾雷亞派的帕魯昧尼提斯之說，但論據之深更甚於彼。

三、現象論

如是的夢幻現象如何產生？對此，本論從認識論以及本體論二方面予以解答。所謂認識論，是指世界或有情無非吾人心識所變。本頌第四章之要點在於以旋火輪喻說明之。亦即如同急旋火炬能畫出長圓等相，吾人心識因動轉而呈現主觀客觀之相。故推知主觀客觀之現象界皆唯識所變。

因火炬動搖而現直線曲線相，因識之動搖而現執（所取與對象）、執者（能取與認識者）之相〈四，四七〉。

如不動搖之火炬不生曲線之相，不動搖之識不生主觀客觀之相〈四，四八〉。

此係依據唯識佛教所說而成，但頌文所說不如佛教精密，註釋者阿難陀周尼那（Ānanda-jñāna）更就種子生現行、現行薰種子之思想而作說明。

唯識所變說是立足於個人認識論而作的說明，其識性仍是大我，故移至此說時，即形成本體論的觀察，現象界皆依大我之動轉。此稱摩耶（Māyā）論，即幻力論。主要是第二章所說。其主要句子如次：

Kalpayati ātmanā ātmānam ātmadevaḥ svamāyayā.

我神（大我）依己之幻力表現自己〈二，一二〉。

此句中，最為重要的是「表現」（kalpayati）之義。是依如何順序將自己表現為現象？依據頌文所說，大我首先表現個人精神（jīva），其次表現物之差別而成內外〈二，一六〉。借用唯識用語說之，起初是表現見分（主觀），其次是相分（客觀）。依據註釋者阿難陀周尼那所說，梵的可能力有二種。其一是暫有性，另一是永續性。前者被表現時，成為內在的心象；後者被表現時，成為物質世界。應用唯識家所說的種子生現行，而說大我，即種子力（bījaśakti），個人及世界是其發展之結果。雖然如此，依據頌文所說，此發展非梵動其自體所致，只是暫弄其幻術而已。

彼變化呼吸等無數事物。然此皆彼神（梵）之摩耶，神依此而誑自〈二，一九〉。

「摩耶」一方面有偉力之義，另一方面有幻影之義，頌文是揉合使用，故說本體依其偉力而變作幻影界。要言之，無論本體觀或認識論，只要是迷妄的，差別的現象就是實有，然一旦通達本性，皆為虛妄。

打破此長夜之夢，樹立真性之道，即是所謂的修行，本頌最重視的是「無觸瑜伽」（asparśayoga）。此相當於《瑜伽經》之「無種定」（nirbījasamādhi），抑心，離惛沈與掉舉，常磨智慧之光，不滯於雜多與變化，即是實現梵之方法。依此可達無眠、無夢、無名色之對象、無患、無慮、絕對、安穩、寂靜涅槃界〈三，三一～四五〉。

四、本頌與佛教

本頌在吠檀多史上具有重要意義之所以，首先簡而言之，一方面是與佛教的連絡，另一方面是成為商羯羅之先驅。對此，筆者於前文已有述及，恐有煩瑣之虞，在此僅略加敘述，以作補遺。

本頌受到佛教影響，此如蒲仙（Pousin）所指出，瓦勒也曾提及，依筆者見地，首先在本頌中存有判釋之思想。對於實在，分成真諦（paramārtha）、俗諦（aparamārtha），亦即哲學的、常識的二種態度，認為奧義書所以有種種說明是因應學者上、中、下之根機所致。如此的解釋，奧義書固無庸贅言，就筆者所見，《吠檀多經》亦不見有之，乃佛教所獨有。尤其在教相的說明上，應用真俗二諦之法門者，始於龍樹。若是如此，亦可主張本頌的判釋也是借用盛行於當時的中觀派、唯識派，將之應用於奧義書中。此乃商羯羅施於其《吠檀多經註》之基礎方式，他將智分為上、下，對象分為上梵、下梵，態度分為真、俗等，完全是基於此。其「夢醒同一認識說」以及將現象比喻為旋火輪之說，不見於奧義書，反而是中觀及唯識佛教最常使用的論法。可能也是採用自佛教，爾後由商羯羅襲用之。本頌否定雜多與變化，批判數論的因中有果論與勝論的因中無果論，就其論法見之，頗為精密，且帶有幾分詭辯，非常類似龍樹

《中觀論》及《迴諍論》中的論法。奧義書中並無似此之辯證論法，故可以確定是借用自中觀派。

以上是方法論的佛教的影響，進而在內容方面，也頗受佛教影響。如其唯識所變說是其一，稱主觀、客觀時，以能取（grāhaka）、所取（gṛhya）稱之，也使用偏計所執性（kalpaka）、依他起性（paratantra）等術語，顯然是採自唯識系統之說。爾後由商羯羅繼之。商羯羅所提出的梵有種子力（bījaśakti），也應是出自於此。除此唯識佛教，另外亦受大影響的是中觀佛教，其否定一切現象，主張等同夢幻之說，帶有「因緣所生法，我說即是空」的中觀派色彩。尤其〈四，八三〉用有、無、亦有亦無、非有非無等四句駁斥差別論者，可說完全是採用自中觀系。總而言之，本頌之論調頗似《楞伽經》（Laṅkāvatāra-sūtra）等，恐是受如此思想影響，合糅中觀、唯識兩種思想系統，將大乘佛教置於自家藥籠之中。

要言之，本頌的思想當然是基於奧義書之最高思想，但在予以組織時，採自佛教者不少，可以說是從奧義書擷取大原理之唯一思想，從唯識佛教擷取各人唯識所變說，從中觀佛教擷取現象虛無說合糅而成。從而本頌中，此三要素極不調合，頗有支離破碎之感，雖然如此，卻是商羯羅完成其偉大組織之基礎，其重要性由此可知。此上所揭種種，就本派雖號稱奧義書正統思想，但實際上其組織是由諸思想所成而言，在印度思想史之研究上，是頗應注意之事項。

第四章　商羯羅阿闍梨之吠檀多觀

第一節　概觀

對於本體，《吠檀多經》是作宇宙性的觀察，《曼多佉耶頌》則是純主觀的見之，前者視世界為梵之發展，視為是實在的，後者視為是唯識所變，視為是虛無的。前者有數論的色彩，後者則是佛教的。今以第三者見之，以奧義書全體為材料，組織奧義書之共通思想是《吠檀多經》之所長，遺憾的是，卻有喪失其最高思想之缺失，《曼多佉耶頌》雖能傳奧義書之最高思想，但在組織方面卻不見完全。因此應使用何等方法綜合統一兩者之長處，令奧義書統一性的研究得以了無遺憾，且能超乎數論超乎佛教？注意及此，且得以有效達其目的者，實是偉人商羯羅阿闍梨（Śankarācārya）。此亦認為吠檀多教理於其手中才得以完成之所以。首先作為概觀，簡單且項目性的述其輪廓。

一、傳記　商羯羅生於卡利年紀（Kaliyuga）三千八百八十九年，夏卡年紀（Śaka era）八百四十五年，克拉拉國（Kerala）卡拉琵村（Kalapī）。若換算為西元，則相當於西元七百八十七年或七百八十九年。亦即就時勢而言，佛教的盛期已過，種種印度教的思想逐漸興起，印度的思想界正是面臨轉機之時期。有關商羯羅正確且詳細的事蹟不明處不少，今日可以信為正確者僅止數項。亦即其父名為濕婆庫魯夏魯曼（Śivaguruśarman）。從其名冠上濕婆師之名，又從他名為商羯羅（濕婆之另一名）看來，其家系應屬濕婆派。學業成就後，他住於修林迦吉利（Śringagiri），創設遊行派（Parivrājaka）。爾後遊歷諸方，歿於堪奇國（Kāñcī，香至？），年僅三十歲左右[1]。雖然如此，其短短的一生，成就實是驚人，從宗教上實際的施設乃至聖典之註釋，獨立之創作，征服異端等等，以其名所完成之事業實不遑枚舉。印度全地婆羅門主義之再興，諸異端派之閉息，也是僅憑其一己之力，從來如此的相信——雖稍嫌誇張——並不為過。就印度而言，足堪與其匹敵者，佛陀除外，唯有龍樹。龍樹是大乘佛教之建設者，而商羯羅是婆羅門哲學之大成者，都是思想界劃時代的人物，其範圍涵蓋多方面，有統一之處，有包容，也有排他，後世諸派皆尊仰如祖師，二者可謂勢均力敵。

二、著述　雖然如此，從思想而言，商羯羅一生之使命在於對奧義書作統一性的研究。發揮吠檀多之真髓，建設超越其他諸派的婆羅門正統哲學。因此他註釋諸多重要的奧義書，並撰述其相關種種著作。其中較為重要的，註釋書方面，如次所揭：

Bṛhadāraṇyaka-up.　Chāndogya-up.
Taittirīya-up.　Aitareya-up.
Śvetāśvatara-up.　Vājasaneyasaṃhitā-up.
Talavakāra-up.　Kāṭhaka-up.
Praśna-up.　Muṇḍaka-up.
Māṇḍūkya-kārikā.　Bhagavadgītā. ……等

1. Das System des Vedānta, p. 36~37.

著作方面，如次所揭：

Āptavajra-sūci（《聖金剛針論》）　Tripurī.

Upadeśasahasrī.　Ātmabodha.

Mohamudgara.　Bālabodhanī……等

此中有些是其弟子或門徒所撰，但大部分應是成於其手。此中最能代表其生命的是，作為《吠檀多經》之註釋的《根本思惟經註》（Śārīrakamīmāṁsā-sūtra-bhāṣya），是他傾其全力所完成的。可以說其他數十種著作都是為完成此書而作的準備，奧義書之統一事業至此才告成就。以龍樹喻之，此註相當於龍樹之《中觀論》。瑪都斯達拉（Madhusūdana）於其《諸學論》（Prasthāna-bheda）中，對於《吠檀多經》有如次敘述：

此聖典於諸聖典中最為重要。其他諸聖典只是補遺而已。有志於解脫者不得不尊重之。其註釋必依商羯羅阿闍梨之註。

亦即就商羯羅之註釋而言，《吠檀多經》是以解脫為主之聖典，總之，《吠檀多經》之真義一直到商羯羅始得發揮。直至今日，印度的學者（Paṇḍita）大抵是以此見解看待《吠檀多經》。

三、吠檀多經註之態度

如前文所述，此《註》之特點，在於巧妙調和奧義書之一般思想與最高思想。換言之，是在《吠檀多經》之上，添加《曼多佉耶頌》一流之思想，止揚（aufheben）數論與佛教，而獲得完整組織。就商羯羅而言，多虧《吠檀多經》之頌意多所不明，故得以乘機屢屢作配合其真諦說之解釋，表面上不僅無不恰當之處，且更得以闡揚帕達拉亞那之見解。他認為《吠檀多經》對於一切問題常以兩種態度待之。亦即內祕教與公開教之態度，內祕教是為上智人教授奧義書真意，公開教是為中下之人揭示一般教理。依此見地，他將知識、觀察之態度、對象等都作二種區分。亦即知識上，分上智（parāvidyā）與下智（aparāvidyā）；態度上，分真諦（paramārtha-avasthā）與俗諦（vyavahāra-avasthā）；對象上，對上智說上梵（para brahman），對下智說下梵（apara brahman），就真諦而言宇宙之幻影（māyā），就俗諦而承認其實有，又依上智真諦門立唯一大我（paramātman），依下智俗諦門說無數之個人我，乃至有上智的真解脫（videha mukti）與下智的漸解脫（krama-mukti）等分類。茲圖表如次。

上智（真諦門）	下智（俗諦門）	
上梵	下梵	……本體論
幻影	世界實有	……世界論
大我	小我	……有情論
真解脫	漸解脫	……解脫論

此同於柏拉圖的以知覺對應現象界，以概念對應觀念界，將種種事項作二元的組織。當然此原非帕達拉亞那所計畫，故處處可見其不合理之處，且往往兩種態度相混，難以區分。雖然如此，其整理奧義書渾沌思想之功績乃千載不可沒。

此《根本思惟經註》之原典已作為「印度文庫」之一篇而予以出版，又孟買 Nirṇayasāgara 社也有刊行。譯作方面，有齊柏的"The Vedānta-sūtra"（2 vols.S.B.E）與柁暹的"Sūtra des Vedānta"。就筆者所見，柁暹所譯為善。組織性論究的論文也不少，其中最完備的，是柁暹的"Das System des Vedānta"。

第二節　區分上智與下智之所以（無明論）

如前文所述，作上智（parāvidyā）下智（aparāvidyā），以及真諦門（paramārtha-avasthā）與俗諦門（vyavahāra-avasthā）之區分，是商羯羅哲學的基礎觀念。若是如此，大體上，上智與下智之區別因何而起？商羯羅認為是基於無智（ajñāna），亦即基於無明（avidyā）之有無。完全脫離無明的智慧稱為上智，猶帶有若干無明之知識稱為下智。為瞭解其立足點，首先必須一探其無明觀。

印度哲學中，對於無明的探討相當早，文獻上，在古奧義書初期已可窺見，例如：《普利哈多阿拉笯亞卡奧義書》〈四，四，三〉言及人死時，靈魂脫離身體與無明（經驗界）。自此，其意義隱約地逐漸增深，《修威達修瓦達拉奧義書》〈五，一〉甚至將此視為梵本有之發展力。一方面，經由新奧義書及《摩訶婆羅多》等，無明觀在吠檀多教義上，角色益形重要，另一方面，因其他學派也採用之，故幾乎成為一般教理。尤其佛教特為重視，十二因緣觀中，無明被視為有情輪廻之本源；真如觀中，無明被視為萬有緣起之根本動力。對印度人而言，世界觀與人生觀幾乎是同一意義，隨著罪惡觀之發展，我人根本性迷妄的宇宙論也適用。固然論理上，在探究其真相上，仍有頗為難解之處，但由於因襲使用日久，「無明」一語已成顯論。商羯羅以此作為契機而區分其態度，可能一半是具有理論基礎，另一半則是利用流行的風潮。

若是如此，商羯羅如何解釋此無明？在言及無明時，他首先是依據主觀客觀對立之認識論。所謂的主觀（viṣayin）與客觀（viṣaya），即如同明與暗，其間存在著絕對的區別（atyanta-vivikta）。余（aham）與汝（tvam）是永遠不能相混之對立。此因主觀是指見者、聞者、知者、覺者，任何情況都不會成為認識的對象；客觀是所見者、所聞者、所知者，任何情況都不會成為認識之主體。從而混同兩者，將主觀性質誤判為客觀，客觀性質誤判為主觀，顯然是迷妄（bhrānta）、邪智（mithya-jñāna）所致。商羯羅所說的無明，實意指如此的誤判（adhyāsa）。應予以注意的是，其所意指的主觀與客觀之區別，實異於吾人對此之概念。其所說的主觀，猶如數論派所說神我，是指藏於心理現象最深層的純粹精神，除認識（caitanya）之外，不涉及一切活動變化，是凝然無作之智體。從而，相對於此的客觀，不只是森羅萬象之外界，也包含吾人之身體，進而也包含通常稱為心理現象之感情與意志等，此同於數論將覺、我慢等視為客觀。故其所說的主觀、客觀之混用，是指吾人將己身與現象心執為真我，誤將真我視為是位於他處的超越的對象（parokṣa）。雖然如此，商羯羅絕非如數論派的二元論者。他只是為方便立論而設此對立，其真意超乎於此。更進一步言之，主觀與客觀雖是對立，但若能知其真相，此客觀者亦不出於吾人表象（pratyaya）。說為世界，說為身體，僅只作為吾人之表象時，才具有意義，離此則意義全無。真正可視為實在的，只是純主觀的「阿特曼」（ātman），其對象只是唯識所變，故等同於虛無。就康德之流而言，客觀的現象皆由感性、悟性所成，不能代表物之本身（Ding-an-sich）。從而依此意義而言，其所說之誤判，是吾人將只是自己表象的身體與世界思為如實之存在，將非我思為我，非他執為他，遂落入我他、彼此之差別見，商羯羅視此為無明之相。雖是從二元論的論據出發，但最後否定此客觀之一面，而成為一元的觀念論。以術語言之，此名「不二論」（Advaita）。雖然如此，認為吾人以外另有世界，並不是吾人偶然或作為思惟結果而生此謬解，依據商羯羅所說，此乃因於無始以來之習氣，此係吾人先天性（naisargika）所具傾向。苟非聖者，無人得免，從而無明縱非吾人本質，也應是一種生得的性質。

以上是《梵經》〈一，一，一〉之註中，商羯羅無明觀之大要。其意義相當深奧，但不明之處亦不少。

例如：吾人本性既是靈妙之心體，無明如何生起？凝然無作與具有表象力如何調和？心體既有表象力，何故必須否定表象的現象？所以如此，是因為商羯羅意欲藉由認識批判論說明無明，同時，對於解脫的問題，以康德之語言之，本體之確立是基於實踐理性之要求（Postulat）。總之，作為認識批判論之結論，就我人經驗的知識加以制限的此一識見而言，可以說他是印度的康德。

若是如此，在探究實在之際，無論如何精緻，經驗的知識亦無功能。此因經驗智是以主觀客觀之對立為基礎的無明所產生之作用。在此意義上，商羯羅如同康德，駁斥現量、比量等論理的知識，主張論理不通用於實在界。但作為吠檀多教徒，他自始承認阿特曼之存在，故未必如同康德僅以否定形而上學為滿足，無論如何，必須開啟抵達實在之道。為此，他趨向神祕主義，潛心於表象與概念之深處，發動直感的叡智之光作為認識實在的方法。此因所謂的認識實在，不外於是指真我發揮其本性。其所說的上智，實是指此悟得之知識，依此而觀察萬有之態度，名為真諦門。此若非上智或經多年熟修之聖者，亦即若非上上根機者，不能完成。從而在抵達之前，若不暫居第二義門，以經驗智為基礎而開啟觀察實在之道，吠檀多之教理遂歸少數者專有。但經驗智或正智皆為邪智。所謂正智，是指縱使不能掌握實在，至少能達其周邊；所謂邪智，是指作與實在之本性完全相反之觀察。商羯羅所說的下智，實是此經驗智中之正智，以此為基礎之觀察，名為俗諦門。亦即上智之真諦門遡及經驗以上的形而上之觀察，下智俗諦門是精練經驗的科學的觀察（上智與下智、真諦與俗諦實則相同，但在述說梵時，稱為上智、下智；在言及世界之際，說為真諦、俗諦，其間的用法略有區別）。

第三節　梵論

依據商羯羅所說，實在之體是唯一之梵。雖然如此，依吾人對此的智慧與態度，其表現法有別。以上智表現之實在，稱為上梵（para brahman），以下智表現時，名為下梵（apara brahman）。換言之，「實在」並不受吾人心識所限制，但就其如實的本位之相，稱為上梵；透過吾人經驗的知識其有色眼鏡而表現時，稱為下梵。將梵予以區分上下，見於《普拉修那奧義書》（Praśna-up. 5. 2），將智區分上下，見於《孟達卡奧義書》（Muṇḍaka-up），當然如此的配列是商羯羅所作的，原先並非如此。

首先就「上梵」說之，依據商羯羅所說，此係指吾人本性之我，是在現象心深處永恆不變之心體。亦即照字面上的意義，是Ahaṁ Brahma-asmi；Tat tvam asi。此真我或認識主體在任何情況亦非客體，故就如實之意義而言，吾人不能掌握其相狀。是故商羯羅以無德（nirguṇa）、無形（nirākāra）、無差別（nirviśeṣa）、無屬性（nirupādhika）等消極名辭表之。但商羯羅自始即掌握住二點。即存在性（sattā）與知性（caitanya, bodha, jñā）。亦即梵是實在，且是精神的實在。此因若此亦否定，則梵只是空之異名。雖然如此，依據商羯羅所說，此存在性或知性絕非梵諸多屬性中之某物，梵自始僅有此二種性質。換言之，真正實在的事物，只是絕對的精神（Die absolute Geist），可將此名為「梵」或「我」。是故商羯羅如是言之：

Sattā eva bodho bodha eva ca sattā.（存在就是知，知就是存在）〈三，二，二一之註〉。

反過來說，無知的物質不具有實在性，實在的，只是心性，此與《曼多佉耶頌》的立場完全相同。故一聽聞到「知」，即預想所知對象；一聽聞到「存在」，即預想任何空間者，不能掌握商羯羅之真意。商羯羅所說的知，是不與客觀相對的知，是絕對獨朗之知，其存在是超越空間的本體論的存在。要言之，就第一義諦而言，只有唯一絕對的精神是實在，除此之外，神或世界或有情皆不存在。所以見為有，是無明使然。但此絕對的精神有別於現象心之思惟分別，經常是靜一之狀態，無始無終而恒存，不涉動作，不涉變作，是超越時間空間因果的凝然心性，此即商羯羅之上梵觀。

不能如此如實看待，而是基於無明之下智待之，此無德之上梵即現為有德之下梵。有德之梵有種種特徵，最顯著的是人格性的。呈現有意志、造作世界、現為有情又自居最高處而予以支配之相狀。依據商羯羅所說，此即人類作為崇拜（upāsanā）之對象，將實在偶像化而寫象的。以術語言之，人類依其經驗將信為最上善美之性質附加（adhyāropita）於實在，附予（upādhika）性質。在此意義上，將下梵稱為有德梵（saguṇa-brahman）、有制限的（sa-upādhika）、有形的（sa-ākāra）。奧義書及《吠檀多經》對梵作如此說明，是暫時因應劣機者的方便說。《吠檀多經》〈二，一，二二〉註曰：

> 奧義書中梵之創造說非真諦之說。只有以無明為根據的名色之世俗諦之說明。其目的在於依此揭示梵之我。

其次所揭之梵幾乎就是前述《吠檀多經》表面上的立場，故此處略其說明。

要言之，商羯羅之梵觀顯然是前代思想機械性的調和，但若對照人心要求，此間則別具妙味。就人心之要求見之，智的性質是欲靜，然情意則有欲動傾向。從而以智為主之哲學傾向於視原理為冷然的靜的實在；以情意為主之宗教，則傾向於將之寫象為活生生之神。我人雖兼具此宗教的要求與哲學的要求，但此兩種要求動輒失其調和，其理由不外於此。從來大思想家所致力者，亦不外於調合此兩種要求。柏拉圖在哲學上立不變不動的觀念，但宗教上承認造物主的神（Demiourgos）；康德依純粹理性排除神之認識，卻依情意的要請而認定之；大乘佛教立理體的冷然真如，又將此寫象為人格性的法身佛等等，凡此，都是為滿足此二種要求。如今商羯羅所以依第一義諦將梵解為凝然不動之絕對我，依第二義門視此為全智、全能、慈悲、廣大之人格神（Īśvara），也是基於此人心之要求。然而僅只以上梵為真，下梵為假，完全採行理性主義，其哲學的特長在此，其宗教的缺點也在此。

第四節　世界觀與有情論

在宇宙論上，商羯羅也是採取兩種態度予以論究。第一種是嚴格的真諦門，宇宙全是迷妄（abhimāna）之產物，是無明薰習（avidyā-adhyāropita）所成果。主要是依唯識所變之立場而論究，採取心識動時有萬象，心識不動則一切皆空之論法。依此立場，他常將世界比喻為如幻似夢，或喻為第二月，或喻為鹿水（mṛgatṛṣṇikā）。在《修威達修瓦達拉》已言及梵有明（vidyā）與無明（avidyā），《曼多佉耶頌》謂我神（ātmadeva）自誑，商羯羅也採此一觀點。《吠檀多經》〈二，一，一四〉註曰：

以名色界（nāmarūpa）為輪迴之因而配列的是無明。此名色界如神之身，不得言有或非有（tattva-anyatvābhyām anirvacanīyam）。天啟書或傳承書中，稱此名色界為神之摩耶，或示為物質（prakṛti）。

亦即梵乃是幻師（Māyāvin），世界是其幻作之結果，其說明略具神話色彩，但已將心理性觀察的無明觀移至本體的。

第二種立場是純然的俗諦門，是因應其下梵之世界觀。謂世界之初獨有梵。是自持無量種子力（bījaśakti），但未發展為名色的冥然狀態。此稱非變異（avyakta）或前態（prāgavasthā）。梵持續此一狀態於一定時期（kalpa）之後，依己之意志，將其種子力現實化，遂成已變異（vyakta）之現實界。自此經一定時期，梵再將此廻收於己，成原來非變異之狀態，如此不斷重複的，是此世界之相狀。要言之，是將《吠檀多經》表面的立場判釋為世俗諦。

其次就此世界之有情觀之，就上智而言，無庸贅言，並無所謂我他或彼此之有情。只是唯一常恆之阿特曼。稱為「最上我」（paramātman）者，即是此位。雖然如此，就下智言之，則有創造主之下梵的人格神（Īśvara）及無數有情。此稱「個人我」（jīvātman）。依據帕達拉亞那所說，此乃梵的一部分，但商羯羅認為此係同一「梵」，由於無明制限（upādhi），亦即由於附上五風、十一根、肉體等種種性質所致。例如：同一之月或現於川流，或宿於桶水，或現於草露，同一之「梵」依其制限而現種種有情。普遍之「梵」亦受制於心根成為微少（aṇu），而分為種種，非作者（Akartṛ）之不動體亦暫且成為活動體之作者（Kartṛ），自由獨存之本性亦受制於十根而不自由，營作種種業，輪轉於種種境界，受無限苦患。固然就第一義諦而言，此同於夢幻，但就迷者而言，乃實有之境。

產生疑問的是，依據商羯羅所說，下梵是制限之結果，有情也是制限之結果，若是如此，神與有情之區別何在？對此，商羯羅在〈二，三，四五〉之註答曰：真我附加善美之制限時成為神，附加劣等制限時成為個人我。真我雖是同一，若予以信仰的寫象，則作為支配者、恩惠者之神而顯現；若予以感覺的，經驗的寫象，則現為世界與有情。《吠檀多經》所載我之狀態與命運，依據商羯羅所說，是在說個我。

第五節　修行解脫論

從第一義諦而言，吾人本是純淨之大我，故無須有另外修證。對此，商羯羅於〈三，二，一七〉之註以頗為有趣之故事揭出此一消息。亦即有一名為「瓦修卡利」（Vāṣkali）的人問「梵」於其師巴夫瓦（Bāhva）。對於此一提問，巴夫瓦論師默然不答，經再三追問，其師始開口答曰：「我已為汝說竟，汝不得解，故我（阿特曼）默然也。」（此與禪宗公案中南天國王與般若多羅尊者之問答頗有異曲同工之妙）亦即我（阿特曼）常住放光，由於是離言說與離名字之相，故不能說示。然此係就第一義諦而言，上上機之外，一般不適用。對於一般學人，仍須課以秩序的修行，才能到達真智。作為吠檀多修學的一般條件，〈一，一，一〉之註提出如次四項：

（一）**常住與無常之區別**　亦即不滿足於無常之現實界，而欲求常住不變之實在界。

（二）**無所得心**　為探求真理而不顧世間名聞利養。

（三）**行六法**　亦即修學寂靜（śama）、節制（dama）、離欲（uparati）、忍持（titikṣā）、定心（smādhāna）、信仰（śraddhā）。

（四）**希求解脫**　了知種種思惟修行，是為成就最後的解脫。

立此四種誓願，漸入吠檀多之修學，爾後的修行是經由祭祀、苦行、禮拜人格神等等種種預修，最後藉由瑜伽而實現最高之實在，此如《吠檀多經》所說。

修行之結果的解脫亦因應其本體觀而分二種。其一是出自下梵之信仰，此身亡已，靈魂經種種歷程而趨向天道（devayāna），最後止住於梵界（Brahmaloka），享受無限福報。此即《吠檀多經》之解脫觀。

但若依據商羯羅所說，此階位所之相，並非真正究竟之位。劫滅時將告終止，故只是爾後進入梵位之階梯。為此，他將此名為「漸解脫」（krama-mukti）。反之，依上智第一義諦而得的解脫是真解脫，亦即「無身解脫」（videha-mukti），即不經種種歷程，當下即成為梵。茲借用商羯羅所說之語，揭之如次：

余先前信作業及經驗為梵之本性。今稍異之，就本性而言，了知梵於過現未皆非作者、非食者。然余實為此梵。故余先前既已非作者、食者。今已然，未來當然（《吠檀多經》〈四，一，一三〉之註）。

《普利哈多阿拉笈亞卡奧義書》〈四，四，六〉所說「我（阿特曼）非從身體所出，故彼為梵，與梵融合」即此。

第六節　批評

以上的分類雖是相當機械性，但大致藉此得以掌握商羯羅思想大要。商羯羅此一思想係咀嚼奧義書精髓，吸集諸學派精華，其之微妙優秀能與大乘佛教之教理相呼應，氣息亦與德國之唯心哲學相通，故於世界思想史上不失其地位。但就實況而言，商羯羅並不是忠實的註釋家，也不是義理透徹之思辯家，換言之，只是大規模的折衷者。從而就其註釋而言，就其思想而言，得以非難之處不少。對於其之所長，前文既已述及，此處作為結論，一窺其薄弱之處。

首先就註釋而言，商羯羅之註釋絕非是在揭示《吠檀多經》之真意。若如商羯羅所說，《吠檀多經》本身有上智、下智與真諦、俗諦等兩種態度，則書中必有其術語出現。但遍尋全篇，不僅沒有上智與下智、真諦與俗諦、上梵與下梵、有德與無德之對語，藉之得以推知之頌句亦不得見。商羯羅哲學之骨架的無明說、摩耶說、制限說（upādhika）等亦不見於《吠檀多經》之頌文中，僅在夢位（sandhya）之說明中，用過一次「摩耶」，但當時所用的摩耶完全不含任何世界觀之義。大體上，綜合頌意明確之句觀之，可知《吠檀多經》所持立場是商羯羅所說的第二義門，反之，商羯羅利用頌意不明之句，硬加插入其第一義諦之觀，是其最為不堪之處。若如商羯羅所釋，帕達拉亞那是以曖昧不明之句示其真意，則如齊伯教授所說，帕達拉亞那意欲迷惑學人，故強隱其真意而作《吠檀多經》。天下之間，豈有如此之聖典。故不能說商羯羅之註是誠實顯示《吠檀多經》之立場。

其次就教理方面言之，商羯羅的特色在於無明說。依此立二諦門，其哲學的涉入甚深。然如前所述，其不可免之缺點亦包含於其中。他認為無明是吾人生得之謬見，此與康德、叔本華所說「現象只是吾人之表象」類似，其義甚深。雖然如此，康德之認識論是承認感性悟性之作用，且假定物自體（Ding-an-sich）之存在，故無不宜之處，但商羯羅自始是立唯一不動之梵作為實在，且以此作為吾人之心性，故不能立無明之主體。此因實在之外，並無與此相對之認識者，且唯一之實在是不動純淨之靈體。今暫且迎合商羯羅之意，將之分為現象心與實在心，其無明可視為是現象心之傾向，但若依據商羯羅所說，其現象心已是無明之結果，故終究成為循環論法。商羯羅又謂此不得稱為「有或非有」（tattva-anyatvābhyām anirvacanīyam），從而此與實在不得說為同或異，但既然將實在視為心性，是唯一之不動，則無明與本體觀就不得兩立。實際上，吾人因先天惡習，當然不能如實識破實在，但就理論而言，依據商羯羅的立場終究是無法徹底解決無明。無明之說發自於古奧義書，到了學派時代，成為印度哲學一般通論，而予以力說者，無過於佛教。今商羯羅特重視之，可說是吠檀多潮流的自然結論，但另一方面更是受到佛教影響。羅摩笈闍對此亦極力論之，在信仰主義的《巴達瑪往世書》（Padma-purāṇa）中，濕婆神與帕魯瓦提女神（Parvatī）有如次問答：

女神呀！在卡利時代（kali-yuga，現代）中，我現婆羅門身，唱導隱晦的佛教言論的非真理之摩耶（引用 Sāṅkhya-pravacana-bhāṣya）。

此處所說的婆羅門身，是指商羯羅，立即為處罰不信者，為令陷於邪道，故濕婆神垂迹現身成為，講述商羯羅佛教之言論。亦即信仰主義之印度教徒透過濕婆之口，將商羯羅之說視為是佛教之邪說。頗為遺憾的，筆者無法從佛教方面窺見批評商羯羅之語，但同是婆羅門教徒既然都有此看法，商羯羅採用佛教之舉應是一般都相信的。但中觀佛教等不另立固定的本體，故其所立的「夢的觀念論」（Traum idealismus）雖是透徹之論，卻因於又立純淨無垢之靜的實在，且予以採用之，其難點即由此產生。

如是之無明說有其弱點，故第一義諦之無神論或無宇宙論之若干矛盾亦不能免。從而神之攝取或有情之區別不外是無明之現象的論點，終究不能獲得論理的支持。縱使能得論理的支持，但如此觀點能否符合常識？能否滿足吾人的宗教情操？以純正哲學之組織，提供信仰基礎，是宗教哲學所具任務，其體系完不完備應另當別論，故就此而言，商羯羅之組織有其莫大之遺憾。

第五章　羅摩笈闍之吠檀多觀

第一節　概觀

商羯羅曾一度唱說純粹不二論（Advaita），其流派亦大為昌盛，甚而呈現若無此說，則不得吠檀多真意之態勢。然此第一義諦乃是相當大膽之議論，實不能令有神論者及實在論者滿足，故採取反對見解者亦不少。僅依目下材料，筆者無法得知反商羯羅派的氣勢如何，但至少依先前所引用《巴達瑪往世書》（Padma-purāṇa）之一句可略知其一二。乘此趨勢，以有神主義、實在主義為基礎，以局限一元主義（Viśiṣṭa-advaita），亦即梵為第一原理，同時主張世界與有情實有之教理者，就是羅摩笈闍（Rāmānuja）。

西元一〇一七年，羅摩笈闍生於瑪都拉斯附近的斯利貝魯穆夫多爾（Sriperumbuthur）。其父名阿修利克夏瓦（Āsurikeśava）阿闍梨，屬阿帕斯丹帕派（Āpastamba）之婆羅門，又是醫典（Āyurveda）知識深厚之醫師。母名坎提瑪蒂（Kanthimatī），乃一賢淑之婦。羅摩笈闍自幼隨其父學梵語以及多拉威達語之吠陀，其父歿後，隨其母移至孔傑威拉姆（Conjeeveram），亦即坎西普拉（Kāñcīpura），就學於商羯羅派的亞達瓦普拉卡夏（Yādavaprakāśa），進而成為摩訶普爾那（Mahāpūrṇa）之弟子。經過種種苦學，終於確定諸奧義書、諸傳承教、往世書，詩篇（Itihāsa，尤其《羅摩衍那》及《摩訶婆羅多》）、但特羅教等之根柢皆應一致，因此對商羯羅之主義產生不滿。他曾經結過婚，由於掛慮拖累其宣揚宗教，故不久之後，出家並進入第四期之遊行期，為人為神盡其力。當時聞名於修里蘭迦（Śrīraṅga）的局限一元論者亞穆那阿闍梨

（Yāmunācārya），於其臨死之前，遺囑主義信仰共通的羅摩笈闍為其後繼者。羅摩笈闍遵其遺言，移至修里蘭迦，斷然成為局限一元論者，勤加撰述，大力宣揚其主義，對於佛教、耆那教、但特羅派，固然無庸贅言，對於商羯羅派亦大加抨擊，雖經眾多迫害，猶奮戰不歇，屢奏其功。不只如此，其人頗富博愛寬容精神，故婦人及首陀羅皆成其教徒，教團遂逐漸興盛，其教派終於在印度，尤其在南方，占有相當勢力。迭經眾多奮戰，以及諸多改革，最後以一百二十歲高齡於四民哀悼中過世，時為西元一一三七年[1]。

要言之，羅摩笈闍不只是單純的思想家，更是實際的，活動的宗教家，若將之視為思想家，也有不劣於商羯羅的大規模組織。其議論之精銳超乎於商羯羅，完全具備優秀大哲學者之資格。作為實際的宗教家，其事業之影響固然無庸贅論，就作為思想家而言，雖是十二世紀之人，然其思想系統頗為古老。《吠檀多經》〈二，二，四二～四五〉（《羅摩笈闍聖典》〈二，二，四〇～四三〉）中有潘恰拉多拉（Pañcarātra，薄伽梵派）之名。依據商羯羅所說，帕達拉亞那（Bādarāyaṇa）是為駁斥而揭之，但若依羅摩笈闍所說，帕達拉亞那只是舉其謬見，若所說符合真意，還是予以認可的。總之，從將之置於各派之最後言之，其見解應與《吠檀多經》相當接近，羅摩笈闍實依此派而組織己說。此派認為梵與人格神的毘紐笈（Viṣṇu）一致，以毘紐笈之另一名的「那羅延」（Nārāyaṇa）或「世天」（Vāsudeva）為最高原理，依此而建立添加僧佉耶、瑜伽思想之教理。在古奧義書中，自《卡達卡》、《摩訶笈拉亞那》、《修威達修瓦達拉》等以來，如同數論、瑜伽思想等，人格神之思想極為熾盛，到了《薄伽梵歌》即臻於巔峰，

1. M. Ranga Charulu, Life and Teaching of Rāmānuja.

薄伽梵派實是基於此潮流而興盛者。此又名參多瓦達（Sātvata）或一元論者（Ekāntin）。《解脫法品》〈Mbh. 一二，三五〇，八一～八二〉曰：

> 第二十五諦之神我脫其業果時，成為真正之神我。關乎此之知識，僧佉耶瑜伽、吠陀之森林書（Āraṇyaka=upaniṣad），潘恰拉多拉（Pañcarātra）派等，皆作為相互補充之部分而彼此一致。此係以那羅延為最高一元論者之根本教條。

據此可知此派係以信仰主義為中心，廣含諸家思想。此派之聖典如次所揭：

Pañcarātrayaṇa.（今已散佚，只傳部分）

Mahāsaṁhitā.

Pauṣkara-saṁhitā

Sātvata-saṁhitā.

此等聖典，羅摩笈闍常引用之。在此意義上，羅摩笈闍之思想系統可溯及《吠檀多經》以前，且自始都是總合性潮流之產物。從而以此為根基的羅摩笈闍其研究法也是頗具包括性的，彼欲依種種聖典而守其主義，其重視古奧義書之程度同於商羯羅，然亦從商羯羅置之度外的聖典中求其權證。例如：諸奧義書中，屬於阿闥婆的《摩訶奧義書》（Mahā-up.）、《那拉亞那奧義書》（Nārāyaṇa-up.）、《笈利修哈達帕尼亞奧義書》（Nṛsiṁhatāpanīya-up.）前後，以上為毘紐笈主義。《糾利卡奧義書》（Chūlikā-up.）、《普拉夫瑪賓都奧義書》（Brahma-bindu-up.）為瑜伽主義。又如同《斯巴拉奧義書》（Subāla-up；Muktikā. 30），以及往世書中的《毘紐笯往世書》（Viṣṇu-purāṇa），在維持其教理上，是極為重要的。

羅摩笯闍有諸多註釋與著作，其中最為整然的是《吠陀論綱要》（Vedārtha-saṅgraha）。奧義書所欠缺的緣起方面，則以往世書補之。此從其撰於《梵經註》之前的《聖註》（Śrībhāṣya）中屢屢引用，即可知之。此《聖註》乃其傾全力所成，依據傳說，其七十四名高徒亦從旁助之。參照最多的是《吠檀多經》（Vedānta-sūtra）之古註以及博達亞那（Bodhāyana）之《經註》（Sūtra-vṛtti）。在序文上，羅摩笯闍曰：

> 博達亞那尊者所撰梵經之詳註（Vṛtti），先前諸師予以簡縮。今余欲遵從此書之意以釋本經。

七世紀的庫瑪利拉（Kumārila）曾駁斥此博達亞那之說，從而此《經註》比起商羯羅至少早一世紀。不只如此，羅摩笯闍經常引用多拉彌達（Dramiḍa）阿闍梨之說，依據傳說，此人是《梵經》作者毘耶舍（Vyāsa）之孫弟子，其年代早於博達亞那。若此為事實，則羅摩笯闍的《聖註》雖是十二世紀之作，然其傳統之純度未必少於商羯羅。遺憾的是，筆者無法參照多拉彌達及博達亞那之註，若依據朗嘎加魯魯（Ranga Charulu）所說，此二人都是局限一元論者，故羅摩笯闍所依憑觀點相當久遠。總之，羅摩笯闍基於長遠之學統，參照諸多聖典，派使眾多助手而完成其註釋，其所得結果絕對不劣於商羯羅。若就材料之豐富，議論之精透，其超出商羯羅者相當多。羅摩笯闍哲學的真正價值全在於此。

〈參〉

1. The Śrībhāṣya of Rāmānuja, tr. by Rangācārya and Varadrāja, vol. 22. Madras, 1899.

2. Vedārtha saṅgraha, with Tatpāryadīpikā（原典）print. by Rama Miśra Śāstri, Benares.

3. Ranga Charulu, The Life and Teachings of Rāmānuja, Madras, 1825.

4. Bhandarkar, Vaiṣṇavism and Śaivism pp 50~57. Strassburg, 1913.

第二節　對商羯羅派的態度

羅摩笈闍從學於亞達瓦普拉卡夏（Yādavaprakāśa），一度身為商羯羅之教徒。但他不滿於此，改宗潘恰拉朵拉（Pañcarātra）派，繼承亞穆那（Yāmuna）阿闍梨的局限一元論，遂成為激烈的反商羯羅派者。他註釋《吠檀多經》的動機之一，是為指出及破斥商羯羅所說之非理。書中最主要的，是針對商羯羅或由商羯羅派所發展出的教理。尤其開卷第一頌之註，最是盡力予以辯難，茲就其重要條項見之。

首先羅摩笈闍所見異於商羯羅者，是梵學研究之條件。商羯羅著重在哲學的知識，先前所述四方便為其唯一條件，信仰（bhakti）與祭祀義務（Karmano dharma）並非必然。反之，羅摩笈闍重視人格神之信仰，相信若無神之攝理不可能解脫，故須令神歡喜而信仰之、祭祀之，此乃梵學之必然條件。據羅摩笈闍所說，奧義書雖說「依知識而有解脫（jñānād mokṣaḥ）」，但事實上是指依禪定（dhyāna）、信心（bhakti）、祭祀（karman）等而練之心智，並非只是指哲理的知識。因此，他重視闍彌尼（Jaimini）的前彌曼差派，對於志於梵學者的條件，是以信仰、祭祀等取代商羯羅之四方便。亦即前彌曼差所說，就自身而言，只是出生有限功德（上天），但就令神欣悅之道而言，是有關解脫之階梯。相對於商羯羅之純哲學，羅摩笈闍徹底採取宗教的態度，對於商羯羅以彌曼差為敵，羅摩笈闍則以予以攝取，故作為最初之出發點，可看出二者意見頗為相左。

羅摩笯闍在批評商羯羅之純正哲學時，關於無德之梵，指出商羯羅認為本體之梵於存在與知之外，一切無屬性，無活動，然商羯羅之此說於天啟或傳承不僅無其證據，反之，言及梵及毘紐笯具有無量威德，應萬機，作無限活動者其數不少。奧義書中，用「非細」、「非長」的否定言辭，是為顯示梵之圓滿，又如「曰非」「曰非」（neti, neti）之說，不外是在表示梵之萬德非人智所計。故絕非商羯羅所說的無屬性、無活動。亦即他不同意商羯羅所說的抽象哲理的原理之梵，而是將活生生的所謂「有德之梵」視為本體。從而對於商羯羅之無明說，亦極力予以抨擊，其論法頗為綿密。要言之，如筆者先前所說，彼反覆敘述宇宙論意義的無明說不得存在之理由，故在此無須多作贅述。天啟及傳承書中，所以將不真（anṛta）、無智（avidyā, ajñāna）說為迷界之因，是因於其之所言，是指無始以來之業（karman），絕非意指「不得說有或無」之怪物。亦即雖承認個人的無智，但難以將之應用於本體論。

從而對於以此為基礎的宇宙論的摩耶（māyā）說，也大為排斥，若差別之現象盡皆虛妄，則奧義書聖典亦然。以此為基礎而主張之論法豈不也是虛妄?況且認為奧義書中完全沒有言及宇宙虛妄說，完全是商羯羅曲解，完全是盜用自佛教的一切空論（Sarvaśūn-yatāvāda）。天啟及傳承書中，所以將宇宙稱為 māyā，是由於讚嘆神之不思議力恰如幻術者出幻，絕非意指空。《修威達修瓦達拉》〈四，九～一〇〉稱神為幻術者（Māyāvin），其所說的 māyā，是指物質（prakṛti），《薄伽梵歌》〈七之一四〉謂余之 māyā 由三德所成，通常是指實有的。要言之，羅摩笯闍承認宇宙實有，用以顯示商羯羅之非理。至於心理論，商羯羅認為「存在＝知」，知是我之本體，此外不另立知之主體，亦即知者（jñātṛ，精神）是常住不變之自照體（svayamprakāśatva），對此，羅摩笯闍亦持反對之論。羅摩笯闍指出：有主觀之知，此應無可疑，但知者本身，並非主體，只是我之一屬性或作用。吾人意識之生滅變化乃是日常經驗，豈能視為常住不滅之我體。我體作為知之所有者，必不涉於變化生滅。此名為余（aham）。雖是認識之主體，但相對於其他的余，即成客體，此依他人之言語動作得知其心而得以證知。商羯羅的認識之主絕無其客體之說，絕非正確。亦即商羯羅將吾人之知識作用視為本體的，而羅摩笈闍則是將動視為動，其中另立不動之主體。商羯羅以我之主體為自照體，但羅摩笈闍認為我之生起認識必有對境，若無對境不能生所有知識。第二月是因於眼病，有其生理的基礎；夢之現象是過去經驗為對象；黃疸病者將一切視為黃色，是光與黃液結合；將繩見為蛇，是因兩者有共通要素。商羯羅將此視為非有，嚴格說來，是誤解。何況萬人共通經驗的事項如何說是唯心所造。亦即就此而言，羅摩笈闍是二元論者，認為必須是我與物相待，認識才能成立。

以如此論調對抗商羯羅派之論題相當多，恐過於煩瑣，故不予以一一列舉。總而言之，羅摩笈闍認為商羯羅所說的第一義諦實為非理。其所用之論法是教證與理證併用，引用奧義書，時而解釋之，時而訴之事實而判定教理，時而應用因明三支作法而作論證等等，論法頗為精密。其破斥當時最有名的吠檀多之一派，開拓自己所立，用以建設其積極說。

第三節　羅摩笈闍之教理

前節係揭出羅摩笈闍與商羯羅之重要差異，此節擬見其本身思想。如前所述，羅摩笈闍之思想頗近於《吠多檀經》，為避免重複，在此僅揭出其特有見解如次。

一、概要

一言以蔽之，羅摩笯闍是以有神論的方式組織數論。允許物質與精神之獨立，且以梵之一元統轄之。羅摩笯闍指出：萬有之本體是唯一之梵，即是毘紐笯神，具有無量之力用與妙德。尤其作為其樣式（prakāra），包含無數的個人精神（ajaḍa, cit, jīva）與唯一物質（jaḍa, acit, prakṛti）。亦即以物與心作為神之樣式，而且是實在的。據其所述，在眠劫，亦即世界之初，個人精神或物質皆未發現於現實，是頗為微細（sūkṣma）的，換言之，作為梵身體之一部分，與梵毫無區別。從而此時無名無色，無一切差別相，只有本體之一神。他將此名為「梵之因態」（kāraṇa-avasthā）。此梵依自我之意志力開展自身時，作為神之樣式的物質成為現實之世界以及有情之身體，作為神之樣式的個人精神成為有情之靈魂，梵本身種種權現、分身成為世界及有情之支配者（Antaryāmin）。他將此名為「梵之果態」（kārya-avasthā）。對於梵從因態移至果態之所以，他說：神一方面對於各個人精神所具有的前劫之業，給予賞罰，另一方面，依無限慈悲給予個人我解脫之機會。亦即調和劫滅說、業說與神慈悲說。至此梵與世界有情之關係移至支配者與被治者之間，因態的梵之一部分的關係一變而成二元論的。局限一元論的要旨在此，藉此意欲調和一元論之妙味與二元論之平易。然商羯羅的非二主義若推進至頂點，不僅否定個性，迷妄之原因亦必歸於大我，作為宗教的要求，此極不恰當。若以此為本地，則世界或個人皆不出於本體，但在現實上，是一一各別，若維持一元論，則能得本體之尊嚴與個性之獨立。此因在本地，世界或個人只是可能性，個人具備任何惡業，絲毫不犯本體，況且在現實上，神人各別，個人之業是個人自身之責任，與神無絲毫關聯，此間神有充分用其支配力之餘地。就此而言，羅摩笯闍對於神與現象之關係的看法非常類似基督教。他將此與精神、身體之關係作比較，身體與精神是一體又各別，其間有主從關係，同樣的，神與現象（物心）亦然，故直稱神為我（ātman），世界與有情為身體（śarīra）。《一切見集》

（Sarvadarśaṇa-sangraha）所揭之一多論：

既立於此一切物，取一切形之梵，則是非多，亦即唯一為真。雖然如此，唯一之梵既取物質、精神之種種形相而有多樣存在，則一與多皆真。進而精神、物質、神既是形體與本體性有別，並不相混，故多樣為真。

最能道破其立場。

二、神觀

羅摩笯闍之神觀甚為複雜。就高的方面言之，此乃萬有唯一之本源，就低的方面而言，俗信之對象的英雄神、偶像也是其之權化。此因他將梵視為毘紐笯，應用毘紐笯垂迹說（avatāra），意欲統一流行於當時的毘紐笯主義之信仰。羅摩笯闍指出：在因態，神是唯一，具有無量妙德，但移至果態時，為支配世界有情及救濟之，故現種種相。其現相有諸多種類，依據《一切見集》所載，有如次五相。（一）微細相（sūkṣma）。神作為梵或世天（Vāsudeva），而維持其最高之自體，是萬有創造、破壞、支配的大原理。（二）內導者（Antaryāmin）。作為世界之精神，支配世界；在個人，作為內臟內之我（ātman），支配各個有情。（三）四分身（vyūha）。是應用潘恰拉朵拉之教相而提出的。亦即潘恰拉朵拉派依據克利須那（Kṛṣṇa）神話，立克利須那為世天，此世天與克利須那之兄弟參卡魯夏那（Saṃkarṣaṇa）、其子普拉提優姆那（Pradyumna）、外甥阿尼奴達（Aniruddha）皆是毘紐笯之四分身，此為神的顯相之一。嚴格說來，是將四分身自身所完成之分類強加攝取之。（四）權現（Vibhava）。神暫權現於此世救濟眾生，《摩訶婆羅多》的克利須那（Kṛṣṇa）或《羅摩衍那》中的羅摩王子（Rāma）即此。（五）偶像。安置於殿堂的木像、石像之類，因眾生崇拜而神顯現其靈驗。由此可知，羅摩笯闍的神觀是非常包括性的，從哲學的原理乃至俗信皆攝取於一神之下。概括而言，此與《吠檀多經》將神視為萬有之質料因、其計畫者、配置者等並無太大差異。《一切見集》揭出羅摩笯闍對梵所下之定義：

Vāsudevaḥ parambrahmaḥ kalyāṇaguṇasamyutaḥ, bhuvānām upadānaṁ kartā jīvaniyāmakaḥ.（最高梵是世天，具有妙德，萬有之質料因，又是其作者，有情之支配者。）

三、世界與有情　相較於《吠檀多經》，羅摩笯闍對於世界及有情的觀點是更為數論的。個人精神或物質作為梵之樣式（prakāra）或身體與梵不相離，在某種意義上，承認兩者之獨立性，故相當近似數論。尤其是以物質性為唯一，由喜、憂、闇等三德所成，個人精神為無始無終之實體，是無數的存在等等，可說全然是數論的。亦即梵移至為果態時，其屬性之自性（prakṛti）之三德產生不平均，由自性生大，由大生空、風、火、水、地，而成現象世界。與此同時，長潛於梵的個人精神也開始活動，依前劫之業而被物質性的五風、十一根所覆，成為某一階級的現實的有情。此即是來自其最為重視的《薄伽梵歌》、《毘紐笯往世書》等所鼓吹的有神論的數論思想，其發展順序則是依據《斯帕拉奧義書》（Subāla-up.）。其異於數論之處，在於數論視神我為無活動之非作者（Akartṛ），而他與《吠檀多經》相同，是將個人精神視為本來之活動體，亦即視為作者（Kartṛ）；數論惡視物質，反之，羅摩笯闍不認為物質為罪惡本源，業才是迷之本源。在有情之組織上，數論將神我與物質性之生理、心理機關之結合視為一有情單位，反之，羅摩笯闍於此之外，另立梵之一分身之我（ātman）作為內部之指導者，個人的精神除外，此住於心臟內。如此論點不僅異於數論，恐亦異於《吠檀多經》，可說是羅摩笯闍派之觀點。此外的一般觀點，大多與數論及《吠檀多經》無異，故略過不論。

四、修行解脫

依據羅摩笈闍所說，個人精神雖不等於梵，但至少是其一部分，本具有梵性。其異於梵之處，只是無創造世界及支配之力，除此之外性質全同。是由於無始以來之無明，亦即由於業而沉淪於不幸、不自由之境。他用《法華經》中長者子跉跰他國，成為窮子之喻而予以說明。此窮子恢復成為長者子時，即是羅摩笈闍所說的解脫。商羯羅認為真智，亦即正偏智是解脫之因，羅摩笈闍也使用相同之語，然其意義有別，而是神所愛之行持之義。亦即商羯羅是自力的哲學的，反之，羅摩笈闍是他力的信仰的。依據羅摩笈闍所說，我人之命運完全仰賴神之支配，若無神之加庇，不可能解脫。其經常引用如次聖句而力說之。亦即《卡達卡》（Kāṭhaka）〈二，二三〉曰：

依論議、觀智、文書之研究，不能得我（梵）。唯依我之揀擇而得。我為彼開示其本性。

《薄伽梵歌》〈九，二二〉，曰：

常歸依我、禮拜我、呈愛予我者，余賦予達余之力。

亦即欲到達解脫之正道，唯有令神歡喜，依其加護而滅業種。作為令神喜悅之方法，舉出種種行持，而予以彙整者，是《吠檀多經》〈一，一，一〉之註所引 **Vākyakāra**（何人之註不明）的七種：（一）分別（viveka），取淨食，避不淨食。（二）離脫（vimokṣa），離貪瞋痴。（三）精進（abhyāsa）。（四）作業（kriyā），履行四姓之義務，尤其是祭祀。（五）善根（kalyāṇa），正直、慈善、布施。（六）不怯（anavasāda），勇猛精進。（七）不放逸（anuddharṣa），到達寂靜等。依據《一切見集》所載，其所推薦的神之禮拜法有五種：（一）親近（abhigamana），親近神之殿堂。（二）執取（upādāna），持香華等。（三）奉獻（jyā）。

奉獻香華等。（四）學習（svādhyāya）。學習那羅延之名號、咒文、讚歌等。（五）禪定（yoga），觀念神。雖有如是種種行持，總要而言，是捨棄自己，身心全然交付予神為其根本條件，亦即以《薄伽梵歌》的「專念瑜伽」（bhakti-yoga）為中心。藉此獲得神之恩惠，無明之業種盡，得以發揮其本性，此即解脫。依據羅摩笯闍所說，解脫之後，個我仍然具有，在神之中，能得無限妙樂與無限自由。就此而言，羅摩笯闍之解脫觀稍稍類似《梨俱吠陀》以來之往生天國，或基督教之天國思想。

要言之，羅摩笯闍之特色在於全然將實在視為神格，從而是自動的，雖承認物質與精神之實在，然此二樣式亦歸於一元。從形式見之，即如同史賓諾沙的「實體」（Substance）之動，在哲學上，具有甚深意義。況且就宗教見之，比起商羯羅，他是更信仰的，常識的，故頗能博得群眾滿足。此乃羅摩笯闍派雖有種種分派，至今仍大為興盛之所以。但就吠檀多而言，終究不能視為是奧義書完全的組織。尤其以物與心為梵之屬性，又全然承認其之獨立，理論上，不免極不徹底，故與其說為屬性，不如說是梵之寄生物更為適當。羅摩笯闍之教理作為宗教具有價值，但作為吠檀多，猶居於商羯羅下位其因在此。

第六章　薩達難陀之吠檀多精要

一、地位

如前所述，雖說是吠檀多派，然其中的種種流派幾近於令人無所適從之狀。如經常所述，此乃由於奧義書本身多有曖昧不明之處，為之作註釋者其思想背景亦大為不同所致。然就其發展軌跡見之，從中得以窺出如黑格爾流的歷史觀察。亦即相對於《吠檀多經》之正，而有《曼多佉耶頌》之反。進而遂有商羯羅之合。相對於商羯羅之正，又有羅摩笈闍之反。或許此乃偶然的發生，或是遺漏其間之連絡所致，總之，若依據筆者所述項目，事實確是如此。因此似應另有結合商羯羅與羅摩笈闍者。遺憾的是，就筆者所知，明顯言及於此之吠檀多著作不得見，稍稍可以比擬者，即是薩達難陀（Sadānanda）之《吠檀多精要》（Vedāntasāra）。故筆者將此視為吠檀多潮流總合的教理，置於其發展之最後，作為此篇結語。

薩達難陀之年代及其為人全然不詳。但從《精要》中加上毘修醯那比庫修（Vijñānabhikṣu）之意見看來，最早也應是十六世紀以後的人。就其學說觀之，其師名為阿多瓦亞難陀（Advayānanda），依據柯爾布魯庫所說[1]，此人曾為商羯羅《吠檀多經註》作過註。故就此系統而言，他應是屬於商羯羅派，但在《精要》一書中，商羯羅派之教理不只可以見及，其中更加入種種要素，可說是總合古來諸說而成，故絕非是商羯羅思想就得以滿足的。恐是受十五、六世紀以後思想統合之風潮所驅而撰此書。徵於此書曾被視為猶如羅摩笈闍之著作，不難推知此中亦包含有羅摩笈闍的思想。此乃縱使不將此書視為商羯羅與羅摩笈闍

---

1. Colebrooke; Miscellaneous Essay vol. I. p. 359.

之調和，但亦可視為相當接近之所以。此書之出版刊行頗為常見，就筆者手中即有如次諸書：

Böthlingk-Garbe, Sanskrit Chrestomathie. S. 287~326.（原文及德譯）

K. Sundarama, Vedāntasāra, with the Commentary Balabodhi of Apadeva and a critical English Introduction; India. 1911.

Deussen; Allgemeine Geschichte der Philosophie. I. 3. S. 639~670.（德譯及說明）

二、教理綱要

《吠檀多精要》全書二百四十頌分為十二項。茲列其題目如次：

（一）緒言及題目〈一～二〉
（二）吠檀多修學之條件〈三～三三〉
（三）無明之附加（adhyāropa）〈三四～六六〉
（四）無明之隱蔽力（āvaraṇaśakti）〈六七～六九〉
（五）細身之發展〈七〇～一二二〉
（六）粗身之發展〈一二三～一四五〉
（七）退治邪執〈一四六～一六〇〉
（八）還滅（apavāda）〈一六一～一六三〉
（九）大格語 Tat tvam asi 之意義〈一六四～一八六〉
（十）大格語 Ahaṁ Brahma asmi 之意義〈一八七～一九五〉

(十一)修行論(anuṣṭhāna)〈一九六～二二八〉

(十二)有身解脫(jīvanmukti)〈二二九～二四〇〉

此書之中心部分是第三、四、五、六等四項，本體觀與宇宙論即於此中論究。其特徵是材料豐富，組織完全。從來被論究的吠檀多教理之重要項目皆悉網羅，如無明說、三德說、四位說、五藏說、發展說、迷妄說、神人同一說、差別說等悉皆收入。從而不預知其組織架構，恐不得其要領，故在此先簡略述之。

薩達難陀同於商羯羅，認為梵是唯一不二，不變動之心(caitanya)。因無明之附加而現種種現象。然其特色在於異於將無明視為純智之商羯羅，而是認為由三德所成，亦即當作是實在的，且將無明逐漸成為現實的深淺分成四種階段。此四階段之名稱與建立的方式脫化自《曼多佉耶奧義書》(以及《曼多佉耶頌》第一章)所力說的我之四位。亦即應用《曼多佉耶奧義書》的將我分成第四位(caturtham□turīya，覺位)、慧位(prājña，熟眠位)、光位(taijasa，夢位)、萬人位(vaiśvānara)，而將梵之自相視為第四位，下三位是依無明而發展之階段。從而其將第四位視為無差別平等之本體位，神與人之對立，世界與有情之對立是慧位(熟眠位)以下之現象，對於下三者，是分為世界的方面與個人的方面而觀察。依據前者的觀察稱「總相」(samaṣṭi)，依據後者的觀察稱為「別相」(vyaṣṭi)。此係應用《普利哈多阿拉笈亞卡奧義書》〈三，三，二〉之語。他認為此亦通於《泰提利亞奧義書》的我之五藏說(pañcakośavāda)，同是述說現象界之發展次第。亦即所說的妙樂所成(ānandamaya)、認識所生(vijñānamaya)、意所成(manomaya)、生氣所成(prāṇamaya)、食味所成(annarasamaya)，是就無明之深淺而予以命名。

薩達難陀用此說明現象界發展順序。第四位，亦即本覺位之「梵」為無明之薄衣所蔽時，總相的，成為自在神（Īśvara），亦即世界我；別相的，成為個人我。雖然如此，在此位時，世界與個人尚未明顯的對立，猶是微妙之細位。依據四位說，此為熟眠位；依據五藏說，此為妙樂最勝之位，故名妙樂所成。此因奧義書將熟眠位視為「我離對象，唯以自己為對象」之位，所以名此為妙樂境者，其因在此。無明之程度更進一步時，其發展亦更具體，總相的，成為 Sūtrātman，亦即創造神的金胎神（Hiraṇyagarbha）；別相的，成為光我（Taijasa），意即現象心。都帶有人格的色彩。雖然如此，在此位時，物質之作用尚未表現，尚未完全地具體化，就此而言，若依四位說，則稱為夢位；若依五藏說，則分為認識所成、意所成、生氣所成等三種。此因現象的精神是由識（vijñāna）、意（manas）、生氣（prāṇa）等三種要素所成，所謂的夢，是指此現象心離具體的對象，獨依其光而變作萬有之位。由此而無明之程度更進一步時，則產生完全無知覺之物質，發展成完全具體的現象界。總相的，成為 Viśvanara（萬人位），亦即種種的應現神；別相的，成為 Viśva，亦即個人之肉體。若依四位說，此為醒位；若依五藏說，此為食味所成。為令容易瞭解，圖示如次：

（四位）		（五藏）
第四位（無差別本體）		
熟眠位	自在神（總相） 個人我（別相）	妙樂藏
夢位	世界精神（總相） 現象心（別相）	認識藏 意藏 生氣藏
醒位	諸神（總相） 有情（別相）	食味藏

如是依無明深淺，同一實在作三階段發展，三段中，雖各有總相與別相之區別，但依據薩達難陀所說，其本體不失其不變常住之絕對位。他將此比擬為《曼多佉耶頌》中的大虛空與小虛空之喻，並給予巧妙說明。亦即別相的現象，恰如林中各別之林木；總相的現象，是作為全體而見之林，本體是貫串此等之大虛空。是故稱為林或稱為樹木，只是觀察之異，本質上無有差別，別相的個人現象或總相的宇宙現象其本質無別，都是同一我之顯現。如同大虛空之貫串各別之木及全體之林，其自身並無任何增減，作為本質之我亦遍通世界現象及個人現象，然其自身常不失其同一不變之絕對位。亦即他認為實在是萬有之本源，同時又是超絕萬有。

如此之觀點，在印度，是與《起信論》所說由真如而有業、轉、現等三細之發展，且視真如為超越之心體相似；相較於西洋，亦與新柏拉圖派的普諾提諾斯之說非常類似。普諾提諾斯認為實在是唯一絕對之有（to on），萬有由此分派時，先是經由理性（nous）階段，其次成為精神（psukhe），最後成為物質。雖然如此，其本體是依然不失不變不動之地位。相對於薩達難陀所說，其「太原之有」正相當於第四位，「理性」相當於第三位之慧位，「精神」相當於第二位之光位，「物質」相當於第一位之萬人位，進而朝向不完全趨進，且不將本體視為不完全之責任者，二者如出一轍。類似柏拉圖思想的奧義書思想至此開展成類似新柏拉圖派之思想，可說是頗為精彩之發展徑路。基於前述，以下更就各個問題予以說明。

三、本體觀（第四位）

如何定義本體之梵是吠檀多諸派的大問題。最初在《泰提利亞奧義書》，一方面說此乃萬有生、住、滅之因，另一方面說此為實有（satya）、知（jñāna）、無終（ananta），自此以來，吠檀多師皆依其中之任一下定義。以宇宙論考察為主要之學派取用前者，以本體論考察為主要之學派取用後者。薩達難陀在述說第四位之梵時，是完全以本體的見之，亦即是就梵本身下定義。其所依據固然是《泰提利亞》之實有、知、無終，但《簽利辛哈達巴尼亞奧義書》將其三相變形為實有（sat）、知（cit）、妙樂（類似 ānanda, ananta），且合併三者而名為 Saccidānanda（sat+cit+ānanda），因此薩達難陀將梵定義為 Saccidānanda（有、知、喜）。亦即《精要》〈三五〉曰：

vastu Saccidānanda-advayaṁ Brahma.（梵是唯一之實在，是有、知、喜。）

如筆者在《印度哲學宗教史》一書之所指出，梵是精神的實在，且是無憂、無欲之絕對妙樂體，此乃諸奧義書共同之說，故此一定義是最為簡單且適切地道破本體之相狀。如商羯羅將梵說為實在（sattā），同時是知（bodha），應予以切記的是，薩達難陀亦非將此三相視為梵諸多屬性中之某物。據其所述，離實在則無知，離知則妙樂不存。簡而言之：

梵＝實在＝知＝妙樂＝我

在此意義上，他將梵名為「純粹精神」（viśuddha-caitanya），此中常含實在與妙樂之意義，據其所述，梵本身不變不動，是唯一絕對之實在，無形相，無制限，只是清淨無垢之純精神，亦即絕對我之外，吾人不得寫像。就此而言，其梵觀與《曼多佉耶頌》及商羯羅如出一轍。

四、無明論　此 Saccidānanda 有、知、喜之本體若受無明（avidyā）所蔽，從中則產生現象界。故宇宙之太原雖是梵，但實際上是由於無明附加。《精要》〈三七〉對無明下如次定義：

ajñānaṁ tu sadasadbhyām anirvacanīyaṁ triguṇātmakaṁ jñānavirodhi bhāvarūpaṁ yat kiñcid iti vadanti.

（所謂無明不可言有或無，而是三德為性，能礙真智，令呈現象之相之某物也。）

其所說的不可言有或無，顯然是承繼商羯羅所說，但三德所成之說，則非商羯羅所論。恐是來自《修威達修瓦達拉奧義書》謂摩耶（māyā）依物質（prakṛti）而成有知，《薄伽梵歌》謂余之摩耶由三德所成之思想，又稍加採用羅摩笈闍所說作為神之屬性的物質（acid, jaḍa）。然此無明如何生起？與梵的關係如何？對於此等問題，薩達難陀一向不予說明，似乎是視為既定教理。恐是採用若提出則萬事皆得以解決之思想。

依據薩達難陀所說，此無明有二種力。即隱蔽力（āvaraṇaśakti）與開展力（vikṣepaśakti）。隱蔽力者，隱蔽梵之真相恰如雲蔽太陽之作用〈六七～六八〉；開展力者，是指於隱蔽梵之真相上更顯現無相，此恰如由於對於繩之無知，而顯現蛇相的作用。亦即隱蔽力是無明消極的作用，開展力是積極的作用。實際上是同一作用的二種方面，故隱蔽力強則開展力愈強，無明愈濃厚，一方面，越發蒙昧梵之真相，另一方面更開展不純不完全之現象界。據其所述，現象界越成為具體的，則越遠離梵之真相，若越為微細，則逐漸與梵接近。如前所述，他將由微至粗之開展階段三分，且各有對總相的觀察（samaṣṭyabhiprāya）與別相的觀察（vyaṣṭyabhiprāya），用以一貫說明世界的現象與個人的現象。筆者權宜將此三種階段稱為第一次開展、第二次開展、第三次開展。

五、第一次開展

薩達難陀依無明之三德而論萬有開展之順序。首先關於第一次開展，作為本體之梵因純喜德之附加（adhyāropa），總相的，成為神（Īśvara）。亦即絕對無屬性之本位稍稍人格化，帶來全智（sarvajñatva）、全能（sarveśvara）等作用與性質。作為世界之支配者、有情之救世主的梵，即是此位，又名此為世界因（Jagatkāraṇa）、內導者（Antaryāmin）、總支配者（Sarvaniyantṛtva）。要言之，是商羯羅所說有德梵（saguṇabrahman）之位。若作為其本體之梵於同樣的喜德，以稍稍不純之喜德（malinasattva）而作用時，則現出別相的個人我之相。此名慧位（prājña），亦即聖者。是商羯羅所說的順解說（krama-mukti）之位，不同的是，此係相反地應用，是由本體下降之位。相較於神，此位是不自由（anīśvara）、小智（alpajña），但就個人而言，是最純粹之狀態，是羅摩笈闍等所說之真，亦即見解脫之境界。故第一次開展雖稱為無明之結果，然其總相或別相，全無惡的方面，僅是微妙的外皮受蔽之位。此乃若依四位說，此名為「最上之歸趣」之熟眠位（suṣupti）；若依五藏說，此名為妙樂藏（ānandakośa）之所以。

六、第二次開展（細身）　第一次開展是無明的純喜德之結果，若其暗德更得勢力，則成為第二次之開展。亦即首先作為神之梵，發展空、風、火、水、地等五種要素。此五要素異於通常所說的五大，但相當於數論之五唯，薩達難陀亦將此名為「唯」（tanmātra）。此五唯雖是暗德之結果，然其自身仍具備三德，依其表現方式而發展成五知根、五作根、五風。為避免說明繁複，茲以圖示之（覺與意是依喜的五唯全部所生）。

	（喜的）	（暗的）	（憂的）
空 —	耳根 —	口 —	出息（prāṇa）
風 —	皮根 —	手 —	入息（apāna）
火 —	眼根 —	足 —	介風（vyāna）
水 —	舌根 —	排泄器 —	上風（udāna）
地 —	鼻根 —	生殖器 —	等風（samāna）

此上五作根之配置，雖是任意決定，但依五唯而發生五作根，則是《摩訶婆羅多》及數論一派之所主張，也與勝論所說一致（其二一作用之說明略過）。

十七要素相集，以五唯為基礎而組織者，是所謂的細身（sūkṣmaśarīra）。以此細身為依處，現為總相的，即先前的神（Īśvara）更具體之位，智慧、欲望及身體皆具有。薩達難陀稱此為「通我」（Sūtrātman），此係金胎神或梵天之異名。同樣的，以此細身為依處，現為別相的，即是「光位」（taijasa），是先前的慧位更具體化之位。此正是數論等所說之細身，依觀照之內具（tejomaya-antaḥkaraṇa），亦即依心理身而成立之微細體，故名光位。此第二次開展無論總相的別相的，相較於第一次，雖是非常具體，但主要是依心識所成，故就其未具純物質而言，其細身之對象只是微細境（sūkṣma-viṣaya）。依四位說而言，此為夢位（svapna）；依五藏說而言，應其要素而名認識藏、意藏、生氣藏。

七、第三次開展（現實）　第三次開展是更進而產生五大之粗物質，形成器世界及有情肉身之位。薩達難陀於述說依五唯產生五大之經過時，應用《旃多古亞奧義書》〈六，三，三〉所揭三分說（trivṛtkaraṇa）。亦即依五唯各個要素混合之比例，或為地大，或為水大，或為空大。《精要》〈一二五〉揭其比例之規則曰：

dvidhā vidhāya caikaikaṁ caturdhā prathamaṁ punaḥ, svasvetaradvitīyāṁśairyojanātpañca pañca te.（二分五唯之各個，更四分前半，除各自本唯，其他四唯每一分附加於後半。如是皆依彼五唯所成。）

圖示如次：

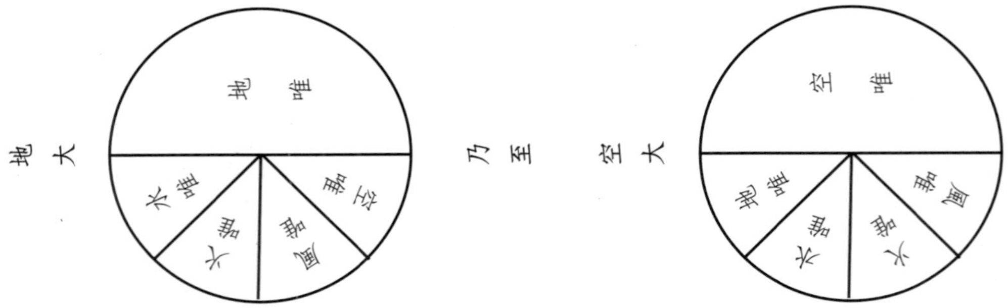

此與佛教有部所說堅、濕、煖、動等實四大混合產生地、水、火、風等假四大，數論之一派所說色、聲、香、味、觸等五唯混合而成五大等屬相同思想系統。就由此所生五大之性質而言，空中有聲，風中有聲與觸，火中有聲、觸、色，水中有聲、觸、色、味，地中有聲、觸、色、味、香。此亦同於數論一派所論。

依此五大而得以完成現實之世界及現實之有情，從而依據薩達難陀所說，世界是一個梵卵（brahmāṇḍa），其中有十四界。普魯（Bhūr）、普瓦魯（Bhuvar）、斯瓦魯（Svar）、瑪哈魯（Mahar）、闍那斯（Janas）、達巴斯（Tapas）、薩提亞（Satya）稱為上界，阿達拉（Atala）、威達拉（Vitala）、斯達拉（Sutala）、拉薩達拉（Rasātala）、達拉達拉（Talātala）、摩訶達拉（Mahātala）、巴達拉（Pātāla）名為下界。此乃就《摩訶婆羅多》及《往世書》等所說宇宙形體論所作之區別[2]。薩達難陀對住於此等世界之有情之區別並無多說，作為有情之區別，只是揭出胎、卵、濕、種等四生。此時所揭的總相、別相

---

2. Barnett; Antiquities of India pp. 196~198.
W. Kirfel; Die Kosmographie der Inder pp. 128~147.（追記）

之區別中，總相的，是先前的 Sūtrātman 之梵天更降身成瓦伊修瓦那拉（Vaiśvānara，一切人），亦即示現種種神而應現；別相的，先前光位之細身獲得粗身而成四生之任一。至於此位，無論總相的別相的，都是具體的肉體的，依五藏說而言，此名為食味所成（annarasa-maya）；依四位說而言，此名為主觀客觀相對之醒位。

八、解脫還滅　唯一不動絕對妙樂之實在由於無明之附加，經由三種階段而成複雜、變化無極、不純不淨之現實界。然而如薩達難陀屢屢所述，大虛空不因樹木或林而有一絲一毫損減，如何複雜變化之現象其實在本身不存任何影響。不只如此，如同樹木或森林若離大虛空，則不存在，此現象界之所歸亦不外於梵之顯現，若能如此達觀，則了知一色一香之中，清清楚楚、明明白白的有其實在相。在此一意義上，薩達難陀拈提「余者梵也（Ahaṁ Brahma asmi）」「汝者彼也（Tat tvam asi）」之大格語作為解釋。既然是迷，此世不免是分裂、變化、微少，窘束之境界，若不能解脫，回歸本地，其意義終不能實現。故《精要》揭出種種修行法，總要可歸類為聞（śravaṇa）、思（manas）、修（nididhyāsana）、三昧（samādhi）等四類。亦即聞奧義書之義理，思惟了解遂入禪定三昧，念梵我不二之公案。

如是無明之附加逐漸薄弱，最後於此世達解脫妙境。此稱「有身解脫」（jīvanmukti），《精要》對此特設一項予以說明，要言之，雖具形骸，然超越其形骸，其精神已實現第四位當體之境界。自此再捨形骸，而成完全之「無身解脫」（videhamukti），達到大我（亦即梵）之妙境，至此無明根絕，先前所述之開展泯沒，再成為唯一絕對有、喜、知之當體。

以上所述是吠檀多的重要思想。最後總結一言，理論上而言，同是吠檀多，雖有種種意見，但依實際的人生觀而言，彼等最後是到達同一歸處。要言之，於己身實現完全圓滿之梵的希望與努力，彼等是一致的。換言之，立於全宇宙絕對生命與吾自身之生命其根柢相連之大自覺，努力於其生活上實現。就此而說由梵顯現萬有，然此僅只是理論上的，實際上，是述說萬有以梵為最終原因（理想標的）而朝此前進之經過，如此見之，始具真正人生觀之意義。在此意義上，吾人認為泰戈爾所言頗富道理：

梵即是梵也。它是完全相對的無窮之理想。雖然如此，吾人尚未臻於成為「真之吾人」之境。吾人必須不斷的成為真。必須不斷的成為梵。在「是」與「成為」之間有愛之無限奏樂。於此祕密之底，有支撐創造無限進行的真與美之根源（"The Realisation of Life"p.155）。

吠檀多思想至今猶支配印度的信仰界，進而成為世界之光的實際的意義在此。

附錄

數論之三德論

一、數論派之三德及其意義

據數論派所言，萬有皆依三德（trayo guṇāḥ）所成。無論物質性的，或心理性的，凡是動態的、變化的、適用於因果律的，都由三德而成。萬有雜多之現象，終究是依三德之配合而定。若是如此，所謂三德，所指云何？就術語言之，雖可以薩埵（sattva）、羅闍（rajas）與多摩（tamas）等名之，然猶不易知其究為何物，故無法給予適當之譯語。數論派言及三德之相狀時，大抵是基於吾人之價值判斷，是就其表現方式或作用方式而言。總的說來——據數論派所言——其價值較多者，薩埵之德較勝，羅闍、多摩則依序遞減，尤以多摩其價值最劣。

就此觀之，數論派所論之三德，應是以喜（prīti）、憂（aprīti）、暗（viṣāda）為其特徵（ātmika），總之，吾人心中的快、不快與沉鈍等三態乃是三德代表性之特徵（古德分別以喜、憂、暗作為 sattva、rajas、tamas 之譯語）。就吾人心情最直接的經驗及一切判斷之基礎而言，確實應以感情之三態作為解釋萬有之公準。但數論派卻又指出物質性的現象亦依三德而成。亦即既有心理性的，又有物質性的特徵。若是如此，物之靜平（例如光明）是薩埵（喜）之德使然；物之動搖（例如風）是羅闍（憂）之德使然；物之沉重（例如大地）是多摩（暗）之德使然。此係基於如次理由：物之靜平能令吾人心沉靜而喜悅，物之動搖不定能令吾人心亂而產生不快，物之沉滯能令吾人之心遲鈍，亦即數論派視物質性的現象與心理性的現象為相同質料之不同作用，據此而定主觀的價值與客觀的性質之相應妥當，皆由三德所成。數論派進而指出物心兩者共通的三德其一般特質，亦即照明靜平乃是薩埵之發現，躍動不定是羅闍之發現，涉昧沉滯是多摩之發現。

基於此一見地，數論派將現象三分，更配以三德而作考察，此乃數論派世界觀之一大特徵。其適用範圍頗廣，大自天地小至草葉一片，皆依各自之三德或優或劣、或顯或昧、或強或弱而有不同現象。就筆者所見，其配列方式極不合理與不徹底，雖是如此，然以上中下之價值，尤其以倫理的宗教價值之差異作為基礎而定三德之次第，乃是貫串其全體之一大方針。限於篇幅，此處無法一一予以列舉，僅以圖表揭其主要者如次：

	薩埵	羅闍	多摩		
三德根本性的特徵	喜	憂	暗	心的特徵	《僧佉耶頌》〈十二～十三〉之說明
	照	動	縛	物的傾向	
	輕光	持動	重覆	心物共通	
三德說適用之例	天	空	地	世界	
	天道	人道	獸道	有情	
	快	不快	暗昧	感情	
	理性（覺）	意（我慢）	物質（五唯）	現象開展之順序	
	善	雜（非無記）	不善	善惡	
	上	中	下	等差	
	赤	白	黑	三色	

前揭之外，諸註釋家所揭之例其數不遑枚舉，但大抵而言，據右表所列可知其一般。要言之，三德說是印度思想家最偏愛的三分性（三姓、三吠陀、三神、三界、三音等……）考察之總和，或作為一方向而起，由於將視此具有組成萬有得本源其所具之特性，以及含有從前所無之哲學價值，故頗為難解。

若是如此，數論派究竟視此三德是相異的三種原理？或是一種原理的三方面或三發現？要言之，應

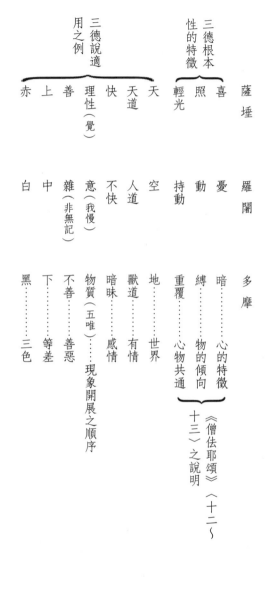

是兩者都予以肯定。亦即一方面視三者為各個不同之實體（dravya），另一方面，三者又是不能分離而渾然一體。詳言之，數論所持意見是三位一體說，從現象言，三德各異，但實質上，三者絕非相離，唯其之發現有顯昧強弱之別。尤其於萬有未發之因位，其發顯程度並無強弱之異，三者平均不分割，是無始無終無形相之唯一體，其間毫無差別。數論名此當體為本因（pradhāna）、自性（prakṛti）或未開展。是故三德雖稱之為三，但至少就其本因而言，是唯一，本因雖是唯一，然就其中含有爾後可能成為三德而說之為三，此即數論派之答辯。

若是如此，其唯一本因之自性與三德，實質上是同是異？換言之，自性（本因）＝三德之平均？或自性＝三德之平均＋X？理論上，數論之歸著點在於第一方程式，亦即三德總和以外別無自性之原理。此因數論派將三德視為實體，稱三德之平均狀態為自性，尤其註釋者以三色線揉成之繩比喻三德與自性的關係，或以三木成林為喻。但實際上，數論派肯定的是第二方程式，將自性說成是三德之總和以上或其持主之所以，是因於三德觀發展的歷史背景。亦即先有一原理中有三方面之思想，此一思想成為數論三德觀之先驅，是受此思想影響所致。總而言之，數論之三德，在自性上，是三位一體，同時又是獨立的三種本質，而且無論是前者或後者，「三」此一數字，都是重要的。

上來所揭乃數論派三德觀之大要。以此為依據，茲擇要揭出三德觀之特徵大致有如次數項：

一、以三分法為其基礎。

二、以倫理的或宗教的價值為三分法之標準。

三、據此說明物質性的現象以及心理性的現象（亦即意欲說明宇宙與個人之同一）

四、可視為組成萬有之三種要素，同時也有三種性質或三種方向之意。

五、輕光的現象是薩埵之發現，動搖的現象是羅闍之發現，沉滯的現象是多摩之發現。

六、三德可視為是併存的三種要素，然其中亦含變化的三種順序之思想。

七、具有三歸於一，一開為三，即三位一體之意。

二、三德思想之起源與開展

文獻上，三德說之大致定形，其術語與說相皆俱，應是始自於奧義書。在古奧義書中，此屬於其終期部分，主要是始自於《修威達修瓦達拉奧義書》，直至《邁伊多拉亞那奧義書》時才告圓熟。在此意義上，可說三德說是印度思想史上較晚期之產物。然此僅就其結果而言，如嘎貝所言[1]，三德說非起於數論派，是非古非新之說。其中有先驅思想，亦即含有相當古老的成分。筆者曾述及數論思想之淵源在於梨俱吠陀[2]，故三德思想之淵源亦應見於梨俱吠陀。前揭五、六種特徵皆具之思想雖未必早已存在，但具備其中二、三種特徵，而漸增其特徵之數而形成的思想系統應是相當的早。茲略述其次第如次：

印度三分性的考察法始自梨俱吠陀時代。從而概括言之，其考察法本身已是三德觀一般的基礎，尤其在此一時代，與其內容特徵有關者，是關於天、空與地等三界之思想。亦即將全宇宙分成光明界、氣流界與大地界而作觀察。此三界觀，數論亦認同之，且依薩埵、羅闍、多摩等三德分別予以說明，此如

1. Garbe；Sāṅkhya Philosophie s. 209
2. 《印度六派哲學》第三篇第二章第一節。

前述，尤應予以注意的是，《梨俱吠陀》將空界稱為羅闍（rajas）[3]。唯此時所說之rajas，其義猶曖昧未明，大抵是指氣流現象。雖然如此，尚不見稱天為sattva，稱地為tamas之例。既是將此中間位稱為rajas，且視為是動態的，加上天之光照與地之沉重，此三界觀確實應是爾後三德說的原形思想之一。對此，須瑞尼瓦夏兗嘎（Śrīnivāsa Iyengar）及歐登柏格（Oldenberg）都曾予以指出[4]。

然而，此僅是外在形式之先驅思想，其內在更深的思想應是梨俱吠陀終期中無有歌（Nāsadāsīya-sūkta）之見地。亦即混沌未分時，有一種子（ābhu），此種子發動成為欲愛（kāma），更開展成現識（manas）而成立宇宙。此思想乃是數論思想（全體）之先驅，此如柁暹所指出[5]，進而就三德狹義的立場而言，此乃其有力之先驅思想。乍見之下，當然未必有如此密切關聯，但究竟而言，此一思想與爾後的三德觀實有不可切離之關連。亦即其中有開一為三之思想（一個種子——欲愛——現識）以及物質性的現象與心理性的現象一致之思想，從中可以窺見三德的二種特徵。數論之三德在三種併存的要素方面具有眾多之意義，同時也含有發展變化之順序，此如前述，此無有歌之思想正是代表其發展順序之先驅思想。將此與《邁伊多拉亞那奧義書》之三德觀相對照，最為明顯。

> 世界之初只有闇態（tamas）。此屬最高原理。此闇態受最高原理激發而成動態（rajas），此動態更受激發而成明白態（sattva）（"Maitrāyana;up."〈5. 2〉）。

---

3. 《印度哲學宗教史》第一篇第二章第二節。
4. Śrīnivāsa Iyengar ; Outlines of Indian Phiosphy p. 106
   Oldenberg; Die Lehre der Upanishad und die Anfänge des Budhismus
5. Deussen; Allg. Gesh. d. Ph. 1. 1. s. 124. 《印度哲學宗教史》第一篇第四章第二節。

此處所說 **tamas**（闇態），相當於無有歌中混沌界之種子，**rajas**（動態）相當於無有歌之欲愛，同樣的，**sattva**（明白態）相當於無有歌之現識，亦即將此無有歌之思想視為是《邁伊多拉亞那奧義書》三德觀之先驅，應是毫無疑問的。

《梨俱吠陀》中，雖已見三德思想萌芽，但《梨俱吠陀》之見地是宇宙論的，對於個人組成要素方面尚未給予太多注意，對此一方面予以注意，更以「三德」一語表示的，是《阿闥婆吠陀》。《阿闥婆吠陀》〈一〇，八，四〇〉曰：

知梵者知彼魔物（Yakṣas）。彼住於三德所繞，具九門之蓮。

此處所說之魔物，乃內我之義；有九門者，身體之義；蓮者，心臟之義。此句意為「通達梵者，亦通達住於身體深處、心臟內部之祕密靈魂」。此處所說的三德是何所指，雖不能確知，但大致應是指身體之構成要素[6]，若是如此，此最能表現其與將非三德性之神我（puruṣa）與三德性之身體（含心理機關）予以區別的數論派最為相近。總而言之，以「三德」一語表現身體的組織，無論在思想內容上，或是術語上，是三德觀發展史上應予以注意的劃時代事項。

三德觀的先驅思想在吠陀時代既然已有相當程度的培養，此正是為即將到來的奧義書及學派時代預作準備。對於位於其間的梵書時代，因吾人研究不足，未能發見確可視為三德思想開展階梯之句。當然此一時期，三分性的考察法應是越發圓熟，三界歸於一元之思想或一元形成三階段而發展萬有之思想亦

---

6. Śrīnivāsa Iyengar ; Outlines of Indian Ph. p. 106

可見及，但作為萬有組成要素的三位思想猶未能見之。此因梵書其目的在於建設祭壇哲學，諸如萬有組成要素之研究等等，僅具有第二次的或第三次之意義。

經由梵書時代，進而進入奧義書時代，在此時期中，三德之先驅思想又見復活，其不僅承繼吠陀時代之思想，且更見趨向哲學性。值得注意的是，於其初期，三德觀所具併存觀與發展觀之二方向已可見之。茲列舉作為其代表性思潮的《旃多古亞奧義書》及《普利哈多阿拉笈亞卡奧義書》所揭二種教理如次：

其一，如柁暹所指出[7]，是《旃多古亞奧義書》〈六之二〉以下所揭之三要素說。萬有之始，有唯一之「非有」（asat=avyakta）或「有」（sat=pradhāna）之原理，此原理依自發性的活動出生火，火動生水，水動生食（地），此三要素更作種種分化配合而完成萬有之組織，尤其是身心之組織。此乃吠檀多中有名之三分說（trivṛt），但若依據三德觀之見地，應是由唯一的宇宙本源發展出微細的三原素，進而由其三原素分化配合組成萬有等等，可說與數論三德思想最為接近。亦即將《梨俱吠陀》無有歌發展性的思想整理成要素之形，此一思想，正處於無有歌與《邁伊多拉亞那奧義書》所揭的三德觀（暗態——動態——明白態）之間。

其二，是與《旃多古亞奧義書》同屬於最古老的《普利哈多阿拉笈亞卡奧義書》之說，筆者認為相較於前揭三分說，此與三德觀關係更為深厚。亦即我之屬性中有名（nāman）、色（rūpā）、業（karman）等三者，此三者為一體之說。

7. Deussen; Allg. Gesch. d. Ph. 1. 2. s. 210~211.

名、色、業等三位……雖曰三位，實為一體，亦即此我。此我雖為一體，然為三位（Bṛhad.〈1.6〉）。

此處所言之名，廣義而言，為型式（form）之義，狹義為心理（非真我本身）之義；所言之色，廣義而言，為質料之義，狹義是身體之義；所言之業，廣義是運動之義，狹義是行為之義。亦即廣義言之，此句意在說明全宇宙之組織與活動，狹義而言，在於說明個人之組織與行為是梵我之屬性，且與梵我有不離不即之關係。

將名色視為現象或身心，夙已見於梵書時代，但於其上再添加「業」，而形成三位，明確地主張三位一體，則是梵書所未見之新見地，與三德思想大有關係。一而三，三而一，形式上，暗示著自性與三德之關係，尤其將此三位與三德相對照，其中頗有符節相合者。此因數論派之三德雖有種種意義，但終究是將薩埵解為心理，羅闍解為運動，多摩解為物質，此如後文所述，此名、色、業所示者正是如此。不僅如此，主張此名、色、業等三位，就知覺體之我而言，是一體的，乍見之下，似乎頗異於就無知覺體的自性而說三德為一的數論，但若再予以細思，其實並無太大差別。此因奧義書雖意在闡述梵我乃現象之本源，然剋實言之，在梵我不變化的部分與變化的部分中，現象界之發現乃是其變化之部分。從而主張就我而言，名、色、業為一體之主張，歸根究底是指在梵我變化的部分為一體，更且其變化的部分與數論之自性幾乎相同。茲圖示如次：

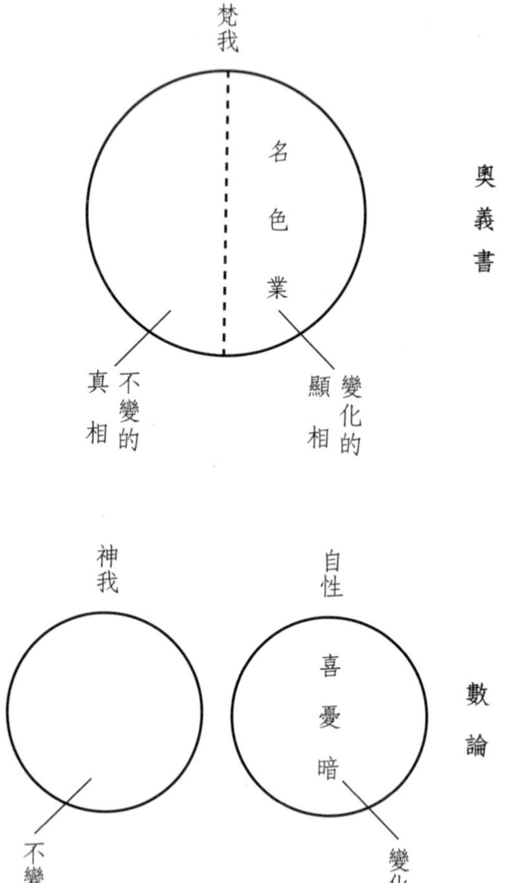

亦即《普利哈多奧義書》所主張的三位，就我而言為一體，完全同於數論所說的三德就自性而言為一體。不同的是，奧義書是就不變化的方面與變化的方面為一體而立梵我，反之，數論予以分化，將變化的方面視為自性，是獨立之原理；將不變化的方面視為神我而獨立之。此顯示出前者正是後者之先驅，不可解為屬於別類之思想系統。爾後《薄伽梵歌》等等所揭神「知余之摩耶由三德所成」之思想，無非即是承繼此變化方面的名、色、業之觀念。總而言之，相對於前揭《旃多古亞奧義書》的順序性的三德觀，此《普利哈多奧義書》所載三位一體說是併存性的三德觀相當重要的先驅思想之代表，且更接近於數論派之思想。

奧義書自其初期雖已用意於爾後三德觀之先驅性的教理，但比例上，其發展程度尚不顯著。與數論思想有關連的《泰提利亞奧義書》其表現亦不明顯，尤其在《卡達卡奧義書》中，雖有非變異（avyakta）、神我（puruṣa）等數論性的術語，然猶未整理成三德性的考察。只是片斷的、逐漸的具備構成爾後複雜的三德觀之材料，例如《卡達卡奧義書》〈六之七〉，用 sattva 取代覺（buddhi），一直到最終期之產物的《修威達修瓦達拉奧義書》、《邁伊多拉亞那奧義書》收入前揭所有先驅思想，三德說之形態才告完成。尤其在數論的三德觀中，依據最具重要意義的上中下價值而判斷三要素，以及依據三德詳細說明吾人心理現象之企圖，直至《邁伊多拉亞那奧義書》才有明顯表現。亦即在此時期，（一）三德各自之名稱，（二）與彼等就自性而言為一體之思想，（三）視此為物質的現象（尤其是身體）之要素，同時也是心理現象組成要素之觀念，大抵已趨成熟。對於《修威達修瓦達拉奧義書》、《邁伊多拉亞那奧義書》的三德觀，筆者在《印度六派哲學》第三篇中已有詳細說明[8]，故在此不予重複，但必須注意的是，彼等猶未同於數論派聖典所顯示的三德觀。無庸贅論，其三德未脫最高原理梵我之支配，雖適用於種種狀況，然仍不如數論派。或將之配於主觀（bhoktṛ）、客觀（bhogya）、支配者（preritṛ）等三位（Śvet.〈1.7.〉&〈1.12〉），或認為魯多拉、梵天、毘紐笯分別相當於 tamas、rajas、sattva（Maitr.〈5.2〉），或將之配於宇宙發展之三態（Maitr.〈5.2〉），或配於心理作用之區別（Maitr.〈3.5〉），此外，更有不詳其中心點者。在此意義上，古奧義書之三德觀在《修威達修瓦達拉奧義書》、《邁伊多拉亞那奧義書》中，雖堪稱圓熟，但從數論派之見地，仍屬其先驅思想而已。

若是如此，此奧義書中的三德觀——限於吠陀以來之背景——豈非數論之三德觀？大體上確是如此。

8.《印度六派哲學》第三篇第二章第二節。

但實際上，由奧義書之三德觀趨進數論派之三德觀之間，仍有一段過程。此即敘事詩《摩訶婆羅多》之思想，尤其是四哲學書中帶有僧佉耶思想的三德觀。此時之三德說已非新說，而是公認之說，學者著力於如何將三德與所有現象作對配的解釋尤甚於對三德本身的解釋。尤其在此時期，生起從倫理的心理學之立場分析心象作用之風氣，三德之教理特適用於此。例如《薄伽梵歌》第十四章之三德說正是最適當之例。從它與大源之關係看來，一方面依然視此為梵或神之屬性，但另一方面，逐漸將此視為獨立之自性之要素，從而，與其將三德視為順序的名稱，不如說是並存的，其適用範圍廣泛，更定其中心，亦即三德自體之特徵，遂逐漸與數論派所說相近。筆者在《印度六派哲學》一書中，曾略去此一部門之三德觀，原欲藉此機會經由引用原典，證明其種種用法，然限於篇幅，無法如願，欲知其詳者，可參閱柁暹所譯"Die vier philosophische Texte des Mahābhārata"。尤其藉由卷末之索引，更容易了解。要言之，在《摩訶婆羅多》中，縱使未能如《僧佉耶頌》、《僧佉耶經》之三德說般的作定義性的概括性的說明，但亦已足矣。據此加以整理，即成為先前所述的數論派三德說，數論派用於種種情況者，歸根究底無非出自於此。

最後必須再作考察的是，三德與自性的歷史關係。依據已知的結果而言，自性乃是三德之平均狀態（sāmya-avasthā），三德雖是自性之組成要素，但就歷史而言，三德與自性未必屬於同一範圍。此因三德本是以萬有的三分性考察作為出發點，自性卻是萬有未開展時，因應唯一本因之尋求而提出的概念。

若是如此，三德的考察與自性的考察應如何結合？廣義而言，此一問題有關印度三位一體觀之發展，但此處僅只予以簡單論述。現象的三分性的考察與本源的考察，在某種程度雖得以獨立，但二者卻有必須結合的必然命運。此因三分的考察本是因應單純化雜多的現象之要求而起，具有趨進於一的命運，而本源的考察自始雖屬要求將雜多歸一，但若進而推求其一之本源如何成為雜多，終究仍是要經由三（二是雜多的準備，不是雜多本身。雜多的單位是三），亦即一與三，論理上，是屬於現象考察相補的概念，故三德的考察與自性的考察是思想開展的自然過程，二者具有必須相結合之命運。因此，梨俱吠陀時代單純的三分的宇宙觀，隨著歸一之思想興起，遂成為有名的無有讚歌之思想，在奧義書時代，身、心、動作的現實的人生觀與梵我思想結合，成為我的屬性的名、色、業之考察，到了學派時代，更加上精神活動的三態觀（被視為價值性的），此與未開展位之本因思想結合，成為喜、憂、暗之三德觀。必須注意的是，以三德為自性之構成要素，亦即三德之平均＝自性（從而自性－三德之平均＝0）的數論性的考察，未必是三位一體觀成立之必要條件。此因三位一體的考察若意在以任何方法調和現象的「三」與本源的「一」，是適宜的，未必需要具體的相即。調和三與一的方法有種種，例如將三視為一之屬性，或將三視為一的三種作用，乃至三是一的部分，故無須將一視為三的總和。此乃數論派之前的三德其先驅思想有種種流派之所以，總的說來，一為持主，三是其屬性（或樣式），或視為其作用之思想最為有力。就要素而言，所謂「不適當的德」（guna=quality）此一術語，直至數論仍在使用之所以，應是基於此一歷史背景。數論所以將自性定為三德之總和，如先前所述，完全是企圖依實在論的見地而說明現象所致。

三、三德的科學的意義

如上來所述，數論的三德觀是由種種歷史背景而完成，故具有種種意義。從而乍見之下，同樣的三德，其意義極其多樣，故依據上來說明，不可能獲得統一解釋。另一方面看來，數論既然意在分自然現象（含心理現象）為三種要素或力，依其配合而說明萬有之起滅與變化，其三德說終究必須解為建設自然哲學之理論。必須切記的是，雖因數論給予過分價值性的處理而產生種種混亂，然此中亦含有冷靜的科學的考察。亦即在此意義上，對於如此混亂的三德觀，除了歷史的心理的，更應盡可能找出其科學的意義。至少有必要作此一試。

基於此一見地，筆者對此之關心亦不少，但剋實而言，在《印度六派哲學》一書刊行時，筆者對此尚無明確概念。但無意中，發見此三德觀中具有現代的科學的意義而予以注意的，是在去年年底。亦即因於某種必要，在探究印度人如何看待精神、能量、物質的關係時，獲得了暗示，換言之，筆者注意到最能解決所探求問題的，正是數論之三德。亦即數論將薩埵視為精神之義，羅闍為能量之義，多摩為物質之義，此三者或以妥協或以競爭而形成現象界。就歷史而言，如先前所述，奧義書的名、色、業之觀念是此三德說有力的先驅思想，此名、色、業，狹義而言，意指心（名）、身（色）、行為（業）；廣義而言，意指精神（psyche）、物質（matter）與力（energy），從而三德亦含有此一意義，更且數論派將三德之相分別稱為光照（奧義書慣例將精神作用稱為光照）、躍動與沉重之所以，亦須依此解釋始能理解，故前揭之解釋最具意義。必須預先說明的是，此處並非嚴格採用現今科學之意義。但數論既然將三德視為是實體（dravya），則薩埵（精神）或羅闍（力）自然都是一種物質，恐是最富於彈力性的，諸如電子之類。因此，若以最接近現今科學之觀念表現，前文所揭應是最為合理且容易瞭解。欲知此預想之見解適當與否，茲更揭出與三德相關連的種種事例。例如對於精神現象，以智、情、意對配三德時，數論之本意恐非將智視為薩埵之發現，意是羅闍，情是多摩之發現。而是將精神現象總體上視為薩埵之發現，其中，純者是智，加上羅闍的是意志，加上多摩的是情（特指惡情）。同樣的，以快、不快、沉鈍為三德，以感情生活為基本而說三德之本意，並非將此視為三德之純特相或呈現。而是認為總體上，感情是薩埵加上多摩所成，雖然如此，其中薩埵要素較多的，成為快，羅闍要素較多是不快，多摩要素較多是沉鈍，亦即盲昧。進而在物質的現象所說的三德亦同，物質的現象，總體上，是多摩性的，但薩埵作用較多的，成為靜平現象，羅闍作用較多的，成不定動搖之現象；多摩的純發現是沉重的現象（大地）。此外的種種都可依此釋之。固然此非基於物質、能量、精神的科學解釋，但依據數論的立場，此一解釋毫無不合理，可以說是得其真意之解釋。從而依此見地而言，數論將三德作價值的處理，其根據終究是依其宗教精神生活之立場，其重視力甚於物質，重視精神甚於力，精神上，重視意志甚於感情，重視理性甚於意志。其適用範圍相當廣泛，且常是獨斷性的，乍見之下，似乎是隨意規定的三德的解釋，但需得如此，才有明確的標準。

如上來所述，筆者將三德分別視為精神、力與物質，此一解釋若是正確，則無可懷疑的，數論應是主張物質不滅、勢力恒存。此因據數論派所說，三德是常住的，唯其發現有潛顯的差別而已。對於心物之關係，數論派是主張一種並行論（parallelism）。此因數論雖認為三德各別，但三者絕非是分離的，常是相互依存相互競爭。亦即數論派認為心（薩埵）與物（羅闍與多摩）無始以來相互結合，唯其表現有別，物質較弱心較強者是進步，反之，則是退步。此外，若依此見地，從來對於數論哲學之研究所不予以重視者，亦得以找出若干新意義之問題，今略去不談。

上來將三德解釋為精神、力與物質，不只是數論派，在印度自然哲學之研究上，可說是開拓出相當值得注意之鍵鎖。從而筆者信此乃繼《印度六派哲學》之後所開拓的新見地，雖曾於三月間予以發表。由於未能獲得贊成，亦未能獲得反駁，加上數論三德說之應用相當多歧，在精神、力與物質之範疇，亦遭遇到難予正確判定之事例（例如將金幣視為喜德之勝時，除了人之好惡之外，不見有其他根據），以及仍存在需要予以研究的問題，故暫時予以擱置。然而印象中，四月間，印度哲學研究室收到“The positive Sciences of the ancient Hindus”（Bombay, 1915）一書。該書卷首論及三德，其之所揭正是前述科學性的說明。作者布拉堅多拉那特希爾（Brazendranath Seal）對於採此見解之理由並沒有予以明示，似乎是以公認的態度視之。拜讀之下，筆者實驚喜不已。同時亦生起「若印度人早已作此解釋，何以吾人至今猶渾然不知」之遺憾。但無論如何，筆者所作預想的解釋依此得以證明，筆者因此更具信心。今所以將前揭解釋加上發展史而發表此篇短文，可以說是受此書刺激所致，故在此致上感謝之意。附記：此篇論文所揭種種係基於三月間所發表之手記，完全沒有借用布拉堅多拉那特希爾之著作。（**大正五年六月**）

梵我思辨：木村泰賢之印度六派哲學 ／ 木村泰賢 著；釋
依觀 譯. -- 初版. --新北市：臺灣商務，2016. 01
　面 ；　公分.　--（OPEN 2；2/61）
譯自：印度六派哲學

ISBN 978-957-05-3080-8（平裝）

1. 印度哲學

137.8　　　　104026042